LES VOIES D'EXECUTION DANS L'ESPACE OHADA

LE CAS DU CAMEROUN

Émergences Africaines

Dirigée par Magloire KEDE ONANA

La collection « ÉMERGENCES AFRICAINES » se propose de renverser des certitudes faciles. Nous sommes convaincus que l'Afrique, longtemps considérée comme en retrait, s'ouvre au monde, et est plus que jamais au cœur des enjeux. Son Histoire ne doit plus s'écrire ailleurs, par des continents eux-mêmes en crise de modèles à proposer/imposer.

Une nouvelle génération très entreprenante d'Africains et d'Africanistes existe aujourd'hui, qui problématise et réécrit l'Histoire du continent dans toutes ses facettes, et par une approche multidisciplinaire. Il s'agit de dévoiler une Afrique des « Bonnes Nouvelles » : celle qui, parce que plus ouverte au monde, présente tous ses atouts d'émergence.

Dernière arrivée dans la compétition mondiale, l'Afrique est capable d'apporter un élan différent à la mondialisation grâce à son devenir, qui est subordonné à son être.

Dernières parutions

Magloire Bienvenu MBA, *La responsabilité catéchétique des missionnaires. Analyse théologique des archives missionnaires du Sud-Cameroun 1890-1965*, 2022.

Victor-Joseph BELLA, *L'Ultime mort du Ressuscité*, 2022.

Guy David MBARA A BETSEM, *La chose constatée devant le Comité des droits de l'Homme des Nations Unies. Contribution à la théorie de l'expertise internationale*, 2021.

Jules Ambroise NOPOUDEM, *Le Cameroun dans l'accord de partenariat de Cotonou. Une analyse de la mise en oeuvre des Programmes indicatifs Nationaux du Fonds européen de Développement (2000-2020)*, 2021.

Rock Cyrille ABADA, *Révisions constitutionnelles et stabilité sociopolitique en Afrique francophone post-guerre froide*, 2021.

Sabine Sylvie MENGUE, *La quête du nom* (roman), 2021.

Sabine Sylvie MENGUE, *L'anthropologie au féminin à la lumière d'Edith Stein. Pour un éveil de conscience de la femme au Cameroun*, 2021.

ABEL MINKO MINKO

LES VOIES D'EXECUTION DANS L'ESPACE OHADA

LE CAS DU CAMEROUN

Préface de Luc NDJODO

L'Harmattan

5-7, rue de l'École-Polytechnique, 75 005 Paris

http://www.editions-harmattan.fr

ISBN : 978-2-14-030972-4
EAN : 9782140309724

DEDICACES

A MINKO Abel, mon feu père ; Madame MINKO née EYINGA Déborah, ma feue mère ; avec la conviction que, grâce à la puissance divine, ils en feront une fière appréciation.

« Quand il se présente à la culture scientifique, l'esprit n'est jamais jeune. Il est même très vieux, car il a l'âge de ses préjugés. Accéder à la science, c'est spirituellement rajeunir. C'est accepter une mutation brusque, qui doit contredire un passé ».

Gaston BACHELARD

REMERCIEMENTS

J'adresse mes remerciements affectueux à :

Madame MINKO Pauline Bernadette, pour sa patience et son abnégation devant les désagréments subis du fait des travaux préparatoires de cet ouvrage ;

Monsieur MINKO MINKO Jean Didace, pour son assistance multiforme à l'élaboration et à la mise en œuvre du texte.

Je voudrais aussi remercier spécialement, Monsieur EYIKE Vieux, Magistrat, et Monsieur Joseph Stella Francis Magloire ZOCK ATARA A NGONN, professionnel du droit, pour leur aide à l'organisation de ma réflexion.

SOMMAIRE

PREFACE

L'Acte Uniforme OHADA portant organisation des procédures simplifiées de recouvrement et des voies d'exécution (AUVE) auquel se réfère ce travail et celui portant organisation des procédures collectives d'apurement du passif font partie de la deuxième vague des instruments approuvés par les signataires du Traité relatif à l'harmonisation du droit des affaires en Afrique signé le 17 Octobre 1993 à Port-Louis en Ile-Maurice et révisé à Québec au Canada le 17 Octobre 2008.

Dans sa version originale, ce texte intervient le 10 Avril 1998, soit un an après les trois premiers Actes Uniformes pris le 17 Avril 1997 par les Etats parties, à savoir, celui relatif au droit commercial général, celui portant sur le droit des sociétés commerciales et du groupement d'intérêt économique et celui relatif à l'organisation des sûretés.

Les procédures de recouvrement et les voies d'exécution applicables aux décisions prononcées par les juridictions statuant en matière des affaires participent sans doute de la mission de règlement du contentieux émaillant les relations d'affaires que les signataires du Traité de Port-Louis ont bien voulu assigner aux juridictions de l'ordre judiciaire.

Les décisions rendues par les instances judiciaires visent à mettre fin au litige qui oppose les parties, en arrêtant l'assiette de la dette, en définissant les voies et moyens ouverts au débiteur pour se libérer de celle-ci, pour offrir au créancier l'occasion de rentrer dans ses droits. Le rôle des juges consiste à mettre en place le dispositif permettant qu'à l'issue du procès, les parties voient leurs droits, tous leurs droits sauvegardés, les préjudices subis par les victimes réparées, et les droits de leurs adversaires préservés.

La décision de justice n'a réellement de la valeur que si ces objectifs sont atteints.

L'exécution des décisions de justice consécutives au contentieux des affaires est consubstantielle de la mission même de l'Organisation pour l'Harmonisation du Droit des Affaires en Afrique (OHADA), laquelle se décline en l'adoption des règles et procédures communes qui garantissent, au niveau de chaque Etat membre de l'Organisation, une sécurité juridique et judiciaire pour les investisseurs et les entreprises.

La diversité des systèmes juridiques est source d'insécurité judiciaire pour les affaires. Elle est susceptible de constituer une entrave au développement économique global. L'harmonisation du droit économique, le rapprochement des procédures applicables dans chacun des pays et l'adaptation du fonctionnement des systèmes judiciaires des pays membres du Traité paraissent s'imposer, aux fins de faciliter les échanges entre ces pays, ce qui instaurerait la confiance des investisseurs et contribuerait à promouvoir un secteur privé performant.

Pour parvenir au résultat recherché, tout en se maintenant dans le strict respect de l'ordre public, le principe demeure que nul ne doit se faire justice à soi-même. Le principe a aujourd'hui une double portée. Il signifie tout d'abord que celui qui estime que son droit est contesté ou violé doit s'adresser à la justice pour le faire reconnaitre ou, du moins, qu'il doit obtenir un titre exécutoire, s'il n'en a déjà un et qu'il ne peut en tout cas se constituer un tel titre à lui-même (à moins qu'il ne soit l'administration). Il signifie ensuite que même muni d'un titre exécutoire, le particulier créancier ne peut procéder lui-même à l'exécution[1].

La loi faisant interdiction aux parties de se rendre elles-mêmes justice, l'organisation de l'exécution de la décision de justice est au premier chef confiée à l'autorité publique, laquelle fait appel à des procédures appropriées de recouvrement et des voies d'exécution.

L'exécution des décisions de justice peut toutefois être volontaire ou forcée.

L'exécution volontaire suppose une action délibérée du débiteur. Quand ce dernier accepte de se libérer spontanément de sa dette, l'intervention de l'autorité publique devient subsidiaire, parfois même sans objet.

Par contre, en dehors des décisions rendues à l'encontre de l'Etat, ses démembrements et les établissements publics bénéficiaires de l'immunité d'exécution, le débiteur, en s'abstenant de s'exécuter volontairement, s'expose à l'exécution forcée de la décision, cette forme d'exécution des décisions judiciaires dans laquelle l'usage de la contrainte est autorisé.

Les décisions rendues en matière économique peuvent avoir une incidence considérable sur la vie des entreprises et la fortune

[1]Georges WIEDEKEHR et Dominique D'AMBRA, Exécution des jugements et actes, Encyclopédie DALLOZ, Avril 1994, P. 7.

personnelle des parties. Les débiteurs qui répugnent à s'exécuter volontairement engagent des procédures judiciaires parfois dilatoires et de nature à pénaliser les créanciers.

Le temps est un facteur important du rayonnement des affaires. Il convient par conséquent de réduire au maximum les délais des procédures et procurer au créancier des garanties lui assurant le bénéfice effectif de la décision de justice rendue en sa faveur. Pour atteindre cet objectif, les pays membres du Traité OHADA ont opté de mettre en place les procédures simplifiées de recouvrement et les voies d'exécution qui font l'objet de l'Acte Uniforme du 10 Avril 1998.

L'auteur de ce travail est un professionnel du droit. Il a choisi de se pencher sur les voies d'exécution, à savoir les diverses formes de saisies mobilières et immobilières organisées par le texte de référence, et définies comme "des procédures légales permettant au créancier impayé, soit de saisir les biens de son débiteur récalcitrant pour les vendre et se faire payer, ou s'il s'agit de créances de sommes d'argent, de se les attribuer directement, soit d'appréhender les biens que le débiteur avait l'obligation de délivrer ou de restituer[2]."

Il a centré son propos sur la raison d'être et le déroulement de l'exécution forcée des titres exécutoires et des mesures conservatoires, ces garanties que le législateur communautaire a mises à la disposition du créancier pour protéger sa créance contre les résistances et les insolvabilités du débiteur, en proposant des solutions à certains écueils rencontrés dans leur application, en même temps qu'il analyse les évolutions jurisprudentielles se rattachant à la compréhension de certains concepts.

En effet, depuis l'entrée en vigueur de l'Acte Uniforme de référence, s'est développée une activité jurisprudentielle et doctrinale intense qui a apporté au droit des affaires OHADA une contribution substantielle. Cet ouvrage est donc une pierre de plus à la construction de l'édifice ; une contribution plus qu'intéressante, tellement saute aux yeux sa dimension didactique.

L'auteur s'est efforcé de faciliter la compréhension des voies d'exécution à l'aune de l'Acte Uniforme OHADA qui les organise, en prenant constamment appui sur sa propre expérience, lui que le hasard du parcours professionnel a conduit dans des juridictions de première importance au Cameroun.

[2]Définition donnée par l'auteur lui-même dans l'introduction de l'ouvrage.

Ce faisant, il apporte une contribution décisive à la résolution de diverses controverses qui entourent l'application de certaines dispositions du droit communautaire OHADA dont l'appropriation reste toujours à parfaire, la connaissance de ses dispositions ayant la vocation de s'étendre à l'ensemble de l'environnement économique des Etats parties, lequel est encore largement dominé par l'analphabétisme, la parole donnée et le troc.

A tous les lecteurs – que j'espère nombreux, à commencer par les magistrats, les huissiers, les avocats et les hommes d'affaires – je souhaite bonne lecture et prédis un bon rassasiement cognitif.

Luc NDJODO,
Procureur Général près la Cour Suprême

PRINCIPALES ABREVIATIONS

Al : alinéa
Art : article
AU : Acte uniforme
AUS : Acte uniforme portant organisation des sûretés
AUVE : Acte uniforme portant organisation des procédures simplifiées de recouvrement et des voies d'exécution
AUDCG : Acte uniforme portant droit commercial général
BEAC : Banque des Etats de l'Afrique Centrale
C/ : Contre
C. Com : Code de commerce
C. Civ : Code civil
C. Pen : Code pénal
CEMAC : Communauté Economique et Monétaire d'Afrique Centrale
CCJA : Cour Commune de Justice et d'Arbitrage
Cf : Confer
CGI : Code général des impôts
CNPS : Caisse Nationale de Prévoyance Sociale
COBAC : Commission Bancaire d'Afrique Centrale
CPCC : Code de procédure civile et commerciale
CPP : Code de procédure pénale
CS : Cour Suprême
DSCE : Document de Stratégie pour la Croissance et l'Emploi
Ex : Exemple
J.O. : Journal Officiel
Jgt : Jugement
L : loi
Obs : Observations
OHADA : Organisation pour l'Harmonisation en Afrique du Droit des Affaires
Ord : Ordonnance
P. : Page
Pp : Pages
PCA : Président de la Cour d'Appel
PCS : Président de la Cour Suprême

Pr : Professeur
PTPI : Président du Tribunal de Première Instance
PTGI : Président du Tribunal de Grande Instance
PV : Procès-verbal
S : Suivants
Trib : Tribunal
TGI : Tribunal de Grande Instance
TPI : Tribunal de Première Instance

INTRODUCTION

Quoique l'ordre social idéal soit un ordre de paix, il arrive souvent qu'il devienne un ordre de bataille, la vie de groupe ne pouvant se concevoir sans les conflits entre les hommes. Montesquieu éclaire cette vérité en affirmant que : « *C'est lorsque les hommes s'associent qu'ils trouvent la guerre, qu'ils perdent le sentiment de leurs faiblesses* »[3]. Heureusement, pourrait-on dire, que le droit vient présider au conflit, afin de parvenir à la justice distributive c'est-à-dire, à une saine proportion entre les différentes personnes d'un groupe social, et les biens, les honneurs et les charges à leur répartir, ou à la justice commutative c'est-à-dire, à un juste réglage des échanges mutuels entre les patrimoines des particuliers. Ce dernier pan du droit est au cœur de la vie économique. En effet, la quête et la conservation des patrimoines apparaissent aujourd'hui plus qu'hier, comme le but ultime de l'activité humaine, avec les dérives qu'on sait. L'engrenage qui en résulte met au centre du commerce juridique, le créancier et le débiteur. Ceux-ci constituent ainsi le binôme qu'engendre l'enchevêtrement des actes et faits juridiques nés des rapports humains qui, nourris par les convoitises, les égoïsmes et les antagonismes caractéristiques du genre humain, se sont diversifiés et complexifiés ces derniers siècles.

Voici une personne qui, de son gré ou non, se trouve assujettie à l'obligation de donner, de faire ou de ne pas faire quelque chose à une autre personne ; elle doit le faire ou ne pas le faire par utilité sociale car, la sécurité des échanges en dépend, outre le nécessaire respect de la parole donnée, exigence axiologique de tous les temps. Si cette personne n'exécute pas volontairement son obligation, la première pourra exiger, avec l'appui de la force publique, une exécution forcée qui aura lieu soit en nature, soit par équivalent.

Il n'en a pas toujours été ainsi. Toutes les civilisations ont, primitivement, connu le système d'exécution sur la personne. Le droit romain notamment édictait sous la dénomination de *manus injectio*, une procédure d'exécution très barbare consistant en une mainmise du créancier sur le débiteur. Il avait le droit de l'enfermer chez lui, enchaîné pendant soixante jours au cours desquels il devait le présenter au *forum*, à trois marchés successifs, afin que parents ou amis puissent offrir de payer pour lui. A l'expiration de ce délai, il

---

[3]Montesquieu, De l'esprit des lois, livre 1 ch. 3.

pouvait le vendre comme esclave[4]. L'exécution sur la personne n'a disparu qu'à une époque récente de la civilisation.

Au Cameroun, subsistent encore quelques vestiges de cette pratique à travers la contrainte par corps, procédé consistant à faire incarcérer le débiteur récalcitrant afin d'exercer sur lui une contrainte morale qui l'obligerait à payer sa dette[5]. Hormis cette exception, l'exécution sur la personne a quasiment disparu et fait place à l'exécution sur les biens, conséquence de l'admission du principe selon lequel le patrimoine du débiteur constitue un gage général pour ses créanciers, exprimé par deux textes importants du code civil, les articles 2092 et 2093 qui disposent :

Article 2092 : « *Quiconque s'est obligé personnellement, est tenu de remplir son engagement sur tous ses biens mobiliers et immobiliers, présents et à venir* ».

Article 2093 : « *Les biens du débiteur sont le gage commun de ses créanciers, et le prix s'en distribue entre eux par contribution, à moins qu'il n'y ait entre créanciers, des causes légitimes de préférence* ».

Ainsi s'expliquent les voies d'exécution qui, à la lumière des récentes évolutions doctrinales et législatives, peuvent être définies comme des procédures légales permettant à un créancier impayé, soit de saisir les biens de son débiteur récalcitrant pour les vendre et se faire payer, ou s'il s'agit de créances de sommes d'argent, de se les attribuer directement, soit d'appréhender les biens que le débiteur avait l'obligation de délivrer ou de restituer.

Il est aisé d'établir entre les voies d'exécution et l'harmonie de la vie sociale, une corrélation dont le doyen Wiederkher[6] a fait une démonstration avisée dans la préface de l'ouvrage de M. Roland Tendler[7], « *les voies d'exécution* », en indiquant que toute l'économie est tributaire des voies d'exécution, à commencer par le crédit qui suppose la confiance, laquelle, en la matière repose sur les chances qu'a le créancier d'obtenir, quoi qu'il advienne, avec un minimum de difficultés, le paiement de son dû. En outre la crédibilité même de la justice dépend de l'efficacité des voies d'exécution car, si le

[4]J. Vincent & J. Prévault, *Voies d'exécution et procédures d'exécution*, Précis Dalloz, 15e éd., pp. 16-19.

[5]En matière pénale pour garantir le paiement des amendes, des frais de justice et des dommages-intérêts (art. 557 du Cpp).

[6]Wiederkher, Coll. Ellipses, éd. 1998, pp. 3, 4.

[7]Roland Tendler, *Les voies d'exécution*, préface de Wiederkehr, Coll. Ellipses, éd. 1998, pp.3,4.

justiciable doit se rendre compte que le risque est fort de ne jamais obtenir l'exécution, il en viendra vite à se demander à quoi peut bien lui servir d'obtenir gain de cause devant le tribunal. Et quelle serait l'autorité pour le perdant de la décision rendue contre lui s'il était assuré de ne jamais pouvoir être contraint de l'exécuter ?

Mais l'efficacité n'est pas le seul objectif du droit en la matière, l'histoire des voies d'exécution enseignant que c'est pour canaliser ce qui, à l'origine, n'était que brutalité, vengeance et guerre privée, aboutissant à l'emprisonnement puis à l'esclavage du débiteur, qu'on s'est efforcé d'élaborer des règles « *civilisées* », empreintes de modération à l'égard du débiteur. Une humanisation qui interroge sur le sort du créancier, dont on se demande s'il n'a pas trop perdu dans le change.

A l'observation, la plupart des engagements que les hommes prennent les uns vis-à-vis des autres s'exécutent volontairement, hors de tout recours à la contrainte, le respect de la parole donnée et la bonne foi contractuelle paraissant encore de nos jours comme une chose assez partagée. Mais pour minime qu'elle soit, « *la partie gangrénée du corps social* » qu'est l'engeance des mauvais débiteurs est d'une grande capacité de nuisance pour la vie économique, laquelle s'est complexifiée sous l'effet conjugué des appétits consuméristes et de la mondialisation, qui a entraîné l'interdépendance des économies à l'échelle planétaire, à un point tel que lorsque l'une d'elles « *s'enrhume* », toutes les autres *toussent*. L'on a encore en mémoire la crise des « subprimes » partie des États-Unis d'Amérique, dont l'onde de choc s'est propagée dans le monde entier. Le débiteur récalcitrant est donc une cellule malade du tissu économique, d'autant plus dangereuse qu'elle est contagieuse car, son défaut d'honorer ses engagements crée un engrenage en cascade.

Quoiqu'il en soit, la problématique actuelle des voies d'exécution est celle du juste équilibre entre la nécessité, pour le créancier, d'user de moyens de contrainte efficaces pour recouvrer sa créance, et celle de préserver chez le débiteur, une dignité dont chacun comprendra d'autant plus facilement l'opportunité que personne n'est assuré de ne pas se trouver un jour dans la situation du créancier qui a un besoin vital de recouvrer ce qui lui est dû, ou dans celle du débiteur qui ne peut plus faire face à ses engagements, le débiteur embarrassé étant souvent, au demeurant, un créancier impayé.

Notre droit positif réalise-t-il un équilibre entre la protection du créancier et celle du débiteur ? Chacun se fera une opinion à la lecture de cet ouvrage qui présente les voies d'exécution dans l'espace OHADA avec, pour fil conducteur, l'Acte Uniforme portant Organisation des Procédures Simplifiées de Recouvrement et des Voies d'Exécution (AUVE) issu du Traité portant Harmonisation en Afrique du Droit des Affaires (OHADA) signé à Port-Louis le 17 octobre 1993, entré en vigueur le 18 septembre 1995 et révisé à Québec le 17 octobre 2008. Cet important instrument juridique qui ambitionne de faire émerger dans l'espace francophone d'Afrique, un droit favorable à son développement économique, intègre les voies d'exécution dans son champ d'application, avec pour dessein, de rendre celles-ci plus simples et mieux adaptées à l'évolution, ainsi qu'à la situation économique des pays concernés[8].

Mais au vrai, la lecture de l'Acte Uniforme portant Organisation des Procédures Simplifiées de Recouvrement et des Voies d'Exécution ne renvoie pas l'idée de simplicité si généreusement proclamée, au regard des situations concrètes qu'il n'a pas prévues, ou dont il n'a pas imaginé la complexité.

Ne faut-il pas alors démystifier la part d'ésotérisme que recèle un outil, certes destiné aux professionnels du droit, mais dont les informations gagneraient à être utilement maîtrisées et manipulées par les entrepreneurs et autres agents économiques, voire les citoyens ordinaires ? C'est le but ultime de cet ouvrage dont la trame est la *summa divisio* habituelle des voies d'exécution, à savoir, l'exécution forcée (**Première partie**), et les mesures conservatoires (**Deuxième partie**).

[8]Bénin, Burkina Faso, Cameroun, Centrafrique, Comores, Congo-Brazzaville, République Démocratique du Congo, Côte d'Ivoire, Gabon, Guinée-Bissau, Guinée Conakry, Guinée Équatoriale, Mali, Niger, Sénégal, Tchad et Togo.

PREMIÈRE PARTIE : L'EXÉCUTION FORCÉE

Comme son nom l'indique, l'exécution forcée est celle par laquelle le créancier impayé obtient le paiement par la force en exerçant la contrainte sur le patrimoine de son débiteur. Elle nécessite obligatoirement l'existence d'un titre exécutoire. L'article 33 de l'AUVE en donne une liste non exhaustive qui comprend :

(1) les décisions juridictionnelles revêtues de la formule exécutoire, et celles qui sont exécutoires sur minute ;

(2) les actes et décisions juridictionnelles étrangers, ainsi que les sentences arbitrales déclarées exécutoires par une décision juridictionnelle non susceptible de recours suspensif d'exécution de l'État dans lequel ce titre est invoqué ;

(3) les procès-verbaux de conciliation signés par le juge et les parties ;

(4) les actes notariés revêtus de la formule exécutoire ;

(5) les décisions auxquelles la loi nationale de chaque Etat Partie attache les effets d'une décision judiciaire.

Cette dernière catégorie comprend les titres délivrés par les personnes morales de droit public tels que les états, arrêtés, rôles, avis de mise en recouvrement, titres de perception ou de recettes que l'Etat[9], les collectivités territoriales ou certains établissements publics délivrent pour le recouvrement des recettes qu'ils sont habilités à recevoir. Entre aussi dans cette dernière catégorie, le certificat de non-paiement du chèque revêtu de la formule exécutoire. Le règlement CEMAC n° 02/03 du 4 avril 2003 relatif aux systèmes, moyens et incidents de paiement lui confère cette qualité[10].

---

[9]Le recouvrement des impôts est confié à l'Administration fiscale qui émet, soit des avis à tiers détenteur par lesquels elle enclenche la procédure exorbitante de droit commun, soit des avis de mise en recouvrement qui, rendus exécutoires par le tribunal territorialement compétent à la diligence des receveurs des impôts, permettent d'enclencher la procédure d'exécution forcée de droit commun (mise en demeure valant commandement, saisie, vente) conduite par un porteur de contrainte remplissant les fonctions d'huissier.

[10]Art. 199 al. 3 & 4 : « *La notification effective ou, à défaut, la signification du certificat de non-paiement au tireur par le ministère d'huissier ou par une personne légalement en charge de l'exécution, vaut sommation de payer. Le notaire, l'huissier de justice ou la personne légalement en charge de l'exécution qui n'a pas reçu justification du paiement du montant du chèque et des frais dans un délai de quinze jours à compter de la réception de la notification ou de la signification, constate le non-paiement. Le certificat de non-paiement notifié est remis au greffier en chef de la juridiction compétente de l'État qui, sans autre acte de procédure et sans frais y appose la formule exécutoire. Le certificat de non-paiement ainsi revêtu de la formule exécutoire constitue un titre exécutoire permettant de procéder à toute voie d'exécution dans un délai maximum de huit jours.* »

Quant à la première catégorie visée par l'article 33, à savoir, les décisions juridictionnelles revêtues de la formule exécutoire, elle constitue le plus gros contingent des titres exécutoires en la possession des créanciers. L'obtention de ces titres sous nos cieux n'est pas, loin s'en faut, une sinécure. Mais, aussi paradoxal que cela puisse paraître, ce sont aussi eux qui fournissent aux contestations dont les juridictions sont saisies, l'essentiel de la matière, alors qu'on se serait attendu logiquement, à la faveur de l'épuisement des voies de recours, à ce que la partie qui a succombé jette enfin l'éponge.

Est exécutoire, la décision juridictionnelle qui, après son prononcé et sa signification[11] a acquis la force exécutoire par l'absence ou l'épuisement des voies de recours. Certaines décisions sont, de plein droit, exécutoires par provision, c'est-à-dire nonobstant l'exercice des voies de recours. Il s'agit notamment des ordonnances de référé, des ordonnances sur requête, des ordonnances du juge du contentieux de l'exécution. D'autres le sont par la volonté du juge dans certains cas prévus par la loi[12].

L'article 32 de l'AUVE admet que l'exécution forcée puisse être poursuivie jusqu'à son terme en vertu de tels titres, aux risques du créancier qui pourra, si le titre est ultérieurement modifié, réparer le préjudice causé par cette exécution sans qu'il y ait lieu de relever de faute de sa part.

Les titres exécutoires sanctionnent généralement l'inexécution par le débiteur d'obligations contractuelles, délictuelles ou quasi-délictuelles. Ils comprennent deux grandes catégories : les titres

[11]Il convient en effet que toute mesure de contrainte soit précédée d'une information préalable de la partie concernée.

[12]L'article 3 de la loi n° 92/008 du 14 août 1992 fixant certaines dispositions relatives à l'exécution des décisions de justice modifiée par la loi n° 92/018 du 14 août 1997 dispose : « - *Par dérogation aux dispositions de l'article 2 alinéa 1 ci-dessus, le tribunal saisi peut, en cas de décision contradictoire ou réputée contradictoire, ordonner l'exécution provisoire nonobstant appel, dans les cas ci-après* :

A- en matière de créance alimentaire, de créance contractuelle exigible, d'expulsion fondée sur un titre foncier conférant des droits non contestés, ou sur un bail écrit assorti d'une clause résolutoire dont les conditions sont réunies ;

B- en matière de réparation du dommage résultant d'une atteinte à l'intégrité physique d'une personne, pour les frais et dépenses justifiés nécessités par les soins d'urgence et limités exclusivement aux frais de transport ou de transfert, aux frais pharmaceutiques, médicaux ou d'hospitalisation ;

C- en matière de salaires non contestés.

- Les dispositions de l'alinéa 1 ci-dessus sont applicables aux condamnations civiles prononcées par une juridiction répressive. »

exécutoires qui condamnent au paiement des sommes d'argent, et ceux qui condamnent à l'exécution d'obligations autres que numéraires. Les exécutions forcées épousent ce diptyque. Il convient donc d'opérer une distinction entre l'exécution forcée des obligations de numéraires (**Livre I**) et l'exécution forcée des obligations non pécuniaires (**Livre II**).

LIVRE I : L'EXECUTION FORCEE DES OBLIGATIONS DE NUMERAIRES

Les obligations de numéraires, libellées originellement en argent, ou substituées à des obligations inexécutées en nature, sont plus propices à l'exécution forcée. Celle-ci atteint aussi bien les meubles (**Titre I**) que les immeubles (**Titre II**) du débiteur récalcitrant.

TITRE I : L'EXECUTION FORCEE SUR LES BIENS MEUBLES

La possession d'un titre exécutoire ouvre à son titulaire le droit d'exercer la contrainte sur les biens meubles de son débiteur de deux façons : il peut saisir et vendre les biens de son débiteur afin de se payer sur le prix de vente ; il peut aussi obtenir le paiement par le biais d'une saisie entre les mains d'un tiers, des créances de son débiteur. La saisie-vente (**Chapitre I**) et la saisie-attribution de créances (**Chapitre II**) sont les deux principales modalités de l'exécution forcée sur les meubles. Elles comportent des variantes qui seront exposées à l'appendice de chacune d'elles.

CHAPITRE I : LA SAISIE-VENTE

Comme la saisie-exécution à laquelle elle a historiquement succédé, la saisie-vente fait figure de droit commun de l'exécution forcée, à qui l'ensemble des voies d'exécution a emprunté les concepts et les méthodes. Elle est réglementée par l'AUVE en ses articles 28 à 53, et 91 à 152, qui distinguent la saisie-vente pure et simple (**Sous-Chapitre I**) des saisies-ventes particulières (**Sous-Chapitre II**).

SOUS-CHAPITRE I : LA SAISIE-VENTE PURE ET SIMPLE

Parce qu'elle aboutit à la saisie et à la vente des biens d'autrui, la saisie-vente peut, si l'on n'y prend garde, rapidement dégénérer en voie de fait. D'où l'exigence des conditions (Section 1) dont sont tributaires ses effets (Section 2).

Section 1 : Les conditions de la saisie-vente

Les conditions de fond (Sous-section 1) sont à celles de forme (Sous-section 2) ce que la fondation est à l'immeuble. Elles seront examinées tour à tour.

Sous-section 1 : Les conditions de fond de la saisie-vente

Certaines concernent les protagonistes de l'exécution forcée (paragraphe 1), d'autres, la nature de la créance (paragraphe 2), d'autres encore, la nature des biens visés (paragraphe 3).

Paragraphe 1 : Les conditions tenant aux protagonistes

Le drame –parce que c'en est un– de l'exécution forcée met en scène deux principaux protagonistes : le créancier saisissant (A) et le débiteur saisi (B), ce dernier étant supposé n'avoir pas volontairement exécuté son obligation vis-à-vis du premier qui la lui a réclamée.

A- Le créancier saisissant

Tout créancier, dit l'article 28 de l'AUVE, a le droit de contraindre son débiteur défaillant à exécuter ses obligations à son égard. Ainsi, pour pratiquer l'exécution forcée, il suffit d'être créancier, même chirographaire. Prérogative individuelle, le droit d'exercer cette contrainte est transmissible à cause de mort ou entre vifs. Les ayants cause du créancier peuvent donc l'exercer après le décès de ce dernier, à condition d'avoir la capacité d'accomplir les actes d'administration, l'exercice de cette, voie d'exécution étant considéré comme un acte d'administration.

Le créancier – ou ses ayants droit – doit en principe agir par lui-même. Mais la représentation est de mise ici, parfois légale, souvent conventionnelle. Lorsque le créancier est une personne représentée légalement par un tuteur ou un administrateur légal, celui-ci a le pouvoir de pratiquer seul la saisie car, il s'agit d'un acte d'administration.

Le mandat donné à l'huissier de justice en la matière est de rigueur dans la mesure où la loi[13] fait de l'huissier de justice (ou de l'agent

[13]Art. 1er al. 1-b du décret n° 79/448 du 05 novembre 1979 modifié par le décret n° 85/238 du 22 février 1985 réglementant les fonctions des huissiers de justice au Cameroun : « *Les huissiers sont des officiers ministériels qui ont qualité pour [...] exécuter les décisions de justice et tous actes susceptibles d'exécution forcée.* »

d'exécution), l'organe à qui le créancier doit obligatoirement donner pouvoir de pratiquer la saisie.

En cas de transmission du droit d'exécuter une mesure forcée, l'ayant cause a le pouvoir de l'exercer, à condition d'administrer la preuve de son droit (notification de l'acte de décès de son auteur par l'ayant cause universel ; signification par le cessionnaire, de la cession au débiteur cédé, en respectant les formalités de l'article 1690 du Code civil[14] ; présentation de l'effet endossé par l'endossataire).

Aucune situation particulière ne découle des mariages à régime séparatiste où, parce que lui revient l'administration, la jouissance et la libre disposition de ses biens, chaque époux a le droit d'exercer ses droits patrimoniaux, et donc de pratiquer toute mesure d'exécution pour le recouvrement des créances s'y rattachant et, au besoin, de donner mandat à son conjoint ou se faire habiliter judiciairement à cet effet s'il se trouve hors d'état de manifester sa volonté.

Dans les mariages à régime communautaire en revanche, jaillit le problème de l'application de la Convention sur l'élimination de toutes les formes de discrimination à l'égard des femmes (CEDEF)[15], dont les principes de gestion des biens communs des époux sont en totale contradiction avec ceux des législations internes de certains États signataires[16]. En effet, alors que la Convention susvisée reconnaît à la femme, les droits matrimoniaux égaux à ceux de l'homme, notamment dans l'acquisition, la gestion, l'administration, la jouissance et la disposition des biens conjugaux, le Code civil camerounais confie au mari seul, l'administration des biens communs, qu'il peut vendre, aliéner et hypothéquer sans le concours de la femme[17], allant jusqu'à lui confier aussi l'administration des biens personnels de la femme[18],

[14]« *Le cessionnaire n'est saisi à l'égard des tiers que par la signification du transport faite au débiteur. Néanmoins, le cessionnaire peut également être saisi par l'acceptation du transport faite par le débiteur dans un acte authentique.* »

[15]Adoptée le 18 décembre 1979 par l'Assemblée Générale des Nations Unies, elle est entrée en vigueur le 03 septembre 1981. Le Cameroun l'a ratifiée par décret n°88/993 du 15 juillet 1988 J.O du 15 août 1998 pp. 1127.

[16]Dont le Cameroun.

[17]Art. 1421 du C. civ : « *Le mari administre seul les biens de la communauté. Il peut les vendre, aliéner et hypothéquer, sans le concours de la femme.* »

[18]Art. 1448 du C. civ : « *Le mari a l'administration de tous les biens personnels de la femme. Il peut exercer seul toutes les actions mobilières et possessoires qui appartiennent à la femme. Il ne peut aliéner les immeubles personnels de sa femme sans son consentement. Il est responsable de tout dépérissement des biens personnels de sa femme causé par défaut d'actes conservatoires.* »

quoi qu'il ne puisse les aliéner sans son consentement[19]. Il en résulte que le droit de pratiquer, d'exercer les actions relatives au patrimoine conjugal, notamment celui de pratiquer une mesure d'exécution pour le recouvrement des créances s'y rattachant, appartient exclusivement au mari, d'après la législation camerounaise qui, en cela, est contraire à la Convention internationale susvisée.

Si la supériorité de cette Convention internationale sur les dispositions légales internes ne fait pas débat, son application au Cameroun, quant à présent, divise les opinions. La question peut paraître saugrenue lorsqu'on sait que le consentement d'un État à être lié par un Traité international s'exprime par sa ratification et sa publication –ce qu'a déjà fait le Cameroun, puisqu'entrée en vigueur le 3 septembre 1981 après son adoption le 18 décembre 1979 par l'Assemblée Générale des Nations Unies, la CEDEF a été ratifiée au Cameroun par le décret n°88/993 du 15 juillet 1988. En fait, le problème, plus large, est celui de l'application des normes du droit international par le juge interne lorsque ces dernières n'édictent pas des règles précises mais énoncent des principes généraux que l'État signataire n'a pas encore internalisés par une modification conséquente de sa législation. En l'espèce, quelle doit être l'attitude du juge camerounais face à la CEDEF dont les normes entrent dans la catégorie sus-indiquée ?

Sans entrer au fond du débat[20] dont l'intérêt sur le présent sujet est fort ténu, il convient néanmoins de relever que l'égalité entre l'homme

---

[19]Art. 1428 du C. civ : « *Le mari a l'administration de tous les biens personnels de la femme. Il peut exercer seul toutes les actions mobilières et possessoires qui appartiennent à la femme. Il ne peut aliéner les immeubles personnels de sa femme sans son consentement. Il est responsable de tout dépérissement des biens personnels de sa femme, causé par défaut d'actes conservatoires.* »

[20]Sur l'applicabilité de la CEDEF au Cameroun, le droit positif tarde à se sédimenter, écartelé entre deux tendances divergentes.

La première soutient que la conduite des relations internationales incombe à l'exécutif qui doit corrélativement assumer la responsabilité de l'exécution des engagements pris par l'État, notamment en les transformant, le cas échéant, en règles de droit interne. Si l'État ne respecte pas les engagements pris, il n'appartient pas au juge interne de se substituer à lui, seuls les autres États signataires disposent à son encontre, de la compétence coercitive. Pour cette tendance, s'il n'est pas discuté que le contrôle de la conformité du droit interne au droit international (contrôle de conventionalité) doit être assuré par le juge interne, encore faut-il que le droit international mobilisé édicte des règles applicables aux situations juridiques concrètes, et non, comme la CEDEF, des pétitions de principe qui ne trouveraient pas d'application aux cas d'espèce une fois la règle de droit interne mise à l'écart.

et la femme proclamée bien avant la CEDEF et bien ancrée dans le droit positif camerounais, induit au minimum, le droit pour la femme mariée sous le régime de communauté, de poser des actes d'administration au nombre desquels l'exécution forcée pour le recouvrement des créances communautaires.

Le droit de pratiquer l'exécution forcée n'a été mis qu'à la disposition du créancier qui fait face à un débiteur à la récalcitrance avérée.

B- Le débiteur saisi

Tout débiteur peut voir ses biens saisis, lesquels ont précisément vocation à répondre de ses dettes, en vertu des articles 2092 et 2093 du Code civil précités[21]. Il convient tout de même de préciser que si le débiteur en cessation des paiements est une personne physique exerçant une activité professionnelle indépendante, civile, commerciale, artisanale ou agricole, ou une personne morale de droit privé, ou encore une entreprise publique ayant la forme d'une société anonyme, c'est plutôt une procédure collective d'apurement du passif qui doit s'ouvrir.

Normalement dirigée contre la personne même du débiteur, l'exécution forcée peut aussi l'être contre ses successeurs universels, obligés en principe au passif que leur auteur laisse à son décès.

Lorsque l'exécution forcée est pratiquée à l'encontre d'un débiteur marié sous le régime de la séparation des biens, seuls ses biens répondent de ses dettes, à moins que celles-ci aient été contractées

L'autre tendance qui rallie la majorité de la doctrine locale (Minkoa She, « Droits de l'Homme et droit pénal au Cameroun », Paris, Economicu; Thérèse Atangana Malongué, « Le juge camerounais et le droit international », contribution au colloque sur les cinquantenaires de l'indépendance et de la réunification du Cameroun ; A. D. Olinga « Le droit international devant le juge camerounais : bilan et perspectives », actes de la journée d'étude du 18 juin 2004, jurispériodique, éd. spéciale n° 63, 2005) soutient que la norme internationale ratifiée et publiée est considérée comme une norme de droit interne aux côtés de la constitution et au-dessus des lois nationales. A ce titre, le juge interne ne peut refuser de juger au prétexte de son imprécision ou de son obscurité. Les tenants de cette thèse invitent le juge camerounais à rechercher dans la galerie des formulations conditionnées de la CEDEF telles que : « Les États parties s'engagent à prendre des mesures » ou « Les États parties s'engagent à traduire par des réformes législatives », les dispositions d'application directe.

La Cour Suprême du Cameroun est plus proche de cette dernière tendance (Cs, arrêt n°21/civ. du 15 juillet 2010, inédit ; Ord. n° 498 du 5 novembre 2013, inédit).

[21]Cf. supra, p. 3.

pour les besoins du ménage, auquel cas l'autre époux se trouvera obligé solidairement[22].

Les questions soulevées à propos du créancier saisissant relatives à l'application de la CEDEF sont, à contrefil, valables pour le débiteur saisi lorsque celui-ci est marié sous le régime de communauté. La discrimination décriée est appelée à disparaître avec cette Convention internationale qui promeut la coadministration de la communauté, de sorte que la masse commune supportera les dettes contractées par l'un et l'autre époux, indistinctement.

Le principe de la saisissabilité de tous les biens du débiteur reçoit quelques exceptions, tirées notamment des immunités d'exécution.

Dans leur conception large, les immunités protègent les États, les organisations internationales et les agents diplomatiques contre les actes qui peuvent apparaître comme attentatoires à leur honneur ou à leur considération. Il n'en sera pas traité ici.

L'AUVE évoque l'immunité en son article 30 alinéa 1 en ces termes : « *L'exécution forcée et les mesures conservatoires ne sont pas applicables aux personnes qui bénéficient d'une immunité d'exécution* ». Ce texte, on le voit bien, ne désigne pas les personnes bénéficiaires de l'immunité d'exécution. La lecture de l'alinéa 2 du même texte laisse déduire qu'il s'agit de l'État et de ses démembrements bien sûr[23], mais aussi des établissements publics et des entreprises publiques. Ceux-ci, jusqu'à l'avènement des deux lois n°2017/010 et n°2017/011 du 12 juillet 2017 portant respectivement statut général des établissements publics et statut général des entreprises publiques, étaient régis au Cameroun par la loi n°99/016 du 22 décembre 1999 portant statut général des établissements publics et des entreprises du secteur public et parapublic, de laquelle ne ressortaient pas avec toute la netteté requise, les critères de distinction des uns et des autres. C'est chose faite avec les lois du 12 juillet 2017 susvisées.

[22]Art. 220 du C. civ : « *La femme mariée a, sous tous les régimes, le pouvoir de représenter le mari pour les besoins du ménage, et d'employer pour cet objet les fonds qu'il laisse entre ses mains. Les actes ainsi accomplis par la femme obligent le mari envers les tiers, à moins qu'il n'ait retiré à la femme le pouvoir de faire les actes dont il s'agit, et que les tiers n'aient eu personnellement connaissance de ce retrait au moment où ils ont traité avec elle* ».

[23]Les Ministères, leurs Délégations Régionales ou Départementales, les Régions, les Communes.

La première, en son article 4, définit l'établissement public comme une personne morale de droit public dotée de la personnalité juridique et de l'autonomie financière, chargée de la gestion d'un service public ou de la réalisation d'une mission spéciale d'intérêt général pour le compte de l'État ou d'une collectivité territoriale décentralisée. Se distinguant par son objet non commercial et non industriel, il peut prendre les formes suivantes : établissement public à caractère administratif, établissement public à caractère social, établissement public à caractère hospitalier, établissement public à caractère culturel, établissement public à caractère scientifique, établissement public à caractère technique, établissement public à caractère professionnel, établissement public à caractère économique et financier, établissement public à caractère spécial.

L'admission des établissements publics au rang des bénéficiaires de l'immunité d'exécution n'est nullement discutée et la jurisprudence y veille fermement[24]. Il importe de préciser que l'immunité d'exécution a pour effet d'interdire, à l'encontre des personnes protégées, l'exécution forcée d'un titre déjà obtenu, non pas la recherche du titre à leur encontre, de sorte que rien n'interdit d'actionner l'établissement public devant la juridiction compétente en reconnaissance des créances ou des droits contestés.

Les entreprises publiques offrent quant à elles, une toute autre grille d'analyse. Celles-ci comprennent, d'après l'article 2 de la loi n°2017/011 du 12 juillet 2017 portant statut général des entreprises publiques, les sociétés à capital public d'une part, et les sociétés d'économie mixte dans lesquelles l'État, l'entreprise publique ou une collectivité territoriale décentralisée est majoritaire en actions[25], d'autre part.

Dotées de l'autonomie juridique et financière, les sociétés à capital public ont vocation à exécuter, dans l'intérêt général, des activités présentant un caractère commercial, industriel ou financier, à l'aide d'un capital social intégralement détenu par l'État ou ses démembrements.

[24]Ccja, arrêt n° 024 du 13 mars 2014, Rec. n° 21, p.161 ; arrêt n° 136 du 11 nov. 2004, Rec. n° 22, p. 161.

[25]C'est dire à contrario que lorsque le capital public est minoritaire, la société d'économie mixte retrouve son statut de société commerciale soumise au droit des affaires.

Quant aux sociétés d'économie mixte, elles sont qualifiées d'entreprises publiques lorsqu'elles exercent des activités commerciales privées, quelles qu'elles soient, à l'aide d'un capital-actions majoritairement détenu par l'État ou ses démembrements.

Il est notable que l'article 10 de la loi susvisée range les sociétés à capital public et les sociétés d'économie mixte à capital majoritairement public, dans la catégorie des personnes morales de droit privé[26]. Doit-on alors en conclure qu'elles ne bénéficient pas de l'immunité d'exécution ? La tentation de le penser est grande, au regard des termes mêmes de la loi précitée. Mais, le fait que le capital desdites sociétés soit intégralement ou majoritairement détenu par l'État ou ses démembrements et que leur fonctionnement soit quasiment calqué sur celui des établissements publics, sans parler de la formulation de l'article 30 de l'AUVE qui, évoquant les personnes morales de droit public et les entreprises publiques, précise « *quelles qu'en soient la forme et la mission* », suggère la thèse contraire.

Quoi qu'il en soit, l'extension de l'immunité d'exécution aux personnes morales de droit public qui réalisent des activités présentant un caractère industriel, commercial ou financier, pose le problème de la compatibilité d'une telle option avec les objectifs poursuivis par l'OHADA, en ce qu'elle rompt la nécessaire égalité qui doit exister entre les structures évoluant dans le même secteur d'activité, sans parler de la méfiance des éventuels partenaires à contracter avec des personnes « *intouchables* ».

Pour tenter de pallier ces inconvénients, l'alinéa 2 de l'article 30 de l'AUVE autorise le jeu de la compensation en disposant que : « *Les dettes certaines, liquides et exigibles des personnes morales de droit public ou des entreprises publiques, donnent lieu à compensation avec les dettes également certaines, liquides et exigibles dont quiconque sera tenu envers elles, sous réserve de réciprocité* ». Mode d'extinction des créances, la compensation suppose que deux personnes sont respectivement créancières et débitrices l'une de l'autre, d'objets identiques. Lorsqu'il s'agit de deux dettes de sommes d'argent, elles s'éteignent, soit en totalité si elles sont égales, soit jusqu'à concurrence de la plus faible si elles sont inégales.

---

[26]Art. 10 loi n°2 017/11du 12 juillet 2017 : « *Les entreprises publiques sont constituées sous la forme de société anonyme et fonctionnent conformément aux dispositions de l'Acte Uniforme Ohada relatif au droit des sociétés commerciales et du groupement d'intérêt économique, ainsi que des dispositions de la présente loi* ».

Aux inconvénients sus évoqués, s'ajoute la difficulté liée à la rareté des rapports réciproques d'obligations entre les personnes privées, physiques surtout, et les établissements et entreprises publics. La compensation apparaît alors comme une solution palliative illusoire, que le législateur communautaire gagnerait à améliorer. En effet, le principe de la responsabilité administrative étant acquis, l'État ne doit-il pas en définitive, supporter les conséquences d'activités dont la finalité est l'intérêt général ou le service public ? L'aménagement au profit des créanciers, d'une voie légale pour le recouvrement de leurs créances vis-à-vis des personnes morales de droit public, aurait l'avantage de sortir de la situation actuelle où l'exécution des condamnations de l'État ou de ses démembrements est subordonnée à l'autorisation aléatoire de quelques fonctionnaires, qui ne se privent pas de faire valoir leur toute puissance de manière parfois intéressée. A cet égard, la loi française du 16 juillet 1980 relative à l'exécution des jugements par les personnes morales de droit public pourrait être source d'inspiration. Aux termes de l'article premier de cette loi : « *lorsqu'une décision juridictionnelle passée en force de chose jugée a condamné l'État au paiement d'une somme d'argent [...] cette somme doit être ordonnancée dans un délai de deux mois à compter de la notification de la décision de justice* ». Cette procédure dite de mandatement d'office, s'applique aussi bien à l'État qu'aux collectivités territoriales et établissements publics.

Sans entrer dans les méandres de la comptabilité publique française, il convient de noter l'existence, là-bas, d'une procédure légale d'exécution des condamnations de l'État et de ses démembrements. Au cœur de celle-ci, se trouve l'ordonnancement, qui est l'acte administratif donnant, conformément aux résultats de la liquidation, l'ordre de payer la dette de l'État ou de l'organisme public. Il est prescrit par les ordonnateurs principaux ou par les ordonnateurs secondaires[27]. Après l'ordonnateur, intervient le comptable qui doit procéder au paiement, après s'être assuré, sous sa responsabilité, que les conditions nécessaires à l'exécution régulière de la dépense publique sont réalisées. L'ordonnancement de la dépense doit intervenir dans les deux mois de la notification de la

[27]Les Ministres émettent des ordonnances de paiement soumis au visa des contrôleurs financiers, tandis que les ordonnateurs secondaires de l'État, ceux des collectivités territoriales et des organismes publics émettent des mandats de paiement.

décision judiciaire, tandis que le comptable assignataire régulièrement saisi par le créancier doit effectuer le paiement dans le délai d'un mois, sous peine de sanction[28].

Cela dit, il ne suffit pas, pour que se réalise une exécution forcée, que les protagonistes soient connus : il faut aussi que la créance dont l'exécution est poursuivie revête certains caractères.

Paragraphe 2 : Les conditions tenant à la nature de la créance

L'article 31 de l'AUVE dispose que l'exécution forcée n'est ouverte qu'au créancier justifiant d'une créance certaine, liquide et exigible. Les créances de cette nature sont généralement contenues dans les titres exécutoires. Il a déjà été dit que parmi ceux-ci, qu'énumère l'article 33 de l'AUVE, les décisions juridictionnelles sont, quantitativement, les plus nombreuses. Lorsqu'elles sont passées en force de chose jugée, elles ne sont plus susceptibles de recours suspensifs d'exécution. Elles sont alors revêtues de la formule exécutoire indiquant que : « *Le Président de la République mande et ordonne à tous huissiers et agents d'exécution sur ce requis, de mettre le présent jugement (ou arrêt) à exécution, aux procureurs et aux procureurs généraux d'y tenir la main, à tous commandants et officiers de la force publique de prêter main forte lorsqu'ils en seront légalement requis* ». Une présomption de vérité que traduit l'adage *« res judicata pro veritate habetur »* est attachée à ces décisions qui doivent, par conséquent, recevoir exécution.

Mais les décisions passées en force de chose jugée ne sont pas les seules susceptibles d'exécution forcée. Le sont aussi, celles qui sont assorties d'exécution provisoire. L'AUVE l'affirme expressément à son article 32 qui énonce que : « *À l'exception de l'adjudication des immeubles, l'exécution forcée peut être poursuivie jusqu'à son terme en vertu d'un titre exécutoire par provision. L'exécution est alors poursuivie aux risques du créancier, à charge pour celui-ci, si le titre est ultérieurement modifié, de réparer intégralement le préjudice causé par cette exécution, sans qu'il y ait lieu de relever de faute de sa part* ».

Ce texte s'est trouvé, au Cameroun, au centre d'une énorme controverse doctrinale et jurisprudentielle à peine dissipée

[28]Sous réserve, évidemment, des disponibilités de la Caisse publique.

aujourd'hui. En effet, une partie de la doctrine[29] a cru déceler dans ces dispositions « *l'arrêt de mort* » des défenses à exécution provisoire prévues par la loi camerounaise n° 92/008 du 14 Août 1992 modifiée par la loi n° 97/018 du 7 Août 1997, qui permet à la juridiction supérieure sous certaines conditions, de suspendre l'exécution d'une décision juridictionnelle assortie d'exécution provisoire. Se fondant sur l'article 336 de l'AUVE[30] qui abroge toutes les dispositions relatives aux matières qu'il concerne, les partisans de cette thèse ont abouti à la déduction que la loi n° 92/08 du 14 Août 1992 règlementant les défenses à exécution provisoire est implicitement, mais nécessairement abrogée par l'article 32 de l'Acte Uniforme susvisé, qui renferme une règlementation spécifique de l'exécution provisoire.

L'autre partie de la doctrine[31]soutenait à l'inverse, que la loi de 1992 n'a nullement été abrogée par l'AUVE, s'appuyant en cela sur l'article 16 du Traité OHADA qui dispose que : « *La saisine de la Cour Commune de Justice et d'Arbitrage suspend toute procédure de cassation engagée devant une juridiction nationale contre la décision attaquée. Toutefois, cette règle n'affecte pas les procédures d'exécution* ». Si, argue cette opinion, ce texte écarte l'effet suspensif de la saisine de la Cour Commune de Justice et d'Arbitrage dans le cas des poursuites d'exécution en droit interne, c'est bien parce que le législateur OHADA était conscient de l'opérationnalité des défenses à exécution instituées par les législations nationales, pour remédier aux conséquences parfois nocives de l'exécution provisoire des décisions grossièrement illégales.

Après avoir, dans un arrêt célèbre du 11 Octobre 2001[32], adopté la première thèse, la CCJA a finalement rallié la thèse contraire dans une

---

[29]Alexandre Anaba Mbo, «*la nouvelle juridiction Présidentielle dans l'espace OHADA : l'endroit et l'envers d'une réforme multiforme* », RCDA, n° 3.

[30]Art. 336 de l'AUVE : « *Le présent Acte uniforme abroge toutes les dispositions relatives aux matières qu'il concerne dans les États Parties.* »

[31]Félix Onana Étoundi, de l'inapplicabilité des défenses à l'exécution de l'OHADA, RCDA n° 10.

[32]Arrêt époux Karnib, n°002 du 11 Octobre 2001 : « *Attendu, dit l'arrêt, que l'ordonnance attaquée, qui a eu pour effet de suspendre l'exécution forcée entreprise, sur l'unique fondement des dispositions des articles 180 et 181 du code de procédure civile ivoirien a, dès lors, violé l'article 32 de l'Acte uniforme susvisé, et encourt de ce fait la cassation ; attendu qu'il échet en conséquence, d'annuler ladite ordonnance et d'autoriser les requérants à poursuivre l'exécution entreprise.* »

série d'arrêts[33], qui écartent l'application de l'article 32 de l'AUVE, dans les procédures de défenses à exécution provisoire régies par les lois nationales des États-Parties. A raison, pensons-nous. En effet, le verbe "pouvoir" utilisé dans l'article 32 de l'AUVE précité suggère une réversibilité des situations dont il résulte que la poursuite d'exécution en vertu d'un titre exécutoire par provision est une possibilité admettant, à l'inverse, la possibilité contraire qu'est la défense ou suspension de l'exécution provisoire ordonnée. L'AUVE ne prévoit-il pas lui-même les défenses à l'exécution provisoire lorsque, après avoir consacré l'exécution provisoire des décisions du juge du contentieux de l'exécution, en disposant à l'article 49 alinéa 3 que « *le délai d'appel comme l'exercice de cette voie de recours n'ont pas un caractère suspensif* », ajoute *in fine « sauf décision contraire... »*, laissant ainsi transparaître la possibilité de suspension ou de défense à l'exécution provisoire. Or, cette suspension ou défense, que ne réglemente ni l'article 32, ni quelque autre disposition de l'AUVE, ne peut s'opérer que suivant la procédure interne. Dans ces conditions, comment ne pas admettre la possibilité des défenses à l'exécution provisoire par devant la juridiction d'où émane la décision contestée, du moins avant sa mise à exécution, alors surtout que l'article 16 du Traité OHADA[34] permet une telle procédure. En effet, ce texte excepte du contentieux OHADA – qui comprend le contentieux de l'exécution –les procédures d'exécution qui sont celles des défenses et de sursis à exécution[35].

Paragraphe 3 : Conditions tenant à la nature des biens à saisir

La saisie-vente porte sur les biens meubles corporels du débiteur. Elle est par excellence, le domaine d'application de l'article 2093 du Code Civil précité[36]. Tous les biens du débiteur sont donc en principe

---

[33]Arrêt n° 012/2003 du 19 Juin 2003, Aff. SEHIC HOLLYWOOD c/ SGBC ; Arrêt n°013/2003 du 19 Juin 2003, aff. SOCOM SARL c/ SGBC ; Arrêt n° 14/2003 du 19 Juin 2003, aff. SOCOM SARL c/ SGBC & BEAC.

[34]Art. 16 du Traité Ohada : « *La saisine de la Cour Commune de Justice et d'Arbitrage suspend toute procédure de cassation engagée devant une juridiction nationale contre la décision attaquée. Toutefois, cette règle n'affecte pas les procédures d'exécution. Une telle procédure ne peut reprendre qu'après l'arrêt de la Cour Commune de Justice et d'Arbitrage se déclarant incompétente pour connaître de l'affaire.* »

[35]Il faut regretter la rédaction sibylline de ce texte et lui souhaiter une formulation plus précise sur ce point.

[36]Cf. supra, p. 3.

saisissables. Mais cette saisissabilité de principe admet, sous forme d'exceptions, des cas d'insaisissabilité assez nombreux, que l'Acte Uniforme laisse aux législations nationales, le soin de déterminer. Les motifs d'ordre économique (A), d'ordre humanitaire (B) et d'ordre public (C), semblent avoir présidé au choix du législateur camerounais.

A- L'insaisissabilité pour des motifs d'ordre économique

Il est des biens dont l'insaisissabilité a été édictée par le législateur camerounais pour des raisons de productivité. Tels sont :

1) les immeubles par destination : ces objets mobiliers que les propriétaires placent dans leurs fonds pour leur exploitation (ustensiles aratoires, semences, pressoirs etc.), ou qu'ils y attachent à perpétuelle demeure. Ils ne peuvent être saisis indépendamment de l'immeuble auquel ils sont affectés ;
2) les outils des artisans nécessaires à leurs occupations personnelles.

   Il est souhaitable, pour actualiser la terminologie archaïque "outils des artisans", que la loi camerounaise, à l'instar de la loi française du 9 juillet 1991 portant réforme des procédures civiles d'exécution, étende cette insaisissabilité aux instruments de travail nécessaires à l'exercice personnel de l'activité professionnelle du débiteur ;
3) en cas de saisie du cheptel : une vache ou trois brebis ou deux chèvres, au choix du saisi, avec les pailles, fourrages et grains nécessaires pour la litière et la nourriture desdits animaux pendant un mois[37] ;
4) les effets de commerce, dont la raison d'être est précisément leur libre circulation. Si un effet de commerce pouvait être saisi, personne ne l'accepterait plus en paiement ;
5) les comptes et actifs financiers des établissements de crédit logés à la BEAC[38].

[37]Art. 327-1°, 6°, 8° du CPCC : « *Ne pourront être saisis :*
a) les objets que la loi déclare immeubles par destination ;
b) les outils des artisans nécessaires à leurs occupations personnelles ;
c) une vache ou trois brebis ou deux chèvres, au choix du saisi, avec les pailles, fourrages et grains nécessaires pour la litière et la nourriture desdits animaux pendant un mois. »

[38]Art. 1er du Règlement n° 05/CEMAC/UMAC/CM du 22 novembre 2012 : « *Les comptes et actifs financiers des établissements de crédit logés à la BEAC sont insaisissables.* »

B- L'insaisissabilité pour des motifs d'intérêt humanitaire

Cette protection procède du souci de ménager au débiteur un minimum vital. L'idée de modération dans l'exécution évoquée supra, plaide pour plus d'humanisme à l'égard des débiteurs, qui ne doivent être réduits ni à la famine ni à la déconsidération totale. De là, découlent les dispositions légales qui déclarent insaisissables les biens du saisi nécessaires à sa vie et à celle de sa famille (lits, habits, denrées nécessaires à la consommation, ustensiles indispensables à la préparation des repas)[39]. Ces restrictions ne semblent pas avoir donné lieu à un important contentieux, comme en témoigne la rareté des décisions judiciaires sur leur application.

La saisie des gains professionnels est l'autre domaine illustratif de l'intrusion de l'humanitaire dans l'exécution forcée[40].

C- L'insaisissabilité pour des motifs d'intérêt général

Les motifs d'intérêt général expliquent l'insaisissabilité de certains biens tels que les équipements militaires, les biens du domaine public, c'est-à-dire les biens qui, par nature ou par destination, sont affectés soit à l'usage direct du public, soit au service public.

Pour les mêmes raisons, la loi protège les livres relatifs à la profession du saisi et les instruments servant à l'enseignement[41].

Par ailleurs, une saisie n'est possible que si les biens visés sont disponibles. En conséquence, la loi prescrit :

1) l'impossibilité de saisir si les mêmes biens ont fait l'objet d'une saisie antérieure. Cette règle s'énonce par la maxime « *saisie sur saisie ne vaut* ». Elle ne permet pas à un second créancier de faire sur les mêmes biens, une seconde saisie. Mais il lui est loisible de se joindre aux poursuites déjà engagées ;
2) l'impossibilité de saisir les biens d'un débiteur en état de redressement judiciaire ou de liquidation des biens, car ces situations entraînent la suspension des poursuites individuelles et

---

[39]Art. 327-2°, 7° du CPCC : « *Ne pourront être saisis :*
1) le coucher nécessaire des saisis, ceux de leurs enfants vivant avec eux, les habits dont les saisis seront vêtus ;
2) les farines et menues denrées nécessaires à la consommation du saisi et de sa famille pendant un mois, ainsi que les ustensiles indispensables à la préparation des repas. »
[40]Cf. infra : saisie des rémunérations pp. 113-120.
[41]Art. 327-3° du CPCC : « *Ne pourront être saisis :*
3) les livres relatifs à la profession du saisi... ».

surtout, le dessaisissement du débiteur en cas de liquidation des biens ;

3) enfin, il convient de ne pas perdre de vue que si le principe de la saisissabilité des biens du débiteur est unanimement admis, encore faut-il qu'il s'agisse des biens de ce dernier. La saisie de la chose d'autrui est nulle, de nullité absolue. C'est pour cette raison que la nullité est admise à propos de la saisie des biens indivis. Les créanciers personnels d'un indivisaire ne peuvent saisir sa quote-part des biens indivis, celle-ci n'étant pas encore identifiée avant le partage. Toutefois, ils ont la faculté de provoquer le partage au nom de leur débiteur ou d'intervenir dans le partage provoqué par eux.

On le voit bien, l'exécution forcée n'est pas laissée au hasard. Elle est soumise à des conditions qui en gouvernent, non seulement le régime à travers les conditions de fond ci-dessus revisitées, mais aussi la marche, au travers des conditions de forme qui vont maintenant être examinées.

Sous-section 2 : Les conditions de forme de la saisie-vente

Elles se déduiront de l'étude du déroulement de l'exécution forcée. Art et technique à la fois, ce déroulement est parfois dégagé d'incidents (paragraphe 1), mais très souvent jalonné de ceux-ci (paragraphe 2).

Paragraphe 1 : Le déroulement de la saisie-vente dégagé d'incidents

En décrivant le cheminement, la manière dont s'effectuent concrètement les opérations de saisie-vente en l'absence de toute contestation, l'on découvre que le processus est conduit de bout en bout par l'huissier de justice – ou l'agent d'exécution – officier ministériel investi de cette mission par la loi. Ce maillon essentiel de la chaîne de l'exécution forcée mérite d'être mieux connu (A), avant de voir concrètement comment il conduit ses opérations (B).

A- L'huissier de justice : maillon important de la chaîne

La profession d'huissier de justice est organisée au Cameroun par le décret n° 79/448 du 5 novembre 1979 modifié par celui n° 85/238 du 22 février 1985. Il en ressort que les huissiers de justice sont des auxiliaires de justice dont le travail est indispensable, non seulement pour l'ouverture et l'instruction des instances, mais aussi pour l'exécution des décisions de justice[42]. Ils sont nommés par décret du Président de la République qui confie à chacun, dans le ressort d'un tribunal de première instance, un office ministériel. Naguère confiée à vie par l'autorité publique, cette charge, qui donnait aussi à son titulaire le droit de présenter un successeur, ne jouit plus des mêmes privilèges.

Les huissiers de justice ont l'obligation d'assurer leur ministère toutes les fois qu'ils en sont requis et d'aviser immédiatement du résultat de leurs diligences, les parties qui les ont requis. Ils doivent, le cas échéant, reverser aussitôt à qui de droit, le produit des poursuites exercées. Ils ne peuvent faire aucun acte au nom des parties sans un pouvoir exprès. Toutefois et sauf preuve contraire, la remise qui leur est faite des actes ou jugements en matière d'exécution, et le paiement même partiel des émoluments et débours en toutes autres matières, valent pouvoir tacite[43]. Ils doivent conserver pendant vingt ans, copies des actes qu'ils ont servis.

Ces officiers ministériels exercent leur activité sous la direction et le contrôle des magistrats du ministère public. Les violations par eux, des devoirs de leur état constituent des fautes disciplinaires prévues par l'article 41 du décret susvisé et sont passibles, sans préjudice des sanctions pénales, des sanctions disciplinaires allant de l'avertissement à la destitution, en passant par le blâme, le rappel à l'ordre et la suspension[44].

---

[42]Art. 1er du décret n° 79/448 du 05 novembre 1979 modifié par le décret n° 85/238 du 22 février 1985 : «
7°- Les huissiers sont des officiers ministériels qui ont qualité pour :
3°- accomplir, à la demande des parties ou sur réquisition des ministères publics, certains actes nécessaires à l'ouverture des procédures ;
4°- exécuter les décisions de justice et tous actes susceptibles d'exécution forcée ;
5°- faire des constats, sommations, offres, mises en demeure et interpellations extrajudiciaires ;
6°- accomplir tout acte prescrit par la loi ;
(1) Ils peuvent être chargés d'exécuter les mandats de justice, d'assurer le service des audiences des juridictions et extraire les détenus pour les conduire devant un magistrat instructeur ou à l'audience ;
a) *Ils exercent en outre les fonctions de commissaire-priseur.* »
[43]Sauf en matière de saisie-immobilière où un pouvoir exprès est toujours requis.
[44]Art. 41 du décret n° 79/448 du 05 novembre 1979 modifié par le décret n° 85/238 du 22 février 1985 : « *Toute violation par un huissier des devoirs de son état, notamment toute erreur professionnelle grave, tout manquement à l'honneur, à la délicatesse, au respect dû aux autorités ou à la dignité, constitue une faute disciplinaire.* »

Le travail des huissiers est rémunéré par les émoluments. Ceux-ci sont fixés par le décret n° 79/85 du 13 mars 1979 complété par celui n°80/142 du 28 avril 1980. Les articles 3 à 10 dudit décret traitent spécialement du tarif des actes effectués dans le cadre de l'exécution forcée. Les prestations visées par ce tarif comprennent notamment les vacations, les frais de transport, les droits de recette avec, en prime, des droits gradués ou fixes attribués au prorata des sommes portées à l'acte.

Ce bref détour chez celui-là qui exerce un monopole légal et encadré de l'exécution des décisions de justice, était nécessaire avant la description du déroulement effectif des opérations de saisie.

B- Les opérations de saisie

Le déroulement des opérations de saisie-vente comporte des précautions auxquelles l'huissier de justice doit s'astreindre (1), des formalités préalables (2) qui précèdent *« l'épicentre du séisme »* qu'est la saisie proprement dite des biens du débiteur (3), prolongée par leur vente (4) et la distribution du produit aux créanciers (5).

1- Les précautions obligatoires

Elles procèdent de la protection du domicile. Celui-ci figure au nombre des valeurs sociales juridiquement protégées au Cameroun. La Constitution du 02 juin 1972 révisée par la loi constitutionnelle n°96/06 du 18 janvier 1996 proclame l'inviolabilité du domicile en ces termes : « *Le domicile est inviolable. Nulle perquisition ne peut avoir lieu qu'en vertu de la loi* ». La fixité du domicile permet à l'État d'identifier et de localiser ses citoyens. Mais sa protection apparaît surtout comme le complément indispensable à la règle de l'inviolabilité de la personne humaine et comme un élément caractéristique de la tranquillité des personnes, gage de la paix sociale[45].

L'AUVE reprend cette exigence en son article 46 alinéa 1 qui dispose que : « *Aucune mesure d'exécution forcée ne peut être effectuée un dimanche ou un jour férié, ni commencer avant huit heures ou après dix-huit* heures ».

[45]Mbella Mbappe Robert, alors Procureur Général près la Cour Suprême, discours de la rentrée solennelle de ladite Cour, 1982, inédit.

Mais le texte précité énonce lui-même des exceptions qui, sans remettre en cause le principe posé, sont autant d'aménagements pratiques fort utiles pour l'efficacité de la contrainte. Ainsi, l'exécution forcée peut, selon ce texte, être effectuée un dimanche ou un jour férié, en cas de nécessité et en vertu d'une autorisation spéciale du Président de la juridiction dans le ressort de laquelle se poursuit l'exécution. De même, ajoute-t-il à son alinéa 2, l'exécution forcée peut être pratiquée après dix-huit heures et avant huit heures du matin, en cas de nécessité et avec l'autorisation de la juridiction compétente, à condition qu'il ne s'agisse pas d'un lieu servant à l'habitation[46], bénéficiaire lui, d'une protection absolue dans cette tranche horaire.

2- Les formalités préalables

L'exécution forcée est une mesure suffisamment grave qu'on ne saurait laisser s'abattre sur un débiteur dont la mauvaise foi n'a pas été suffisamment établie. L'article 28 de l'AUVE ne dit pas autre chose, qui subordonne la saisie au défaut d'exécution volontaire de la part du débiteur[47]. Le commandement (a) et sa réitération verbale (b) non suivis d'effet, permettent d'établir la défaillance du débiteur et donnent au créancier un motif légitime de passer à l'offensive.

a) Le commandement

Le commandement est un acte d'huissier qui enjoint au débiteur d'exécuter son obligation, faute de quoi il sera procédé à l'exécution forcée sur ses biens. Selon l'article 92 de l'AUVE[48], toute saisie-vente doit être précédée de cette formalité grâce à laquelle le débiteur saura, avec certitude, que son créancier a pris le parti de recourir à la

[46]Art. 42 al. 2 de l'AUVE : « *Aucune mesure d'exécution ne peut être commencée avant huit heures ou après dix-huit heures, sauf en cas de nécessité avec l'autorisation de la juridiction compétente et seulement dans les lieux qui ne servent pas à l'habitation.* »

[47]Art. 28 de l'AUVE : « *À défaut d'exécution volontaire, tout créancier peut, quelle que soit la nature de sa créance, dans les conditions prévues par le présent Acte Uniforme, contraindre son débiteur défaillant à exécuter ses obligations à son égard.* »

[48]Art. 92 de l'AUVE : « *La saisie est précédée d'un commandement de payer signifié au moins huit jours avant la saisie au débiteur, qui contient à peine de nullité :*
1) mention du titre exécutoire en vertu duquel les poursuites sont exercées avec le décompte distinct des sommes réclamées en principal, frais et intérêts échus ainsi que l'indication du taux des intérêts ;
2) commandement d'avoir à payer la dette dans un délai de huit jours, faute de quoi il pourra être contraint par la vente forcée de ses biens meubles. »

contrainte et que, s'il ne s'acquitte pas promptement de sa dette, il verra sous peu ses biens placés sous-main de justice et vendus. Cette formalité n'est pas en dehors de la saisie : elle en est le préalable nécessaire.

Comme tout acte d'huissier, le commandement doit comporter les mentions requises de tels actes, à savoir, la date, le nom, la profession et le domicile du requérant, la désignation de l'huissier instrumentaire (nom, demeure, matricule), l'indication de la personne à qui l'acte est matériellement remis, le libellé de l'exploit, le coût de l'acte et la signature de l'huissier.

L'AUVE met l'emphase sur le libellé de l'exploit pour lequel l'article 92 exige, à peine de nullité : la mention du titre exécutoire en vertu duquel les poursuites sont exercées (pas de saisie-vente sans titre exécutoire, il faut le rappeler avec insistance) ; le décompte distinct des sommes réclamées en principal, frais et intérêts échus (il convient de lever le moindre doute dans la tête du débiteur, sur la réalité et les composantes de sa dette) ; la sommation au débiteur, d'avoir à payer sa dette dans un délai de huit jours, faute de quoi, il pourra y être contraint par la vente forcée de ses biens meubles (cet ultimatum est le cœur de la formalité, en raison de sa tonalité comminatoire) ; l'indication du taux des intérêts (l'intérêt moratoire est la somme d'argent que le débiteur doit payer en sus du principal de sa dette, en réparation du préjudice résultant du retard dans l'exécution de son obligation. Un tel préjudice étant appelé à varier suivant l'emploi que le créancier aurait pu faire de la somme escomptée, il a été convenu, pour éviter cette recherche compliquée, d'attribuer au créancier un pourcentage de cette somme, calculé au taux légal. Le taux d'intérêt est actuellement fixé à 5,25%en matière d'exécution des décisions de justice et il court, non pas à compter de la mise en demeure, mais à compter de la signification-commandement de la décision exécutoire[49]. Cette disposition est pénalisante pour le créancier, obligé de subir les manœuvres dilatoires d'un débiteur qui sait qu'au bout du compte, il ne paiera que le principal et quelques intérêts dérisoires, après plusieurs années de chicane).

L'absence de mention des frais et des intérêts dans le commandement doit-elle être sanctionnée de nullité ? Le calcul erroné

[49]Cf loi n° 2004/015 du 21 avril 2004 et son texte d'application, l'arrêté conjoint du 10 mai 2007, des Ministres de la justice et des finances.

de ces rubriques (capital, frais, intérêts, taux d'intérêts) doit-il entraîner la nullité du commandement ? Les partisans du refus de la nullité s'attachent à la lettre de l'article 92 de l'AUVE pour soutenir que ce texte prescrit un décompte distinct des sommes réclamées et l'indication du taux d'intérêts, et non un décompte rigoureusement exact desdites sommes, ni une indication forcément correcte dudit taux, et que de toute façon, il ne s'agirait, en cas d'irrégularités sur ces points, que d'erreurs matérielles susceptibles de rectification par la juridiction compétente. Quant aux partisans de la nullité, ils soutiennent que les décomptes et indications exigés par le législateur communautaire requièrent d'autant plus l'exactitude qu'ils sont l'œuvre de professionnels (avocats, huissiers) et que leur fausseté dénature autant la créance réclamée que la substance du commandement qui en est le support.

Ces questions seront analysées dans les développements ultérieurs, dans la partie consacrée à la nullité des actes de saisie[50].

Quoiqu'il en soit, le commandement interrompt la prescription[51], autant qu'il met le débiteur en demeure d'exécuter ses obligations.

b) La réitération verbale du commandement

Fidèle à la logique de protection du débiteur, le législateur communautaire a voulu que ce dernier reçoive encore un dernier avertissement oral du risque qu'il court. L'article 99 de l'AUVE[52] consacre cette mansuétude en disposant qu'avant toute opération de saisie, si le débiteur est présent, l'huissier ou l'agent d'exécution réitère verbalement la demande de paiement. L'échec de cette dernière interpellation, jadis appelée *« itératif commandement »*, ouvre la voie de la saisie proprement dite.

2-La saisie proprement dite des biens du débiteur

Conforté par le refus ou le non-paiement du débiteur, l'huissier, rendu sur le lieu de la saisie va procéder de manière sensiblement

[50]Pp. 35-37 voir infra pp. 57.

[51]Art. 24 de l'AUDCG : « *Un acte d'exécution forcée interrompt le délai de prescription comme le délai de forclusion.* »

[52]Art. 99 de l'AUVE : « *Avant toute opération de saisie, si le débiteur est présent, l'huissier ou l'agent d'exécution réitère verbalement la demande de paiement et informe le débiteur qu'il est tenu de faire connaître les biens qui auraient fait l'objet d'une saisie antérieure.* »

différente, selon que les biens à saisir se trouvent entre les mains du débiteur (a), ou entre les mains d'un tiers (b).

a) Les opérations de saisie entre les mains du débiteur

Muni du titre exécutoire, l'huissier de justice se rend chez le débiteur. Il le fait seul ou accompagné de deux témoins majeurs, mais jamais avec le créancier dont l'article 46 al. 3 de l'AUVE[53] interdit la présence au lieu des opérations de saisie, pour la simple raison qu'il risque à tout moment de *« jeter de l'huile sur le feu »*. Les témoins qui assistent l'huissier ne doivent être ni parents ni alliés en ligne directe des parties, ni à leur service. De plus, l'huissier mentionnera leurs noms, prénoms, professions et domiciles sur le procès-verbal, dont ils doivent signer l'original et les copies.

Il se peut que l'huissier se heurte à une porte close, le débiteur étant absent, ou refusant l'entrée à son domicile. L'officier ministériel ne saurait forcer l'entrée sans se rendre coupable de violation de domicile. L'article 42 de l'AUVE[54] lui recommande en pareille occurrence, de placer un gardien aux portes de la maison afin d'empêcher le divertissement d'objets à saisir, puis, de requérir l'autorité administrative compétente ou une autorité de police ou de gendarmerie, pour assister aux opérations. Si le débiteur s'obstine dans son refus, la personne que l'huissier a requise et qui est qualifiée pour ordonner l'emploi de la force publique fait procéder à une ouverture forcée des portes et des meubles.

Il peut advenir que l'huissier se heurte à une difficulté d'ordre juridique. Dans ce cas, la juridiction compétente (Juge du contentieux de l'exécution) pourra être saisie d'urgence à l'initiative de l'huissier.

Si celui-ci pénètre sans difficultés chez le débiteur, il procède sans désemparer à un dénombrement des biens saisissables. Au cas où il n'en trouve pas ou s'il n'y découvre que des meubles de valeur insignifiante, il dresse un procès-verbal de carence.

---

[53]Art. 46 al. 3 de l'AUVE : « *La partie saisissante ne peut, sauf nécessité constatée par la juridiction compétente, assister aux opérations de saisie.* »

[54]Art. 42 de l'AUVE : « *En l'absence de l'occupant du local ou si ce dernier en refuse l'accès, l'huissier ou l'agent d'exécution peut établir un gardien aux portes pour empêcher le divertissement. Il requiert, pour assister aux opérations, l'autorité administrative compétente à cette fin ou une autorité de police ou de gendarmerie. Dans les mêmes conditions, il peut être procédé à l'ouverture des meubles.* »

Si – et c'est souvent le cas – l'huissier trouve des biens corporels saisissables chez le débiteur, il en fait l'inventaire et dresse, séance tenante, un procès-verbal devant contenir les mentions suivantes, prescrites à peine de nullité par l'article 100 de l'AUVE : les noms, prénoms et domiciles du saisi et du saisissant ou, s'il s'agit de personnes morales, leur forme, dénomination et siège social ; l'élection éventuelle de domicile du saisissant ; la référence au titre exécutoire en vertu duquel la saisie est pratiquée ; la mention de la personne à qui l'exploit est laissé ; la désignation détaillée des objets saisis ; la déclaration du débiteur, au sujet d'une éventuelle saisie antérieure des mêmes biens ; la mention, en caractères très apparents, que les biens saisis sont indisponibles, qu'ils sont placés sous la garde du débiteur, qu'ils ne peuvent être ni aliénés, ni déplacés – sauf si une cause légitime rend leur déplacement nécessaire, auquel cas le créancier devra être informé du lieu où ils seront placés – sous peine de sanctions pénales ; la mention que le débiteur sera tenu de faire connaître la saisie à tout autre créancier désireux de procéder à une nouvelle saisie des mêmes biens ; l'indication, en caractères très apparents, que le débiteur dispose d'un délai d'un mois pour procéder à la vente amiable des biens saisis ; la désignation de la juridiction devant laquelle devront être portées les contestations de la saisie-vente ainsi pratiquée ; l'indication, le cas échéant, des noms, prénoms et qualités des personnes qui ont assisté aux opérations de saisie ; la reproduction des dispositions pénales sanctionnant le détournement des objets saisis[55]; la reproduction des articles 115 à 119 de l'AUVE[56]

---

[55]Art. 190 du C. p : « *Est puni d'un emprisonnement de un à cinq ans et d'une amende 50000 à 1000000 de francs celui qui détourne, détruit ou détériore des biens saisis ou placés sous séquestre.* »

[56]AUVE

Art. 115 : « *Le débiteur contre lequel est poursuivie une mesure d'exécution forcée peut vendre volontairement, dans les conditions ci-après définies, les biens saisis pour en affecter le prix au paiement des créanciers.* »

Art. 116 : « *Le débiteur dispose d'un délai d'un mois à compter de la notification du procès-verbal de saisie pour lui-même à la vente des biens saisis. Les biens saisis restent indisponibles sous la responsabilité du gardien. En aucun cas ils ne peuvent être déplacés avant la consignation du prix prévue à l'article 118 ci-après sauf en cas d'urgence absolue.* »

Art. 117 : « *Le débiteur informe, par écrit, l'huissier ou l'agent d'exécution des propositions qui lui ont été faites en indiquant les nom, prénoms et adresse de l'acquéreur éventuel ainsi que le délai dans lequel ce dernier s'offre à consigner le prix proposé. L'huissier ou l'agent d'exécution communique ces indications au créancier saisissant et aux créanciers opposant par lettre recommandée avec avis de réception ou tout moyen laissant trace écrite. Ceux-ci disposent d'un délai de quinze jours pour prendre le parti d'accepter la vente amiable, de la*

relatifs à la vente amiable des biens saisis, et 143 à 146 du même Acte Uniforme[57] relatifs aux contestations de la saisie-vente.

En somme, l'acte de saisie est un document certes juridique mais très technique dans son élaboration – d'où le monopole de l'huissier – où doivent figurer, outre les mentions usuelles de tout exploit d'huissier, la liste détaillée des objets saisis, un ensemble d'indications informatives sur les protagonistes de la saisie et le statut juridique des biens désormais placés sous main de justice, ainsi que sur les contestations susceptibles d'être soulevées.

Dans l'attente de la vente, apparaîtra nécessairement le besoin d'assurer la conservation des biens saisis. L'Acte Uniforme innove en la matière en prohibant l'ancienne pratique des saisies avec enlèvement, trop barbares et contre-productives. Comme déjà relevé, les moyens trop contraignants restent inefficaces lorsque le débiteur est véritablement hors d'état d'exécuter et, s'il n'en est pas encore là, un excès de précipitation et de rigueur peut l'y conduire

---

refuser ou de se porter acquéreurs. En l'absence de réponse, ils sont réputés avoir accepté. Il ne peut être procédé à la vente forcée qu'après l'expiration du délai d'un mois prévu par l'article 116 ci-dessus, augmenté, s'il y a lieu, du délai de quinze jours imparti aux créanciers pour donner leur réponse. »

Art. 118 : « *Le prix de la vente est consigné entre les mains de l'huissier ou de l'agent d'exécution au greffe, au choix du créancier saisissant. Le transfert de la propriété et la délivrance des biens sont subordonnés à la consignation du prix. A défaut de consignation dans le délai convenu, il est procédé à la vente forcée.* »

Art. 119 : « *Sauf si le refus d'autoriser la vente est inspiré par l'intention de nuire au débiteur, la responsabilité du créancier ne peut pas être recherchée.* »

[57]AUVE

Art. 143 : « *Les contestations relatives à la saisissabilité des biens compris dans la saisie sont portées devant la juridiction compétente par le débiteur, l'huissier ou l'agent d'exécution agissant comme en matière de difficultés d'exécution. Lorsque l'insaisissabilité est invoquée par le débiteur, la procédure doit être introduite dans le délai d'un mois à compter de la signification de l'acte de saisie. Le créancier est entendu ou appelé.* »

Art. 144 : « *La nullité de la saisie pour un vice de forme ou de fond autre que l'insaisissabilité des biens compris dans la saisie, peut être demandée par le débiteur jusqu'à la vente des biens saisis. Le créancier saisissant met en cause les créanciers opposants. Si la saisie est déclarée nulle avant la vente, le débiteur peut demander la restitution du bien saisi s'il se trouve détenu par un tiers, sans préjudice des actions en responsabilité exercées dans les termes du droit commun. Si la saisie est déclarée nulle après la vente, mais avant la distribution du prix, le débiteur peut demander la restitution du produit de la vente.* »

Art. 145 : « *La juridiction qui annule la saisie peut laisser à la charge du débiteur tout ou partie des frais qu'elle a occasionnés si le débiteur s'est abstenu de demander la nullité en temps utile.* »

Art. 146 : « *La demande en nullité ne suspend pas les opérations de saisie, à moins que la juridiction n'en dispose autrement.* »

instantanément. Il est donc parfois dans l'intérêt même du créancier, de faire preuve d'une certaine patience et de beaucoup de mesure envers son débiteur. L'article 100-6 de l'AUVE[58] prescrit à cet égard le placement des biens saisis sous la garde du débiteur, tandis que l'article 103 autorise ce dernier à en faire usage et, lorsqu'il s'agit de choses consomptibles, à les consommer pour n'en restituer que la contre-valeur le moment venu[59].

La règle de l'institution automatique du débiteur comme gardien des biens saisis admet quelques tempéraments lorsque la saisie porte sur des numéraires ou sur un véhicule terrestre à moteur ou lorsqu'il s'avère nécessaire de désigner un séquestre.

L'huissier de justice peut, en effet, au cours des opérations, découvrir des sommes en espèces. L'article 104 de l'AUVE[60] lui permet de les saisir à concurrence de la créance du saisissant et de les consigner, soit entre ses mains, soit au greffe, au choix du créancier saisissant. Il en est fait mention dans le procès-verbal de saisie, lequel doit, en outre, indiquer, à peine de nullité, que le débiteur dispose d'un délai de quinze jours à compter de la signification du procès-verbal, pour former une contestation devant la juridiction compétente du lieu de la saisie, à désigner dans ce procès-verbal. En cas de contestation, à défaut d'ordonner le versement au créancier ou la restitution au débiteur, la juridiction peut en ordonner la consignation. S'il n'y a aucune contestation dans le délai imparti, les sommes saisies sont immédiatement versées au créancier et viennent en déduction des sommes réclamées.

---

[58]Art. 100-6 de l'AUVE : « *L'acte saisie contient, à peine de nullité [...] la mention en caractères très apparents, que les biens saisis [...] sont placés sous la garde du débiteur [...].* »

[59]Art. 103 al. 1 de l'AUVE : « *Le débiteur conserve l'usage des biens rendus indisponibles par la saisie à moins qu'il ne s'agisse des biens consomptibles. En ce cas, il sera tenu d'en respecter la contre-valeur estimée au moment de la saisie.* »

[60]Art. 104 de l'AUVE : « *Les sommes en espèces peuvent être saisies à concurrence du montant de la créance du saisissant. Elles sont consignées entre les mains de l'huissier ou de l'agent d'exécution ou au greffe au choix du créancier saisissant. Il en est fait mention dans le procès-verbal de saisie, lequel doit indiquer en outre, à peine de nullité, que le débiteur dispose d'un délai de quinze jours à compter de la signification dudit procès-verbal pour former une contestation devant la juridiction du lieu de la saisie qui doit être désignée dans le procès-verbal. En cas de contestation, à défaut d'ordonner le versement au créancier ou la restitution au débiteur, la juridiction peut en ordonner la consignation. A défaut de contestation dans le délai imparti, les sommes sont immédiatement versées au créancier. Elles viennent en déduction des sommes réclamées.* »

Il se peut que parmi les biens saisis se trouvent un ou des véhicules terrestres à moteur. Outre la nécessité de protéger de tels biens contre les détériorations volontaires auxquelles le débiteur pourrait les soumettre, il y a surtout là, un moyen de pression efficace sur ledit débiteur, eu égard à l'importance que revêt aujourd'hui le véhicule sur l'activité économique de l'homme. La juridiction compétente peut, dit l'article 103 alinéa 3 de l'AUVE, priver le débiteur de l'usage de son véhicule en ordonnant son immobilisation, puis son enlèvement en vue de la vente. Elle le fait après avoir entendu les parties ou celles-ci dûment appelées[61].

De manière générale, la juridiction compétente peut soustraire un ou plusieurs objets de l'usage du débiteur en ordonnant leur remise à un séquestre. Telle décision, prise sous la forme d'une ordonnance sur requête, peut intervenir à tout moment, même avant le début des opérations de saisie, à la condition que les parties aient été entendues ou dûment appelées.

La présence du débiteur aux opérations de saisie est mise à profit par l'huissier pour lui rappeler verbalement que les biens saisis dont il conserve l'usage sont indisponibles et que, non seulement il devra faire connaître la saisie à tout autre créancier qui procéderait à une nouvelle saisie des mêmes biens, mais aussi un délai d'un mois lui est imparti pour procéder à la vente amiable des biens saisis.

Le procès-verbal de saisie est rédigé séance tenante par l'huissier instrumentaire qui le signe avec les témoins, s'il y en a. Il est remis sur-le-champ copie au saisi. Cette remise vaut signification[62].

S'il est préférable, pour des raisons évidentes, que l'huissier trouve le débiteur chez lui, il n'en sera pas toujours ainsi. Les opérations de saisie peuvent en effet se dérouler chez le débiteur, même en son absence. Dans ce cas, l'huissier conduira les opérations de saisie comme elles se seraient déroulées en présence du débiteur, à charge de laisser chez lui, copie du procès-verbal lui impartissant un délai de huit jours pour qu'il porte à sa connaissance l'existence d'une

[61]Art. 103 al. 3 de l'AUVE : « *Si, parmi les biens saisis se trouve un véhicule terrestre à moteur, la juridiction compétente peut, après avoir entendu les parties ou celles-ci dûment appelées, ordonner son immobilisation jusqu'à son enlèvement en vue de la vente par tout moyen n'entrainant aucune détérioration du véhicule.* »

[62]Art. 101 al. 3 de l'AUVE : « *Il est fait mention de ces déclarations dans le procès-verbal de saisie. Une copie de ce procès-verbal portant les mêmes signatures que l'original est immédiatement remise au débiteur ; cette remise vaut signification.* »

éventuelle saisie antérieure et qu'il lui en communique le procès-verbal[63].

La saisie-exécution présentait jadis, l'inconvénient de ne viser que les biens du débiteur se trouvant entre ses mains. Lorsqu'ils étaient entre les mains d'un tiers, il fallait obligatoirement recourir à la saisie-arrêt. L'AUVE corrige cette anomalie en étendant la saisie-vente aux biens corporels du débiteur détenus par un tiers.

b) Les opérations de saisie entre les mains d'un tiers

Traditionnellement, la saisie par le créancier entre des mains tierces des biens meubles de son débiteur était caractéristique de la saisie-arrêt. Celle-ci a disparu de la panoplie des voies d'exécution depuis l'entrée en vigueur de l'AUVE.

La saisie des biens meubles corporels du débiteur détenu par un tiers met en présence trois personnages : le créancier saisissant, le débiteur saisi et le tiers saisi ; le premier obtient son paiement du troisième par-dessus la tête du second. Par cet exercice, le créancier fait saisir les biens meubles de son débiteur détenu par un tiers, puis se fait payer sur la valeur desdits biens, vendus aux enchères ou à l'amiable. Plus concrètement, cette saisie comporte trois phases : l'interpellation du tiers saisi (*i*), la saisie entre les mains de ce dernier (*ii*) et la dénonciation de la saisie au débiteur (*iii*).

i) L'interpellation du tiers

Appelée déclaration affirmative au temps de la défunte saisie-arrêt, l'interpellation du tiers-saisi est la formalité qui permet au créancier de se faire une idée de la réalité, de la nature et de la quantité des biens détenus pour le compte du débiteur. L'article 107 de l'AUVE[64] fait obligation au tiers de déclarer, sur l'interpellation de l'huissier, les biens qu'il détient pour le compte du débiteur et, parmi ces derniers, ceux qui auraient fait l'objet d'une saisie antérieure. C'est une

[63]Art. 102 de l'AUVE : « *Si le débiteur n'a pas assisté aux opérations de saisie, une copie du procès-verbal de saisie lui est signifiée, lui impartissant un délai de huit jours pour qu'il porte à la connaissance de l'huissier ou de l'agent d'exécution l'existence d'une éventuelle saisie antérieure et qu'il lui en communique le procès-verbal.* »

[64]Art. 107 de l'AUVE : « *L'huissier ou l'agent d'exécution invite le tiers à déclarer les biens qu'il détient pour le compte du débiteur et, parmi ces derniers, ceux qui auraient fait l'objet d'une saisie antérieure. En cas de refus de déclaration ou de déclaration inexacte ou mensongère, le tiers peut être condamné au paiement des causes de la saisie, sauf son recours contre le débiteur. Il peut aussi être condamné à des dommages-intérêts.* »

obligation impérative à laquelle le tiers ne saurait se soustraire ; au contraire, souligne le même article, il doit apporter son concours au bon déroulement de la procédure, sous peine de condamnation au paiement des causes de la saisie, voire au paiement des dommages-intérêts, notamment en cas de refus de déclaration ou de déclaration inexacte ou mensongère.

Si le tiers déclare ne détenir aucun bien appartenant au débiteur ou s'il refuse de répondre, il en est dressé acte. Celui-ci est remis ou signifié au tiers avec l'indication, en caractères très apparents, des sanctions encourues.

Mais si le tiers déclare détenir des biens pour le compte du débiteur, il est procédé à la saisie entre ses mains.

ii) La saisie des meubles corporels du débiteur entre les mains du tiers

La saisie des biens meubles corporels entre les mains d'un tiers se fait au moyen d'un acte de saisie contenant, outre l'inventaire des biens trouvés chez le tiers, les mentions suivantes, prescrites par l'article 109 de l'AUVE à peine de nullité : la référence du titre en vertu duquel la saisie est pratiquée ; la date de la saisie ;les noms, prénoms et domicile du saisissant ou, s'il s'agit d'une personne morale, ses formes, dénomination et siège social ; l'élection éventuelle de domicile du saisissant ; les noms, prénoms et domicile du débiteur ou, s'il s'agit d'une personne morale, ses forme, dénomination et siège social ; les noms, prénoms et domicile du tiers ; la déclaration du tiers et, en caractères très apparents, l'indication que toute déclaration inexacte ou mensongère l'expose à être condamné au paiement des causes de la saisie, sans préjudice d'une condamnation à des dommages-intérêts ; la désignation détaillée des biens saisis ; la mention, en caractères très apparents, que les objets saisis sont indisponibles, qu'ils sont placés sous la garde du tiers, qu'ils ne peuvent être ni aliénés ni déplacés, sous peine de sanctions pénales ; la mention que le tiers est tenu de faire connaître la saisie en cours à tout autre créancier qui procéderait à une saisie sur les mêmes biens ; la mention que le tiers peut refuser la garde des biens saisis conformément à l'article 112 de l'AUVE[65] qui doit être reproduit dans l'acte saisi ; l'indication que le tiers peut faire valoir ses droits sur les biens saisis ; la désignation de la juridiction devant laquelle devront être portées les contestations ; l'indication, le cas échéant, des noms, prénoms et qualités des personnes ayant assisté aux opérations de saisie, lesquelles doivent apposer leurs signatures sur l'original et les copies ; la reproduction des dispositions pénales sanctionnant le détournement d'objets saisis.

Si le tiers est présent aux opérations de saisie, ce qui est souhaitable, l'huissier lui rappelle verbalement les risques encourus en cas de déclarations inexactes ou mensongères d'une part, et d'autre part, l'indisponibilité des biens saisis et leur placement sous sa garde, ainsi que la possibilité pour lui d'en refuser la garde.

Une copie du procès-verbal de saisie portant les mêmes signatures que l'original lui est immédiatement remise. Cette remise vaut signification de la saisie.

Si le tiers n'a pas assisté aux opérations de saisie, la copie du procès-verbal est signifiée à domicile, dans laquelle il lui est imparti un délai de huit jours pour qu'il porte à la connaissance de l'huissier instrumentaire, l'existence d'une éventuelle saisie antérieure sur les mêmes biens, dont il devra, le cas échéant, communiquer le procès-verbal à l'huissier.

Il est loisible au tiers de faire valoir son droit de rétention sur le bien saisi. Il est alors tenu d'en informer l'huissier par lettre recommandée avec avis de réception ou tout moyen laissant trace écrite[66]. Dans le délai d'un mois, le créancier saisissant peut contester ce droit de rétention devant la juridiction compétente du domicile ou du lieu où demeure le tiers. Cette instance maintient le bien saisi dans l'indisponibilité. A défaut de contestation dans le délai d'un mois, la prétention du tiers est réputée fondée pour les besoins de la saisie[67].

---

[65]Art. 112 de l'AUVE : « *Le tiers peut refuser la garde des biens saisis. A tout moment, il peut demander à en être déchargé. L'huissier ou l'agent d'exécution pourvoit à la nomination d'un gardien et à l'enlèvement des biens.* »

[66]Art. 114 al. 1 de l'AUVE : « *Si le tiers se prévaut d'un droit de rétention sur le bien saisi, il en informe l'huissier [...] à moins qu'il n'en ait fait la déclaration au moment de la saisie* ».

[67]Art. 114 al. 2&3 de l'AUVE : « *Dans le délai d'un mois, le créancier saisissant peut contester ce droit de rétention devant la juridiction compétente du domicile ou du lieu ou demeure le tiers. Le bien demeure indisponible devant l'instance. A défaut de contestation dans le délai d'un mois, la prétention du tiers est réputée fondée pour les besoins de la saisie* ».

Jusque-là, le créancier saisissant ne s'est adressé qu'au tiers-saisi. Il faut pourtant mettre le débiteur, encore ignorant de la menace qui pèse sur lui, au courant de la situation créée par l'exploit. C'est tout le sens de la dénonciation.

iii) La dénonciation de la saisie au débiteur

L'article 111 de l'AUVE ordonne que la copie du procès-verbal de saisie soit signifiée au débiteur huit jours au plus tard après la saisie. A peine de nullité, il doit y être indiqué que le débiteur dispose d'un délai d'un mois pour procéder à la vente des biens saisis, les articles 115 à 119 de l'AUVE[68] qui règlementent la vente amiable devant, en outre, être reproduits.

Si le tiers refuse la garde des biens saisis –ce qui est son droit– il demande à en être déchargé. L'huissier doit alors pourvoir à la nomination d'un autre gardien et à l'enlèvement des biens.

Le régime de séquestre de certains biens saisis demeure le même que celui prévu pour la saisie des biens du débiteur entre ses mains. Il en va de même de l'attitude à adopter lorsqu'un véhicule terrestre à moteur se trouve parmi les biens saisis.

Le schéma triangulaire (créancier, tiers, débiteur) peut être modifié et se réduire à deux personnages en cas de saisie sur soi-même par le créancier. L'article 106 alinéa 2 de l'AUVE[69] permet en effet au créancier saisissant de pratiquer une saisie sur lui-même lorsqu'il détient légitimement les biens appartenant à son débiteur, à condition de respecter la procédure ci-dessus décrite.

La finalité de la saisie-vente est, comme son nom l'indique, la vente des biens saisis afin que le créancier se fasse payer sur le produit de ladite vente.

1- La vente des biens saisis

La vente des biens saisis matérialise la réalisation du gage du créancier. Elle se fait aux enchères publiques (b) et ne peut intervenir qu'après échec d'une vente amiable (a) dont la loi aménage la voie.

---

[68]Cf supra, op. cit. p. 35.

[69]Art. 106 al. 2 de l'AUVE : « *Le créancier peut, également, en respectant la même procédure, pratiquer une saisie sur soi-même lorsqu'il détient légitimement des biens appartenant à son débiteur.* »

a) La vente amiable des biens saisis

Contrairement au droit antérieur des Etats-parties, l'AUVE offre au débiteur la possibilité de vendre lui-même les biens saisis. Celui-ci dispose pour ce faire, d'un délai d'un mois à compter de la signification du procès-verbal de saisie[70]. Cette innovation s'explique aisément : vente de gré à gré qui laisse au débiteur le soin d'en négocier le prix, on peut espérer qu'il mette à profit cette opportunité pour vendre ses biens, sinon à prix élevé, du moins à juste prix, de sorte qu'il puisse désintéresser tous ses créanciers et éventuellement rester avec un reliquat qu'il peut à nouveau fructifier pour relancer ses activités.

Si les acquéreurs se manifestent, le débiteur informe, par écrit, l'huissier, des propositions qu'ils lui ont faites, en indiquant leurs noms, prénoms et adresses, ainsi que le délai dans lequel ils entendent consigner le prix proposé[71]. L'huissier doit alors communiquer ces informations au créancier saisissant et, le cas échéant, aux créanciers opposants qui disposent d'un délai de quinze jours pour prendre le parti d'accepter la vente amiable, de la refuser ou de se porter eux-mêmes acquéreurs.

En l'absence de réponse des créanciers, ceux-ci sont réputés avoir accepté l'acquéreur proposé par le débiteur, qui doit alors consigner le prix convenu entre les mains de l'huissier ou au greffe. Le transfert de la propriété et la délivrance des biens jusque-là demeurés indisponibles sous la responsabilité du débiteur-gardien, sont subordonnés à cette consignation préalable.

La vente amiable peut ne pas avoir lieu, soit parce que le débiteur y a renoncé, soit parce que l'acquéreur n'a pas consigné la somme promise dans le délai convenu ou parce que les créanciers l'ont refusée à juste titre. Les biens saisis seront alors soumis à la vente forcée.

b) La vente forcée

L'expiration du délai d'un mois imparti au débiteur pour procéder à la vente des biens saisis ouvre la voie à la vente forcée. Le choix de la date de la vente est laissé au saisissant qui ne peut toutefois la fixer

[70]Cf. supra, op. cit. p. 35.
[71]Cf. supra, op. cit. p. 35.

dans les quarante-cinq jours suivant l'expiration des délais impartis au débiteur pour vendre à l'amiable et aux créanciers pour prendre parti.

La vente forcée est effectuée aux enchères publiques par un auxiliaire de justice habilité par la loi nationale de chaque État-partie. Au Cameroun, ce sont les huissiers de justice qui ont reçu cette habilitation[72]. Leur office, en la matière comporte deux phases : la publicité (*i*) et la vente aux enchères proprement dite (*ii*).

i) La publicité

L'importance de la publicité pour le succès de la vente est évidente : mieux elle s'effectuera, plus il y aura du public et plus grande sera la chance d'avoir de nombreux acquéreurs capables de proposer des prix élevés. Deux formes de publicité sont prévues : la publicité par affichage et la publicité par voie médiatique.

La publicité par voie d'affichage est obligatoire. Elle consiste dans l'apposition des affiches indiquant les lieu, jour et heure de la vente. Ces affiches doivent être apposées à la mairie du domicile ou du lieu où demeure le débiteur, au marché voisin ou en tout autre lieu approprié, ainsi qu'au lieu de la vente si celle-ci a lieu à un autre endroit.

Quant à la publicité par voie médiatique, elle est facultative et s'effectue par voie de presse écrite ou parlée. Elle est utile au regard de la large audience des médias, surtout parlés.

Une fois accomplies, les formalités de publicité doivent être certifiées par l'huissier, lequel doit, en outre, aviser le débiteur des lieu, jour et heure de la vente, dix jours au moins avant sa date, par lettre recommandée avec demande d'avis de réception ou par tout autre moyen laissant trace écrite.

Cette dernière formalité est un prélude à la vente proprement dite.

ii) La vente proprement dite

La vente des biens meubles saisis est obligatoirement précédée d'une opération de vérification[73] par laquelle l'huissier vérifie que la liste des meubles destinés à la vente est conforme à celle qui a été dressée au moment de la saisie, question de s'assurer de l'entièreté et

[72]Décret n° 79/448 du 5 novembre 1979 modifié par le décret n° 85/238 du 22 février 1985, op. cit. p. 29.
[73]Anciennement appelée récolement.

de l'intégrité desdits objets. Au terme de cette vérification, l'huissier dresse un procès-verbal dit de récolement mentionnant les seuls biens manquants ou dégradés. La vente peut alors véritablement commencer.

Elle est faite aux enchères, c'est-à-dire, par attribution du ou des biens mis en vente à la personne offrant un prix supérieur à celui qu'une autre a proposé. La vente aux enchères est aussi publique, d'où l'exigence légale d'une adjudication après trois criées, de l'auxiliaire de justice chargé de la vente[74].

Le prix est payable au comptant, faute de quoi l'objet est revendu à la folle enchère de l'adjudicataire, celle-ci consistant en la remise en vente de l'objet non payé, l'adjudicataire indélicat étant comptable de la différence éventuelle de prix entre la première et la seconde vente.

Ces opérations doivent être conduites avec tact et mesure. Elles poursuivent, non pas l'oppression ou l'humiliation du débiteur, mais uniquement la satisfaction du ou des créanciers. Dans cette perspective, la vente ne doit atteindre que les meubles nécessaires pour payer le ou les créanciers saisissants et acquitter les frais de procédure. Sitôt qu'une valeur suffisante a été obtenue, l'huissier doit mettre un terme aux enchères.

Une fois les enchères closes, il reste à l'auxiliaire de justice chargé de la vente à dresser un procès-verbal de vente constatant l'accomplissement des formalités de l'adjudication et notamment, la désignation des biens vendus, le montant de l'adjudication, et indiquant les noms et domicile de l'adjudicataire. Cet auxiliaire de justice est personnellement responsable du prix des adjudications. Il ne peut recevoir aucune somme au-dessus de l'enchère, sous peine de sanctions pénales[75]. L'adjudicataire devient immédiatement propriétaire des objets acquis même si le saisi n'en était pas le véritable propriétaire. Il s'agit, en effet, de meubles corporels soumis au régime de l'article 2279 du Code civil[76].

---

[74]Art. 125 de l'AUVE : « *L'adjudication est faite au plus offrant après trois triées. Le prix est payable comptant, faute de quoi, l'objet est vendu à la folle enchère de l'adjudicataire.* »

[75]Concussion, art. 142 du C. Pen camerounais : « *Est puni d'un emprisonnement de deux à dix ans et d'une amende de 20000 à 2 millions de francs, le fonctionnaire, le notaire, le commissaire-priseur, l'huissier ou l'agent d'exécution et leurs préposés, qui exigent des droits, taxes, redevances, impôts ou contributions qui ne sont pas dus, ou des avantages matériels sans en payer le juste prix.* »

[76]Art. 2279 du C. civ : « *En fait de meubles, possession vaut titre. Néanmoins, celui qui a perdu ou auquel il a été volé une chose peut la revendiquer pendant trois ans, à compter du*

Pratiquée dans les conditions et suivant les formes ci-dessus décrites, la saisie-vente aboutit à la distribution du produit de la vente aux créanciers.

2- La distribution du produit de la vente

Pour atteindre la finalité de la saisie-vente qui consiste à désintéresser le ou les créanciers, l'officier public en charge de cette mission doit pouvoir procéder à une distribution équitable du prix de la vente.

L'AUVE a débarrassé l'ancienne procédure dite de distribution par contribution, des lourdeurs excessives qui l'encombraient. Celle-ci ne faisait bénéficier les créanciers chirographaires du partage, qu'en l'absence de créanciers hypothécaires ou privilégiés ou après leur désintéressement. De plus, la répartition entre les créanciers chirographaires se faisait au marc-le-franc, c'est-à-dire, proportionnellement au montant de leurs créances lorsque la somme à distribuer était inférieure au total des sommes dues.

L'acte uniforme opte pour des règles simples et rapides avec pour déterminant, le consensus de tous les créanciers, y compris les créanciers privilégiés.

Dans l'hypothèse du créancier unique, l'article 324 de l'AUVE[77] prévoit la remise à ce dernier du produit de la vente à concurrence du montant de sa créance, dans les quinze jours à compter du versement du prix ; le solde, s'il en existe, doit être remis au débiteur dans le même délai, au-delà duquel les sommes dues produisent intérêts au taux légal.

Lorsque, comme c'est souvent le cas, plusieurs créanciers se bousculent au portillon, l'acte uniforme préconise la répartition consensuelle, tous créanciers confondus, chirographaires et privilégiés. En cas d'accord, celui-ci est consigné dans un acte authentique ou sous-seing privé sur la base duquel le dépositaire des deniers procède à la répartition. Le règlement des créanciers doit avoir lieu dans un délai de quinze (15) jours à compter de la notification au dépositaire des deniers, de l'acte consacrant l'accord. Le solde, s'il en

---

jour de la perte ou du vol, contre celui dans les mains duquel il la trouve ; sauf à celui-ci, son recours contre celui duquel il la tient. »

[77]Art. 324 de l'AUVE : « *S'il n'y a qu'un seul créancier, le produit de la vente est remis à celui-ci jusqu'à concurrence du montant de sa créance, en principal, intérêts et frais, dans un délai de quinze jours, au plus tard, à compter du versement du prix de la vente.* »

existe, est remis au débiteur dans les forme et délais prévus pour la remise des fonds au créancier unique.

Le défaut d'accord dans le mois qui suit le versement du prix de la vente ouvre la voie, du fait de la contestation, à la distribution judiciaire, procédure à caractère contentieux rangée, par souci de cohérence, parmi les incidents de la saisie-vente.

Paragraphe 2 : Les incidents de la saisie-vente

Il est rarissime que l'exécution forcée se déroule de manière linéaire, sans la moindre anicroche ni esclandre ; au contraire, elle génère très souvent des contestations et des procédures que les créanciers supportent d'autant plus mal que le temps généralement mis pour obtenir un titre exécutoire est trop long sous nos cieux. Pourtant, l'exécution forcée est très lourde de conséquences pour que la loi ait pu s'abstenir de lui aménager une procédure. Telle est la problématique du contentieux de l'exécution : l'élaboration d'un corps de règles d'exécution s'impose à un législateur qui doit tout aussi tenir compte de l'impatience du créancier dont le titre a parfois mis une, voire plusieurs décennies pour devenir exécutoire.

Placée à la confluence de ces deux impératifs, la juridiction compétente pour juger le contentieux de l'exécution mérite une meilleure connaissance de son office(B); encore faut-il bien l'identifier (A).

A- Identification du juge du contentieux de l'exécution

Quelle est, parmi les juridictions en activité au Cameroun, celle qui est habilitée à connaître du contentieux de l'exécution des décisions juridictionnelles ? Apparemment banale, cette question reste pourtant discutée. Elle se trouve au centre d'une controverse suscitée par une interprétation divergente de l'article 49 de l'AUVE qui dispose que « *la juridiction compétente pour statuer sur tout litige ou toute demande relative à une mesure d'exécution forcée ou à une saisie conservatoire, est le président de la juridiction statuant en matière d'urgence ou le magistrat délégué par lui* ».

Pour une première tendance, l'article 49 précité signifie que le Juge du contentieux de l'exécution est le juge qui fait office de juge de l'urgence dans les Etats-Parties. Dans nombre de ces Etats dont le Cameroun, les présidents des tribunaux de première instance sont juges de l'urgence. Ceux-ci ne se sont pas fait prier pour s'accaparer le contentieux de l'exécution des décisions judiciaires qu'ils tranchaient comme juges des référés.

L'autre tendance a tiré des termes du texte en question, l'interprétation selon laquelle la juridiction compétente en matière de contentieux de l'exécution est le président de chaque juridiction, celui-ci statuant en urgence.

Cette interprétation postule l'autonomie, à côté du président juge des référés aux pouvoirs limités par l'interdiction de faire préjudice au principal, d'un président juge du contentieux ayant plénitude de juridiction dans son domaine d'attribution.

On en était encore là, lorsque le législateur camerounais a voté la loi n°2007/001 du 19 avril 2007[78]instituant le juge du contentieux de l'exécution qui désigne le président de chaque juridiction, juge du contentieux de l'exécution des décisions de sa juridiction ou son homologue du lieu d'exécution le cas échéant. Ce texte consacre l'investiture comme juges du contentieux de l'exécution, des présidents des tribunaux de première et de grande instance, ainsi que des présidents des Cours d'Appel et de la Cour Suprême[79].

La loi camerounaise sus-rappelée a ses défenseurs et ses contempteurs.

Les premiers lui trouvent le mérite de favoriser la fluidité d'un contentieux que la concentration dans les seuls tribunaux de première instance avait alourdi. De plus, le président d'une juridiction est, à leurs yeux, le mieux placé pour connaître des difficultés liées à l'exécution des décisions rendues par sa juridiction ou par celles de même degré. Au demeurant, ajoutent-ils, les juridictions supérieures ne supportent guère que les décisions ayant reçu leur onction soient

[78]Loi n° 2007/001 du 19 avril 2007 instituant le juge du contentieux de l'exécution et fixant les conditions d'exécution au Cameroun, des décisions judiciaires et des actes publics étrangers, ainsi que des sentences arbitrales étrangères.

[79]Art. 3 de la loi n° 2007/01 :

« *Le juge du contentieux de l'exécution des décisions judiciaires nationales est le président de la juridiction dont émane la décision contestée, statuant en matière d'urgence ou le magistrat de sa juridiction qu'il délègue à cet effet* » ;

b) « *Lorsque le juge du contentieux de l'exécution est le président du tribunal de première instance ou le président du tribunal de grande instance ou le magistrat délégué à cet effet [...]* » ;

c) « *Lorsque le juge du contentieux de l'exécution est le président de la Cour d'Appel ou le magistrat que celui-ci a délégué à cet effet [...]* » ;

d) « *Lorsque le juge du contentieux de l'exécution est le premier Président de la Cour Suprême ou le magistrat qu'il a délégué à cet effet [...]* »

soumises, même pour raison d'exécution, à l'appréciation des juges inférieurs qui, par ce biais, peuvent les paralyser.

Les seconds, quant à eux, dénoncent la violation flagrante de l'article 49 de l'AUVE par la loi n°2007/001 du 19 avril 2007 qui, d'après eux, heurte le principe du double degré de juridiction et ravale la Cour Suprême au rang de juridiction du fond[80].

La CCJA s'est prononcée en faveur de la seconde thèse par un arrêt n° 109 rendu le 4 novembre 2014 dans l'affaire ayant opposé la société Chanas assurance S.A, à la société Allianz assurance S.A : « *Attendu en l'espèce,* dit la Haute Juridiction, *que le président de la cour d'appel du Littoral a statué en matière de contentieux de l'exécution, au mépris des dispositions de l'article 49 susmentionné, en rendant l'ordonnance attaquée ; qu'il échet, dès lors, d'annuler ladite ordonnance pour violation de la loi* ».

Timidement suivi au Cameroun[81], l'arrêt suscité a plutôt offert aux tenants de la première thèse, le prétexte d'invoquer l'incompétence de la CCJA en cette matière, soulignant que la loi n°2007/001 du 19 avril 2007 a été élaborée en application de l'article 16 du Traité OHADA qui excepte les procédures d'exécution de la compétence matérielle de la CCJA. La Haute Juridiction aurait donc dû, d'après eux, se déclarer incompétente pour statuer sur une matière relevant des procédures d'exécution.

La compétence de la CCJA à statuer sur les difficultés d'exécution des décisions de justice est indiscutable, dès lors qu'elles entrent dans le domaine du droit des affaires défini par l'article 2 du Traité OHADA[82]. Ce texte, ajouté aux dispositions de l'article 14 du même Traité, selon lesquelles la CCJA se prononce sur les décisions rendues par les juridictions d'appel des États-Parties dans toutes les affaires soulevant des questions relatives à l'application des Actes Uniformes, clôt ce débat. L'article 16 du même Traité, auquel se réfèrent les tenants de la première thèse pour invoquer l'incompétence de la CCJA en matière de contentieux de l'exécution, n'est pas d'un grand secours. En effet, en énonçant que la saisine de la CCJA suspend toute procédure de cassation engagée devant une juridiction nationale contre

[80]F. Anoukaha, le juge du contentieux de l'exécution des titres exécutoires : le législateur camerounais persiste et signe dans l'erreur, juridis périodique n° 70, p. 34.

[81]C.A Adamaoua arrêt n° /CE du 02 mars 2016.

[82]Traité OHADA, art. 2 : « *Pour l'application du présent traité, entrent dans le domaine du droit des affaires l'ensemble des règles relatives [...] aux voies d'exécution.* »

la décision attaquée, ce texte affirme la compétence de la Haute Juridiction à connaître des matières relevant du droit OHADA, parmi lesquelles figurent les voies d'exécution. De la sorte, la phrase inscrite in fine « *Toutefois, cette règle n'affecte pas les procédures d'exécution* » ne peut, téléologiquement, s'interpréter comme ayant vidé de son contenu, l'article 2 précité, socle du Traité. Dès lors, l'évocation des "procédures d'exécution" dans l'article 16 du Traité, ne peut que renvoyer aux procédures de défenses et de sursis à exécution provisoire régies, elles, par les législations nationales des États Parties[83].

Il est souhaitable que l'ambiguïté qu'induit la rédaction sibylline de l'article 16 du Traité OHADA soit évacuée par une réécriture claire, indiquant que la plénitude de juridiction conférée à la CCJA dans les matières relevant de sa compétence, exclut les procédures de sursis à exécution et de défenses à exécution provisoire en vigueur dans les États parties.

Quant à la loi n° 2007/001 du 19 avril 2007, elle est la bienvenue au Cameroun, eu égard à son impact positif, notamment sur la cohérence fonctionnelle – à chaque juridiction son contentieux de l'exécution – et sur la fluidité processuelle que ne procurait pas la concentration du contentieux de l'exécution entre les mains des seuls présidents des tribunaux de première instance, sans parler de son incidence politique, en tant qu'elle intègre dans l'arsenal juridique de ce pays biculturel, une règle d'inspiration anglo-saxonne.

Ce satisfecit serait total si les critiques doctrinales et jurisprudentielles, pertinemment adossées sur la législation supranationale, étaient prises en compte par le législateur national. Il lui suffirait par exemple, d'aménager une voie d'appel contre les décisions du juge du contentieux de l'exécution institué à la cour d'appel pour statuer en premier ressort, et de tenir la Cour Suprême à l'écart de ce contentieux, justement pour ne pas exposer ses décisions aux rigueurs du principe du double degré de juridiction, au respect duquel la CCJA reste inflexible.

Sous ces réserves, la loi n° 2007/001 du 19 avril 2007 n'est pas du tout à ranger au placard : elle a toute sa place dans le paysage juridique camerounais qu'elle enrichit à sa manière.

---

[83]Au Cameroun, loi n° 92/008 du 14 août 1992 modifiée et complétée par la loi n° 97/018 du 7 aout 1997.

B- L'office du juge du contentieux de l'exécution

L'office du juge du contentieux de l'exécution s'articulera autour de la détermination de sa compétence (1) et de l'analyse de l'élaboration de sa décision (2).

1- Compétence du juge du contentieux de l'exécution

Aux termes de l'article 49 de l'AUVE, le juge du contentieux de l'exécution statue sur : « *Tout litige ou toute demande relative à une mesure d'exécution forcée ou à une saisie conservatoire* ». La loi du 19 avril 2007 énonce quant à elle, à son article 2, que ce juge « *connaît de tout ce qui a trait à l'exécution forcée des décisions de justice* ». De ces formulations fort simples, il ressort une extension du champ de compétence du juge camerounais du contentieux de l'exécution qui, de toute évidence peut, par exemple, connaitre du contentieux né des difficultés d'expulsion d'un locataire. En tout état de cause, ce juge mérite une meilleure connaissance, au double plan de sa compétence matérielle (a) et de sa compétence territoriale (b).

a) Compétence matérielle du juge du contentieux de l'exécution

Alors que le législateur OHADA n'appréhende les voies d'exécution que sous l'angle des saisies, la loi camerounaise du 19 avril 2007 va au-delà en attribuant au juge du contentieux de l'exécution, la connaissance de tout ce qui a trait à l'exécution forcée des décisions de justice. En revanche, contrairement à l'article 49 de l'AUVE, ladite loi n'évoque que l'exécution forcée, passant sous silence les mesures conservatoires qui lui sont complémentaires, à moins qu'on considère – ce qui est probable– que les termes "exécution forcée" utilisés par le législateur camerounais englobent les mesures provisoires. Quoi qu'il en soit, le juge du contentieux de l'exécution sera traité ici, sous l'angle de juge des incidents des saisies, auxquels l'AUVE consacre son Livre quatrième. Celui-ci classe lesdits incidents de manière non exhaustive (*i*) qui laisse place à d'autres formes d'incidents susceptibles d'être puisés en dehors de l'énumération matrice (*ii*).

i) La compétence découlant de la typologie de l'AUVE

Quatre types d'incidents de saisies induisant la compétence du juge du contentieux de l'exécution ressortent de la lecture de l'AUVE : il s'agit des incidents provoqués par les créanciers autres que le saisissant (*α)*, ceux qui visent les biens saisis (*β*), ceux qui visent intrinsèquement la procédure dans les vices susceptibles de l'entacher (*γ*), et ceux qui se rapportent à la distribution du produit de la vente des biens saisis (*δ*). Ainsi, le juge du contentieux de l'exécution est compétent pour trancher les contestations relatives à l'opposition des créanciers non saisissants, celles relatives à la saisissabilité des biens saisis, celles relatives à la validité de la saisie, et celles relatives à la distribution du produit des biens saisis.

α- L'opposition des créanciers non saisissants

Il n'est pas rare que le saisissant ne soit lui-même que l'un des créanciers du débiteur. Certes, la procédure entreprise ne l'est que pour lui tout seul, mais celle-ci intéresse les autres créanciers dans la mesure où elle conduira nécessairement à un amenuisement, voire à l'anéantissement de leur gage. Les articles 130 et suivants de l'AUVE leur offrent la possibilité de se joindre à la saisie déjà pratiquée sur les biens du débiteur, par le biais d'une procédure appelée « *opposition* ». Celle-ci permet à tout créancier désireux d'assurer la sauvegarde de ses intérêts et muni d'un titre exécutoire, soit d'y être partie prenante, soit de provoquer l'extension de la saisie initiale à d'autres biens du débiteur.

Dans la première hypothèse, le créancier non saisissant fait valoir son droit sur le prix de vente, à condition qu'il le fasse avant la vérification des biens[84]. L'acte d'opposition doit contenir l'indication du titre exécutoire en vertu duquel elle est formée, le décompte distinct des sommes réclamées en principal, frais et intérêts et l'indication du taux d'intérêts. Il doit être signifié au débiteur et au créancier premier saisissant, qui doit néanmoins poursuivre seul les opérations. Mais à défaut par lui d'avoir fait procéder aux formalités de la mise en vente forcée à l'expiration des délais prévus, le créancier-opposant peut, après sommation infructueuse d'y procéder dans le délai de 8 jours, lui être subrogé de plein droit. Le créancier premier saisissant ainsi déchargé de ses obligations est tenu de mettre les pièces utiles à la disposition du créancier subrogé.

La saisie complémentaire quant à elle émane, soit du créancier nouvel arrivant, mis au courant de l'existence des biens du débiteur

[84]Art. 130 al. 2 de l'AUVE : « *Aucune opposition ne peut être reçue après la vérification des biens.* »

autres que ceux déjà saisis, soit du créancier premier saisissant, informé de l'existence d'autres biens consécutivement à la première saisie. Possibilité leur est offerte d'étendre la saisie initiale à ces autres biens, au moyen d'un procès-verbal dit complémentaire, dressé dans les mêmes formes que le procès-verbal de saisie-vente et signifié au débiteur s'il est initié par le créancier premier saisissant, au débiteur et au créancier premier saisissant s'il est initié par le créancier nouvel arrivant.

β- Les contestations relatives aux biens saisis.

Les articles 139 à 143 de l'AUVE[85] consacrés aux contestations relatives aux biens distinguent entre celles liées à la propriété des biens saisis et celles liées à leur saisissabilité. Elles ont en commun, de ne pas faire obstacle à la saisie, mais de suspendre la procédure pour les biens qui en sont l'objet[86].

Les contestations relatives aux biens émanent, soit du débiteur, agissant de la sorte pour pallier la carence du propriétaire véritable, soit d'un tiers, informé de l'inclusion d'un ou de plusieurs de ses biens parmi ceux saisis. Le débiteur peut, d'après l'article 140 de l'AUVE, demander la nullité de la saisie portant sur un bien dont il n'est pas propriétaire.

Quant au tiers qui se prétend propriétaire des biens saisis, l'action en distraction est la voie aménagée à ce dernier pour les revendiquer, sous la condition de rapporter la preuve de sa propriété, à peine d'irrecevabilité[87]. L'action en distraction cesse d'être recevable après la vente des biens saisis ; seule peut alors être exercée, l'action en revendication. Toutefois, le tiers reconnu propriétaire d'un bien déjà vendu peut, jusqu'à la distribution des sommes produites par la vente, en distraire le prix non diminué des frais[88].

[85]Cf. op. cit. pp. 35.

[86]Art. 139 de l'AUVE : « *Les demandes relatives à la propriété ou à la saisissabilité ne font pas obstacle à la saisie mais suspendent la procédure pour les biens saisis qui en sont l'objet.* »

[87]CCJA, arrêt n° 52/2005 du 15 déc. 2005 ; arrêt n° 016/2005 du 24 fév. 2005, juridata n°j016-02/2005.

[88]Art. 142 de l'AUVE : « *L'action en distraction cesse d'être recevable après la vente des biens saisis ; seule peut, alors, être exercée l'action en revendication. Toutefois, le tiers reconnu propriétaire d'un bien déjà vendu peut, jusqu'à la distribution des sommes produites par la vente, en distraire le prix non diminué des frais.* »

L'action en distraction n'appartient qu'aux tiers et non aux débiteurs, titulaires eux, de l'action en nullité.

S'agissant des contestations relatives à la saisissabilité des biens saisis, elles procèdent du fait, déjà relevé, que tous les biens du débiteur ne sont pas saisissables. Elles sont intentées par le débiteur ou par l'huissier instrumentaire, le créancier entendu ou appelé. Lorsque l'insaisissabilité est invoquée par le débiteur, la procédure doit être introduite dans le délai d'un mois à compter de la signification de l'acte de saisie[89].

γ- Les contestations relatives à la validité de la saisie.

Les contestations relatives à la validité de la saisie pour vices de forme ou de fond constituent l'essentiel du contentieux de l'exécution au Cameroun. Aboutissant généralement à l'annulation et à la mainlevée de la saisie, elles sont devenues un moyen commode de chicane pour certains débiteurs, bien servis en cela par le législateur communautaire, qui a prescrit à tour de bras, un très grand nombre de formalités à peine de nullité.

Le régime juridique des nullités issu de l'Acte Uniforme portant organisation des voies d'exécution est-il classable dans les catégories connues ?

On a souvenance, à cet égard, de l'évolution du droit français en la matière. Parti du système des *legis actiones* hérité du droit romain où la moindre erreur sur un mot entraînait la perte du procès, et après avoir expérimenté avec plus ou moins de bonheur, le système des nullités comminatoires (simples menaces que le juge était libre d'écarter ou non), ainsi que le système inspiré des adages « *pas de nullité sans texte* » et « *nullité sans grief n'opère* », le droit français s'est stabilisé sur un système opérant une distinction entre les vices de forme et les vices de fond. Comme pour faire la synthèse des systèmes précédemment expérimentés, il n'admet la nullité des actes de procédure pour vice de forme que si un texte prévoit une telle nullité (pas de nullité sans texte), sauf si l'inobservation porte sur une formalité substantielle ou d'ordre public. La nullité est aussi admise

[89] L'on se demande comment un bien par essence insaisissable, deviendrait saisissable par cela seul qu'un mois est passé depuis la signification de l'acte de saisie. Heureusement que l'article 142 n'assortit d'aucune sanction les contestations relatives à la saisissabilité qui interviendraient au-delà du délai d'un mois imparti.

en cas de vice de forme, à charge pour celui qui l'invoque de prouver le grief que lui cause l'irrégularité (nullité sans grief n'opère). Les exceptions s'y rattachant doivent être soulevées *in limine litis* et peuvent être couvertes par la régularisation ultérieure de l'acte (nullités relatives). A ce développement doctrinal, il convient d'ajouter le développement jurisprudentiel ayant abouti à la théorie des équipollents, qui écarte la nullité chaque fois qu'il est possible de suppléer à l'insuffisance à l'aide d'autres énonciations de l'acte.

Quant aux nullités pour vices de fond (défaut de capacité ou de pouvoir d'ester en justice etc.), elles doivent être prononcées, même d'office par le juge et en tout état de cause, sans que celui qui les invoque justifie d'un grief et alors que la nullité ne résulterait d'aucune disposition expresse (nullité absolue). Toutefois elles ne peuvent être prononcées si leur cause a disparu au moment où le juge statue[90].

Le droit camerounais de son côté, combine les systèmes des nullités textuelles, comminatoires et relatives. En effet, la règle déduite de l'article 602 du code Camerounais de procédure civile et commerciale est celle de la nullité comminatoire. Ce texte qui dispose que « *Sauf dans les cas où les lois ou les décrets n'en disposent autrement, les nullités d'exploits ou actes de procédure sont facultatives pour le juge qui peut toujours les accueillir ou les rejeter* » pose le principe de la nullité facultative pour le juge en ce qui concerne les règles de forme. Dans son application, le juge s'inspire de la règle « pas de nullité sans grief ». Le texte pose en creux le principe de la nullité textuelle obligatoire, qui doit impérativement être prononcée par le juge lorsqu'elle est constatée.

Facultatives ou obligatoires, ces nullités doivent, au Cameroun, être demandées à l'orée de la procédure[91]. L'article 97 du code camerounais de procédure civile et commerciale dispose en effet que « *Toutes les exceptions, demandes en nullité, fins de non-recevoir et tous les déclinatoires visés aux articles précédents, sauf l'exception d'incompétence ratione materiae et l'exception de communication des pièces, seront déclarés non recevables s'ils sont présentés après qu'il aura été conclu au fond [...]* ».

[90]Jean Vincent & Serge Guinchard, *Procédure civile*, précis Dalloz, 22e éd., pp.363-372.
[91]In liminelitis dit-on encore.

Dans le droit positif camerounais donc, hormis l'exception d'incompétence matérielle et celle de communication des pièces, toutes les autres fins de non-recevoir et exceptions, y compris d'ordre public, doivent être soulevées in limine litis.

Quid du droit OHADA en la matière ? Si l'AUVE règlemente avec minutie les règles de forme des saisies, sanctionnant de nullité l'inobservation ou l'irrégularité de la plupart de celles-ci, il n'a pas mis le même soin dans la règlementation des règles de fond. Quoi qu'il en soit, il se forge peu à peu, à la faveur de la jurisprudence de la CCJA, un droit positif des nullités qu'il convient de décrypter au détour de quelques questionnements. La première question est de savoir si le juge doit automatiquement prononcer la nullité en cas de violation des nombreuses règles de forme prescrites sous cette sanction. L'autre est celle du sort des règles de fond non évoquées par l'Acte Uniforme. La dernière concerne le sort des formalités dont la lettre du texte est respectée mais non l'esprit.

La question de savoir si le juge doit obligatoirement prononcer la nullité en cas de non-respect des formalités prescrites par l'AUVE à peine de nullité a reçu de la CCJA une réponse péremptoirement affirmative. En effet, par un Avis du 7 juillet 1999[92], la Haute Juridiction a affirmé que : « *L'Acte Uniforme portant organisation des procédures simplifiées de recouvrement et des voies d'exécution a expressément prévu que l'inobservation de certaines formalités prescrites est sanctionnée par la nullité. Toutefois, pour quelques-unes de ces formalités limitativement énumérées, cette nullité ne peut être prononcée que si l'irrégularité a eu pour effet de causer un préjudice aux intérêts de celui qui l'invoque. Hormis ces cas limitativement énumérés, le juge doit prononcer la nullité lorsqu'elle est invoquée, s'il constate que la formalité prescrite à peine de nullité n'a pas été observée, sans qu'il soit besoin de rechercher la preuve d'un quelconque préjudice.* »

Cet Avis a ouvert la voie à nombre de décisions de la même juridiction allant dans ce sens[93], cristallisant une jurisprudence

---

[92]Avis n° 001/99/JN du 7 juillet 1999, Recueil jurisprudentiel Ohada, numéro spécial janvier 2003, p.70.

[93]Arrêts n° 007 et 008 du 21 mars 2002, Recueil jurisprudentiel Ohada, pp. 45-53 ; arrêt n° 008 du 26 fev. 2004, RCCJA n° 03, pp. 96 et s. ; arrêt n° 012 du 18 mars 2004, jurisOhada n° 2/2004, juin-aout 2004, p. 23.

largement suivie par les juridictions du fond[94]. Il en ressort que, sauf dans les cas limitativement énumérés à l'article 297 de l'AUVE (irrégularité dans la rédaction, la signification et la publication du commandement, dans la rédaction et le dépôt du cahier des charges, dans la fixation de la date de la vente, dans la sommation de prendre connaissance du cahier des charges, dans la publicité en vue de la vente, dans la procédure d'adjudication) pour lesquels la nullité est subordonnée à la preuve du préjudice, les nullités encourues par les formalités prescrites à peine de nullité par l'AUVE sont des nullités de plein droit, automatiques. Il n'est pas nécessaire pour celui qui s'en prévaut d'apporter la preuve du préjudice subi du fait de l'inobservation ou de l'irrégularité. A contrario, lorsque la formalité n'est pas sanctionnée de nullité par l'AUVE, celle-ci ne peut être prononcée que si la personne qui s'en prévaut justifie d'un préjudice.

Cette tendance n'a pas, à vrai dire, enthousiasmé certains auteurs, assez critiques sur l'effacement du pouvoir du juge et sur le développement d'un contentieux des nullités artificiel qu'elle favorise[95]. Ces critiques n'ont pas laissé insensible la CCJA qui a amorcé une inflexion vers un renforcement du rôle du juge. Dans l'arrêt déjà cité du 21 mars 2002[96], elle a subordonné la nullité à de véritables vices de forme et non à de simples peccadilles comme l'inexactitude dans l'orthographe d'un nom. Dans une autre espèce[97] où le demandeur au pourvoi soutenait, entre autres moyens de cassation, la violation de l'article 8 de l'AUVE[98], au motif que l'exploit de signification de la décision portant injonction de payer ne contenait pas l'indication exacte de la juridiction devant laquelle l'opposition devait être portée, elle a, tout en reconnaissant le vice allégué, écarté la nullité en soutenant que la saisine de la juridiction

[94]CA Abidjan, arrêt n° 969 du 26 juil. 2002, RQO 2000-2005, p. 632 ; CA Centre (Cameroun), arrêt n° 189 du 18 fev. 2000, RQO 2000-2005, p. 632 ; CA Littoral (Cameroun), arrêt n° 85/85 du 20 septembre 2010, inédit ; CA Littoral, ord. n° 083 du 11 septembre 2013, inédit.

[95]IPANDA, le régime juridique des nullités des actes de procédure depuis l'entrée en vigueur de l'AUVE, RCDA n° 6 pp. 33 et s.

[96]Op. cit. p. 57.

[97]Arrêt n° 026/2005 du 7 avril 2005, aff. Bouchebel c/ Station Mobile de Yamosoucro.

[98]Art. 8 de l'AUVE : « *À peine de nullité, la signification de la décision portant injonction de payer contient sommation d'avoir [...].*
Sous la même sanction, la signification indique le délai dans lequel l'opposition doit être formée, la juridiction devant laquelle elle doit être portée et les formes selon lesquelles elle doit être faite [...] »

réellement compétente par l'opposant à l'injonction de payer couvre l'erreur commise. La Haute juridiction communautaire est donc écartelée entre l'enfermement du juge dans le carcan de l'automaticité de la nullité et une certaine souplesse. Cette dernière lui permet, pensons-nous, de lutter contre la chicane que favorise l'inflation des formalités dirimantes dans l'AUVE.

S'agissant des nullités pour vices de fond, l'absence dans l'AUVE de dispositions spécifiques y relatives donne à penser que le législateur communautaire a laissé aux législations des Etats-Parties, le soin d'y pourvoir. Cela ramène, au Cameroun, à l'application de l'article 602 du code de procédure civile et commerciale précité, qui subordonne la nullité à l'appréciation souveraine du juge et conditionne sa recevabilité à son invocation in limine litis.

Interpellent également le juge du contentieux de l'exécution, les cas d'observation des règles dans leur lettre et non dans leur esprit, tel, le commandement préalable à la saisie-vente qui indique un taux d'intérêts erroné, ou l'acte de vente qui désigne de manière erronée la juridiction devant laquelle les contestations doivent être portées. Dans le premier cas, l'article 92 de l'AUVE a été respecté à la lettre, le taux d'intérêts ayant été indiqué comme l'exige ce texte, mais pas son esprit, le vœu implicite du législateur communautaire qui est l'indication correcte du taux d'intérêts, n'étant pas satisfait. Dans le second cas, la juridiction devant laquelle les contestations pourraient être portées ayant été désignée comme l'exige l'article 100-8 de l'AUVE, ce texte a été respecté dans sa lettre, mais pas dans son esprit, le vœu du législateur communautaire étant que cette désignation soit exacte. Logiquement, ces cas ne devraient pas tomber sous le coup de la nullité automatique. Il s'agit, dans le premier, d'une erreur matérielle susceptible de rectification par le juge et, dans le second cas, d'une erreur de désignation pouvant être solutionnée de deux façons : si c'est le juge désigné par erreur qui est effectivement saisi, il se déclare incompétent et renvoie le demandeur à mieux se pourvoir ; si malgré l'erreur de désignation, c'est la juridiction idoine qui est effectivement saisie, le juge tient l'erreur pour réparée et doit conséquemment rejeter la demande de nullité y relative, à moins, dans l'un et l'autre cas, que le demandeur en nullité ne rapporte la preuve du préjudice que lui aurait causée l'inobservation.

δ- Les contestations relatives à la distribution du prix

Tel qu'indiqué plus haut[99], le vœu du législateur communautaire est que la distribution des deniers provenant de la vente des biens saisis se fasse de manière consensuelle. Mais le conflit n'est jamais loin des intérêts financiers, si petits soient-ils. Les contestations relatives à la distribution du prix de vente des objets saisis sont donc dans l'ordre normal des choses, pourrait-on dire. Elles s'ouvrent, à défaut d'accord amiable des créanciers saisissants[100]. La rareté de tels accords du fait de la recherche effrénée du gain propre au genre humain, fait de la répartition judiciaire, la règle en la matière. En ce cas, la procédure doit s'ouvrir dans le mois qui suit le versement du prix par l'adjudicataire, par l'un des créanciers qui saisira le juge par une assignation indiquant la date de l'audience et sommant les autres créanciers de produire, c'est-à-dire, d'indiquer ce qui leur est dû et le rang auquel ils entendent être colloqués, pièces justificatives à l'appui. Le saisi recevra également la signification de l'acte de saisine. Dans les vingt jours de la sommation, les créanciers doivent, à peine de déchéance, effectuer leur production au greffe de la juridiction compétente. L'audience ne peut avoir lieu moins de quarante jours après la dernière signification[101]. Le juge procède à la répartition sans se départir de la recherche du consensus. A défaut, il pourra utilement puiser ses orientations dans l'article 226 de l'Acte Uniforme portant Organisation des Sûretés. Ce texte dispose en effet que : « *Sans préjudice de l'exercice d'un éventuel droit de rétention ou droit exclusif au paiement, les deniers provenant de la réalisation des meubles sont distribués dans l'ordre suivant :*

1) Aux créanciers des frais de justice engagés pour parvenir à la réalisation du bien vendu et à la distribution elle-même du prix ;

2) Aux créanciers de frais engagés pour la conservation du bien du débiteur dans l'intérêt des créanciers dont le titre est antérieur en date ;

3) Aux créanciers de salaires super privilégiés ;

---

[99]Cf. supra, pp. 48.

[100]Art. 326 de l'AUVE : « *Si, dans le délai d'un mois qui suit le versement du prix de vente par l'adjudicataire, les créanciers n'ont pu parvenir à un accord unanime, le plus diligent d'entre eux saisit le président de la juridiction du lieu de la vente ou le magistrat délégué par lui afin de l'entendre statuer sur la répartition du prix.* »

[101]Art. 329 de l'AUVE : « *L'audience ne peut avoir lieu moins de quarante jours après la dernière signification.* »

4) Aux créanciers garantis par un privilège général soumis à publicité, un gage, ou un nantissement, chacun à la date de son opposabilité aux tiers ;
5) Aux créanciers munis d'un privilège spécial, chacun suivant le meuble sur lequel porte le privilège ; en cas de conflit entre créances assorties d'un privilège spécial sur le même meuble, la préférence est donnée au premier saisissant ;
6) Aux créanciers munis d'un privilège général non soumis à publicité selon l'ordre établi par l'article 180 du présent acte uniforme ;
7) Aux créanciers chirographaires munis d'un titre exécutoire lorsqu'ils sont intervenus par voie de saisie ou d'opposition à la procédure de distribution.
En cas d'insuffisance de deniers pour désintéresser les créanciers désignés aux 1), 2), 3), 6) et 7) du présent article venant à rang égal, ceux-ci concourent à la distribution dans la proportion de leurs créances totales, au marc-le-franc ».

ii) La compétence déduite d'autres dispositions légales

Admise ici, discutée là, la compétence du juge du contentieux de l'exécution déduite des dispositions légales autres que les articles 129 à 146 de l'AUVE sus-commentés, mérite qu'on s'y attarde, singulièrement sur ses aspects les plus saillants que sont la condamnation aux dommages-intérêts (α), la liquidation des astreintes (β), et la délivrance d'un titre exécutoire (γ).

α- Le juge du contentieux de l'exécution peut-il condamner aux dommages-intérêts ?

Les textes de l'AUVE évoquant la condamnation aux dommages-intérêts ne désignent pas la juridiction qui doit prononcer une telle condamnation. Il s'agit des articles 38 et 156 qui disposent :

Article 38 : « *Les tiers ne peuvent faire obstacle aux procédures en vue de l'exécution ou de la conservation des créances. Ils doivent y apporter leur concours lorsqu'ils en sont légalement requis. Tout manquement par eux à ces obligations peut entraîner leur condamnation à verser des dommages-intérêts. Le tiers entre les mains duquel est pratiquée une saisie peut également, et sous les mêmes conditions, être condamné au paiement des causes de la saisie, sauf son recours contre le débiteur* ».

Article 156 : « *Le tiers saisi est tenu de déclarer au créancier, l'étendue de ses obligations à l'égard du débiteur, ainsi que les modalités qui pourraient les affecter et, s'il y a lieu, les cessions de créances, délégations ou saisies antérieures. Il doit communiquer copies des pièces justificatives. Ces déclarations et communications doivent être faites sur-le-champ à l'huissier ou l'agent d'exécution, et mentionnées dans l'acte de saisie ou, au plus tard, dans les cinq jours, si l'acte n'est pas signifié à personne. Toute déclaration inexacte, incomplète ou tardive expose le tiers saisi à être condamné au paiement des causes de la saisie, sans préjudice d'une condamnation au paiement des dommages-intérêts* ».

Le mutisme du législateur communautaire dans la désignation de la juridiction compétente pour condamner aux dommages-intérêts a conduit certains doctrinaires et praticiens, hostiles à l'extension des pouvoirs du juge du contentieux de l'exécution, à soutenir que seules les juridictions ordinaires peuvent le faire. Cette thèse n'a pas prospéré dans les juridictions camerounaises où l'accord sur la compétence du juge du contentieux de l'exécution est quasi unanime. Mais cette compétence n'est pas inconditionnée. Elle se limite aux cas légalement énumérés, qui visent les tiers en général, singulièrement les tiers saisis déloyaux. Ainsi, les actions en réparation fondées sur une saisie abusive ou sur la résistance du débiteur à une saisie sont hors du champ de compétence du juge du contentieux de l'exécution.

β- Le juge du contentieux de l'exécution peut-il liquider les astreintes ?

Les avis divergent sur la question.

Un premier courant justifie la compétence du juge du contentieux de l'exécution à liquider les astreintes par les termes mêmes de l'article 2 de la loi camerounaise du 19 avril 2007[102] d'après lesquels, ce juge connaît de tout ce qui a trait à l'exécution forcée des décisions de justice. La liquidation d'astreintes suppose la résistance d'une personne à exécuter une décision de justice, souligne ce courant qui en déduit que cette situation a incontestablement trait à l'exécution

[102]Art. 2 loi n° 2007/001 : « *Le juge du contentieux de l'exécution connaît de tout ce qui a trait à l'exécution forcée des décisions de justice et autres actes [...]* »

forcée. Ce courant s'inspire du droit français où l'astreinte, d'abord création prétorienne, s'est vue conférer un statut légal par une loi du 5 juillet 1972, puis, une autre du 9 juillet 1991 portant réforme des procédures civiles. Aux termes de l'article 35 de cette dernière loi : « *L'astreinte, même définitive, est liquidée par le juge de l'exécution, sauf si le juge qui l'a ordonnée reste saisi de l'affaire ou s'en est expressément réservé le pouvoir* ».

Le deuxième courant, à l'inverse, dénie au juge du contentieux de l'exécution, la compétence pour liquider l'astreinte, soutenant que celle-ci n'est pas une mesure d'exécution forcée au sens de l'AUVE. Ce courant a reçu l'approbation explicite de la CCJA qui affirme, *ne varietur*, que la liquidation d'astreintes n'est pas une mesure d'exécution forcée au sens de l'Acte Uniforme portant organisation des procédures simplifiées de recouvrement et des voies d'exécution[103]. Cette jurisprudence puise sa source dans l'AUVE lui-même qui n'envisage l'exécution forcée que sous le prisme des saisies, excluant ainsi toutes les autres formes d'exécution forcée comme l'astreinte dont la finalité est précisément de briser la résistance d'une personne à exécuter une décision de justice. Le législateur camerounais comble cette lacune en étendant le domaine d'intervention du juge du contentieux de l'exécution à « tout ce qui a trait à l'exécution forcée des décisions de justice ». Cette extension est opportune dans la mesure où elle est inclusive des situations qui, telles l'expulsion et l'astreinte, sont au cœur de l'exécution forcée. Le juge n'est, par exemple, appelé à liquider l'astreinte prononcée contre le débiteur– donc à le forcer à s'exécuter – que lorsque celui-ci a reçu commandement d'exécuter et est resté de marbre.

A l'appui des arguments ci-dessus, favorables à la thèse de la compétence du juge du contentieux de l'exécution à liquider les astreintes, il convient d'ajouter un argument tiré de la pratique, en indiquant que la saisine du juge du fond aux fins de liquidation de l'astreinte expose le demandeur au paiement d'une consignation au taux proportionnel, ce qui constitue un véritable handicap pour ce citoyen dont l'honnêteté serait par-là, fort mal payée.

[103]CCJA, arrêts n° 036/2005 du 2 juin 2005 ; n° 061/2015 du 27 avril 2015 ; n° 094/2016 du 26 mai 2016.

γ- Le juge du contentieux de l'exécution peut-il délivrer un titre exécutoire ?

Le juge du contentieux de l'exécution, on l'a dit, est juge de la régularité formelle des mesures d'exécution forcée et des mesures conservatoires. *A contrario*, il n'est pas juge du fond du droit et doit, par conséquent, éviter toute remise en cause du titre exécutoire pendant son office. Mais à la batterie des mesures coercitives déjà examinées, l'AUVE ajoute à l'article 168[104], une autre, qui permet au juge du contentieux de l'exécution de délivrer un titre exécutoire contre le tiers saisi qui refuse le paiement des sommes qu'il a reconnu devoir ou dont il a été jugé débiteur. Délivrer un titre exécutoire contre le tiers, c'est rien moins, que le condamner au paiement des causes de la saisie, par-dessus le débiteur saisi. Cette condamnation peut être assortie d'une astreinte dont on imagine mal qu'elle puisse être liquidée autrement que par le juge du contentieux de l'exécution[105].

Qu'elle opère de plein droit, ou qu'elle soit conditionnée par la preuve du préjudice, la nullité anéantit l'acte irrégulier et conduit le juge à donner mainlevée de la saisie ainsi viciée, obligeant le saisissant à recommencer la procédure. Elle peut toutefois atteindre le fond du droit, notamment lorsque l'acte devait être accompli pendant un temps désormais révolu. Des sanctions de nature pénale, disciplinaire ou civile peuvent s'ensuivre. Ainsi, les frais afférents aux actes nuls par la faute de l'huissier peuvent être mis à sa charge, sans préjudice des dommages-intérêts qui pourraient être réclamés, suivant les voies de droit commun.

L'identification du juge du contentieux de l'exécution serait incomplète, sans la détermination de sa compétence territoriale.

b) La compétence territoriale du juge du contentieux de l'exécution

Quel est, parmi les nombreux juges existant sur un territoire, celui qui est compétent pour connaître du contentieux de l'exécution né sur

[104]Art. 168 de l'AUVE : « *En cas de refus de paiement par le tiers saisi des sommes qu'il a reconnu devoir ou dont il a été jugé débiteur, la contestation est portée devant la juridiction compétente qui peut délivrer un titre exécutoire contre le tiers saisi.* »

[105]On voit à quel point demeure discutable, l'affirmation péremptoire selon laquelle la liquidation d'astreintes échappe à la compétence du juge du contentieux de l'exécution.

telle partie dudit territoire ? L'article 129 de l'AUVE[106] désigne le juge du contentieux de l'exécution du lieu de la saisie, comme juridiction territorialement compétente en matière de saisie-vente. Ce choix est logique, la proximité physique de ce juge avec les choses saisies le qualifiant naturellement pour gérer ce contentieux.

2- L'élaboration de la décision du juge du contentieux de l'exécution

Vigile de la régularité formelle de l'exécution forcée, le juge du contentieux de l'exécution est une juridiction à part entière, dont les décisions revêtent les caractéristiques de tout acte juridictionnel. A propos de prétentions qui s'opposent (contestation), il recherche la règle applicable (constatation) et donne au litige la solution appropriée.

L'élaboration de la décision emprunte ses traits particuliers à la nature et la finalité du contentieux, essentiellement axées sur la recherche de la célérité, de l'efficacité et de la sécurité des parties. Ces caractéristiques gouvernent en particulier les conditions de recevabilité, d'assistance et de représentation des parties (a), l'instruction des affaires (b) et les voies de recours (c).

a) Les parties à l'instance

Les conditions habituelles de recevabilité de l'action en justice, à savoir la qualité, la capacité et l'intérêt pour agir, sont les mêmes qu'en droit commun. Mais il est de tradition, en la matière, que le juge du contentieux de l'exécution puisse être saisi par l'huissier de justice, à l'effet de le voir trancher les difficultés d'ordre juridique qui l'empêchent de mener à bien sa mission.

Comme dans toutes les juridictions camerounaises, sauf à la Cour Suprême, l'assistance ou la représentation des parties par un avocat ne sont pas obligatoires, que ce soit en demande ou en défense[107]. En effet, si l'article 2 de la loi camerounaise n° 90/059 du 19 décembre 1990 portant organisation de la profession d'avocat pose le principe du monopole de l'avocat dans la représentation des parties devant les

[106]Art. 129 de l'AUVE : « *Les contestations relatives à la saisie-vente sont portées devant la juridiction du lieu de la saisie.* »

[107]Même à la Cour Suprême, il faut relativiser : le défendeur au pourvoi peut y conclure personnellement, cf. art. 56 al. 2 de la loi n° 2006/016 du 29 décembre 2006 fixant l'organisation et le fonctionnement de la Cour Suprême.

juridictions en disposant que« *L'avocat a le monopole de la représentation des parties devant les juridictions* », l'article 3 de la même loi énonce des dérogations qui vident substantiellement ce principe de son contenu en prévoyant que *« par dérogation aux dispositions de l'article 2 ci-dessus :*

1) Toute personne peut, sans l'assistance d'un avocat, se présenter elle-même devant toute juridiction, à l'exception de la Cour Suprême, pour postuler et plaider, soit pour elle-même, soit pour un conjoint, soit pour ses ascendants et descendants, ses collatéraux privilégiés, soit pour un pupille ;

2) Toute personne physique peut se faire également assister ou représenter par tout autre mandataire de son choix, muni d'une procuration légalisée, lorsque dans le ressort de la juridiction saisie, le nombre de cabinets d'avocats est inférieur à quatre (4) ;

3) Les administrations publiques peuvent se faire représenter devant toutes les juridictions par un fonctionnaire désigné par l'autorité compétente. »

Les dérogations contenues dans le texte précité sont, à plus d'un titre, bénéfiques pour les parties qui, outre les honoraires d'avocat dont le paiement leur est épargné, acquièrent par-là, l'habitude du prétoire, élargissant ainsi le cercle des sachants dans les matières relevant des sciences juridiques. Nous avons en mémoire, des non-juristes que la pratique des prétoires a transformés en redoutables procéduriers, nous ayant, à plusieurs reprises, entraîné dans des débats juridiques de haute volée[108].

b) L'instance

Le voisinage du contentieux de l'exécution avec le référé l'autorise à lui emprunter ses pratiques déjà bien rôdées. Les règles générales de procédure sont en principe applicables ici, notamment les principes du contradictoire et de loyauté des débats. Le premier exige que le défendeur soit averti de la procédure afin qu'il puisse préparer sa défense et comparaître. Aucun délai minimum n'est prescrit entre l'assignation et la date d'audience.[109]Le juge devra simplement s'assurer qu'il s'est écoulé un temps suffisant pour que la partie assignée ait pu préparer sa défense. A défaut, il doit renvoyer la cause

[108]Un certain Owona Nsoe à Douala.

[109]On considère traditionnellement le délai de trois jours comme le délai minimum.

et accorder un délai raisonnable au défendeur ou ordonner sa réassignation s'il a la conviction qu'il n'a pas reçu la première assignation. En cas d'extrême urgence, le demandeur peut se faire autoriser par le juge à assigner à une heure indiquée (d'heure à heure, dit-on), en vue de la réduction du délai de comparution à quelques heures seulement.

Hormis les quelques cas limitativement prévus où il peut être saisi par requête (recouvrement des créances d'aliments, remise des objets saisis à un séquestre, immobilisation d'un véhicule terrestre à moteur, autorisation de saisir les biens du débiteur détenus par un tiers dans les locaux d'habitation de ce dernier), le juge du contentieux de l'exécution est saisi par assignation, à l'audience créée à cet effet par le chef de la juridiction, qui se tient aux jours et heures arrêtés par ce dernier.

Comme devant toute juridiction, le principe de la loyauté des débats gouverne l'instruction des affaires. Il postule globalement que toute partie doit apporter son concours à la manifestation de la vérité.

La procédure est en principe écrite, mais le président peut inviter les parties à fournir oralement les explications de fait ou de droit qu'il estime nécessaires et à préciser ce qui paraît obscur.

Le contentieux de l'exécution est à ranger parmi les procédures rapides. Outre la périodicité hebdomadaire des audiences et la possibilité d'assigner à plus brefs délais (d'heure à heure), la loi camerounaise enferme le traitement des affaires dans un délai tout aussi bref, de trente jours[110]. Les juridictions de Yaoundé et de Douala notamment, ont du mal à respecter ce délai, pour des raisons évidentes (insuffisance des personnels, recyclage des magistrats imparfait, anachronisme de certains textes de procédure, production tardive des conclusions du Ministère Public lorsque l'affaire lui a été communiquée, etc.). Il faut pourtant s'y résoudre. En effet, intervenant, comme déjà souligné, après de longues et épuisantes batailles judiciaires au fond du droit, le contentieux de l'exécution est tenu à une obligation de diligence d'autant plus impérative que la considération du traité OHADA en est tributaire.

L'affaire, en principe est, après échange des conclusions – il n'est pas interdit d'en débattre oralement – plaidée sans désemparer.

[110]Art. 3 al. 3 de la loi n° 2007/001 du 19 avril 2007 : « *Le juge du contentieux de l'exécution est tenu de statuer dans les trente (30) jours de sa saisine*. »

Avant de prendre sa décision, le juge peut ordonner toutes les mesures d'instruction admissibles en droit commun, notamment la comparution personnelle des parties ou une enquête, à moins qu'il ne préfère se livrer à des vérifications personnelles ou confier une mesure d'instruction à un technicien commis en qualité d'expert.

Peuvent survenir devant le juge du contentieux de l'exécution, les incidents envisageables dans toute procédure civile (exceptions, fins de non-recevoir, demandes additionnelles, reconventionnelles, interventions volontaires ou forcées).

L'audience se tient à juge unique par le président de la juridiction compétente ou par le magistrat par lui délégué. Les débats sont publics, à moins que le président ne décide qu'ils se dérouleront à huis clos, notamment s'il doit résulter de leur publicité une atteinte à l'intimité ou s'il survient des désordres de nature à troubler la sérénité de la justice.

L'AUVE ne prévoit pas en cette matière, la communication de l'affaire au Ministère Public. La CCJA en a profité pour la proscrire[111]. Les intérêts parfois en jeu commandent pourtant cette communication, à la condition que le Ministère Public s'arrime à l'urgence chère à l'Ohada, ce qui n'est pas souvent le cas.

Le juge du contentieux de l'exécution n'est pas tenu de statuer immédiatement. L'usage, qui est de mettre l'affaire en délibéré, est d'autant plus suivi que la loi camerounaise prescrit la rédaction de toute décision avant son prononcé[112].

La décision est rendue sous forme d'ordonnance. Celle-ci est assimilable à un jugement, dans sa structure et son contenu. Mais certaines exigences s'accommodent mal de la rapidité recherchée. Il en est ainsi de la reproduction intégrale de l'acte introductif d'instance, formalité fondée sur l'article 39 du Code de procédure civile et commerciale, érigée par la Cour Suprême en formalité d'ordre public dont elle sanctionne automatiquement l'inobservation de nullité, alors que ce texte ne prescrit pas cette formalité à peine de nullité. L'analyse simple de la question place celle-ci sous le giron de l'article 602[113]précité du CPCC, de sorte que la non-reproduction par

[111]Arrêt n° 003 du 10 janvier 2002, in Onana Etoundi Félix, Grandes tendances jurisprudentielles de la CCJA, éd. oct. 2011, p. 494.

[112]Art. 7 al. 4 de la loi n° 2006/015 du 29 décembre 2006 : « *Toute décision est rédigée avant son prononcé.* »

[113]Op. Cit. p. 57.

le juge, de l'acte introductif d'instance devrait être soumise à la règle de la nullité facultative issue de ce texte. La nullité ne devrait donc intervenir ici, que sous condition de la preuve d'un grief. Il serait suffisant, d'après nous, que la décision contienne, à l'instar du droit français, l'exposé succinct des faits, les prétentions et moyens respectifs des parties ainsi que les motifs répondant auxdits moyens et établissant que les conditions qui autorisent le prononcé de telle mesure sollicitée sont réunies ou non, au regard des raisons invoquées.

La décision (ordonnance) du juge du contentieux de l'exécution doit, comme tout jugement civil, être signifiée au débiteur avant son exécution, sauf si l'exécution sur minute a été ordonnée, auquel cas le demandeur gagnant n'aura pas à attendre la délivrance d'une grosse (expédition revêtue de la formule exécutoire), mais passera à l'exécution « *au vu* » de la minute, dont la simple présentation au débiteur vaudra signification, à charge pour l'huissier de rétablir cette minute au greffe après l'exécution.

L'ordonnance du juge du contentieux de l'exécution est exécutoire par provision (ou provisoire)[114], de plein droit. De ce principe qui découle de l'article 49 alinéa 3 de l'AUVE[115], il résulte que l'exécution provisoire est consubstantielle à la décision. Elle est due au gagnant, que le juge l'ait ordonnée ou pas. Traditionnelle exception au principe de l'effet suspensif de l'appel, l'exécution provisoire est un levier approprié de la rapidité recherchée par la législation OHADA.

Il a déjà été dit[116] qu'en vertu de l'article 16 du Traité OHADA, les mesures de défenses ou de sursis à cette exécution provisoire échappent à la compétence de la CCJA et ressortissent à celle des juridictions nationales. Ainsi, lorsque le juge du contentieux de l'exécution est le président du tribunal de première instance ou le président du tribunal de grande instance, c'est le président de la cour d'appel compétente qui peut suspendre l'exécution provisoire attachée de plein droit à la décision rendue ; et lorsque la décision émane de la cour d'appel ou de son président, c'est le Président de la Cour

[114]Se dit de l'exécution forcée d'une décision que le gagnant poursuit malgré la trêve qu'impose l'effet suspensif du délai et de l'exercice des voies de recours ordinaires.

[115]Art. 49 al. 3 de l'AUVE : « *Le délai d'appel comme l'exercice de cette voie de recours, n'ont pas un caractère suspensif, sauf décision contraire spécialement motivée du Président de la juridiction compétente.* »

[116]Op. Cit. pp. 50-53.

Suprême qui ordonne la suspension de son exécution provisoire, d'après le droit positif camerounais qui ne manque pas sur ce point de recevoir les ouvrages de la CCJA.

b) Les voies de recours

La décision du juge du contentieux de l'exécution est-elle susceptible de recours ? Si oui, devant quelle juridiction ?

Si l'AUVE évoque expressément l'appel, rien n'est dit à propos de l'opposition. Ce silence signifie-il l'exclusion de cette voie de recours comme en matière de référé ? La réponse semble affirmative, les raisons qui fondent cette exclusion étant les mêmes dans l'un et l'autre cas (urgence, rapidité, simplification, réduction des manœuvres dilatoires). Pour éviter ce débat non encore tranché, le juge devra exercer un contrôle strict sur les conditions de délivrance de l'assignation au défendeur et ordonner au besoin, sa réassignation.

Lorsque la décision émane du Président du tribunal de première instance ou du Président du tribunal de grande instance, elle est susceptible d'appel dans un délai de quinze (15) jours à compter de son prononcé. Ce délai et l'exercice effectif de l'appel n'empêchent pas son exécution, sauf décision contraire spécialement motivée du Président de la Cour d'appel. L'article 3 al.4 de la loi n°2007/001 du 19 avril 2007[117] qui contient les règles sus énoncées désigne clairement le Président de la Cour d'Appel comme l'organe habilité à suspendre l'exécution provisoire des décisions émanant des présidents des tribunaux ayant statué comme juges du contentieux de l'exécution. Ce texte n'indique pas avec la même netteté, l'organe qui doit connaitre de l'appel lui-même, puisqu'il se borne à dire que la décision est susceptible d'appel. Il faut se référer à la loi n°2006/015 du 26 décembre 2006 portant organisation judiciaire modifiée et complétée par la loi n° 2011/027 du 14 décembre 2011 (article 22 nouveau) pour réaliser que ces appels sont portés devant la chambre du contentieux de l'exécution de la cour d'appel compétente.

[117]Art. 3 al. 4 de la loi du 19 avril 2007 : « *Lorsque le juge du contentieux de l'exécution est le président du tribunal de première instance ou le président du tribunal de grande instance ou le magistrat délégué à cet effet, sa décision est susceptible d'appel dans un délai de quinze (15) jours à compter de son prononcé. Le délai d'appel comme l'exercice de cette voie de recours n'ont pas un caractère suspensif, sauf décision contraire spécialement motivée du président de la cour d'appel.* »

Pour impulser la célérité recherchée, il importe que la décision du juge du contentieux de l'exécution soit saisie au moment du prononcé de la sentence. De la sorte, l'appelant, qui ne dispose que d'un délai de quinze jours à compter du prononcé de la décision pour exercer son recours, entrera le plus tôt possible en possession de ladite décision, pour prendre connaissance de la motivation qui va être la base de ses critiques.

Le fait que le délai d'appel court à compter du prononcé de la décision implique que la partie qui désire faire appel exerce son droit sans attendre la signification de ladite décision, celle-ci étant exigée, non pas pour faire courir le délai d'appel, mais comme formalité préalable à l'exécution[118].

Ni l'AUVE ni la loi camerounaise du 19 avril 2007 instituant le juge du contentieux de l'exécution ne réglementent les modalités de saisine de la cour d'appel en la matière. On ne peut, par conséquent, que se référer à la législation nationale de droit commun, dont l'incompatibilité avec la rapidité recherchée par le législateur OHADA apparaît pourtant notoire. L'article 191 du code camerounais de procédure civile et commerciale est révélateur de cette incompatibilité. En effet, ce texte, modifié par le décret n°68/DF/441 du 8 novembre 1968, dispose à l'article 2 que : « *Aussitôt qu'elle [la requête d'appel] aura été reçue, le greffier fera notifier à la partie appelante, le montant de la consignation à verser [...] dans un délai de quatre mois à compter de la notification* ». S'il est raisonnable d'accorder quatre mois à l'appelant pour payer la consignation lorsque le délai d'appel est de trois mois à compter de la signification de la décision, comme le prévoit la procédure de droit commun, rien ne justifie quatre mois de délai de consignation là où, à raison de l'urgence, le législateur OHADA a fixé le délai d'appel à quinze jours seulement et prescrit au juge du contentieux de l'exécution, un délai de trente jours pour vider sa saisine. Une autre incompatibilité ressort des dispositions de l'article 23 de la loi n° 2006/015 du 29 décembre 2006 portant organisation judiciaire prescrivant la reproduction du dossier de procédure en cas d'appel. Les différentes étapes de cette reproduction que sont, la délivrance à l'appelant d'un certificat d'appel par le greffe de la cour d'appel où le recours a été exercé, le dépôt par l'appelant dudit certificat au greffe de la juridiction d'où

[118] D'où la pratique de la signification-commandement.

émane la décision attaquée, la fixation dans la huitaine par ordonnance du président de ladite juridiction, des frais destinés à la reproduction du dossier de procédure, la signification de cette ordonnance à l'appelant, qui dispose d'un délai de dix jours pour, soit la contester en appel, soit payer lesdits frais, réduisent à néant ou presque, le vœu du législateur communautaire de voir le contentieux de l'exécution des décisions judiciaires vidé dans le mois de la saisine du juge. L'incompatibilité est telle, entre ces dispositions et celles de l'AUVE, que l'abrogation tacite des premières s'en déduit inéluctablement.

Il est souhaitable que législateur édicte un corpus fixant les modalités de saisine de la cour d'appel en matière de contentieux de l'exécution, adaptées à l'esprit de l'AUVE.

Quid des recours contre les décisions rendues en appel ? On sait que deux types de décisions émanent de cette juridiction : celles rendues par la cour d'appel statuant sur les appels formés contre les décisions des présidents des tribunaux ayant jugé comme juges du contentieux de l'exécution, et celles rendues par les présidents de cours d'appel statuant comme juges en premier ressort, des difficultés d'exécution des décisions des cours d'appel. La pratique Camerounaise actuelle est la suivante :

- les décisions des cours d'appel ayant statué en appel contre les ordonnances des présidents des tribunaux ayant eux-mêmes statué comme juges du contentieux de l'exécution des décisions rendues par leurs juridictions, sont susceptibles de pourvoi devant la CCJA ;
- les décisions des présidents des cours d'appel ayant statué en premier ressort comme juges du contentieux d'exécution des arrêts des cours d'appel, sont susceptibles de pourvoi devant la Cour Suprême, le fondement de cette attribution de compétence à la Cour Suprême étant l'article 3 al.5 de la loi du 19 avril 2007 qui dispose que : *« Lorsque le juge du contentieux de l'exécution est le président de la cour d'appel, sa décision est susceptible de pourvoi (à la Cour Suprême) ... »*.

Comme relevé plus haut[119], la CCJA désapprouve cette dernière orientation et ne se prive pas, d'exprimer cette désapprobation en annulant les décisions des présidents des cours d'appel statuant en

[119]Cf. supra, pp. 50-53.

premier ressort comme juges du contentieux de l'exécution, motif sans cesse pris de leur incompétence en la matière.

Il a déjà été dit[120] que le législateur camerounais a été bien inspiré de confier le contentieux de l'exécution des décisions de justice aux présidents des juridictions dont émanent ces décisions. Mais il y a intérêt à être d'autant plus attentif aux griefs de la Haute Juridiction, que ceux-ci trouvent de l'écho dans la doctrine camerounaise. Le grief pris de la violation du principe du double degré de juridiction prescrit par l'article 49 de l'AUVE ne manquant pas de pertinence, ne conviendrait-il pas de procéder à un réaménagement organique consistant, primo, à déférer les appels contre les décisions des présidents des tribunaux ayant statué comme juges du contentieux de l'exécution en premier ressort, devant les présidents des cours d'appel[121], secundo, à confier le jugement en premier ressort, du contentieux des difficultés d'exécution des décisions des cours d'appel, aux vice-présidents desdites cours, dont les décisions seraient susceptibles d'appel devant la chambre du contentieux de l'exécution de la cour présidée par le président lui-même. Un tel réaménagement impliquerait nécessairement la réécriture de l'article 3 de la loi du 19 avril 2007 de la manière suivante :

Article 3 (nouveau) :

(1) Le juge du contentieux de l'exécution des décisions judiciaires nationales est le président de la juridiction dont émane la décision contestée statuant en matière d'urgence ou le magistrat de sa juridiction qu'il délègue à cet effet ;

La délégation est de droit en appel.

(2) Lorsque l'exécution est poursuivie hors du ressort de la juridiction dont émane la décision, la contestation est portée devant la juridiction de même nature et de même degré suivant les règles de compétence territoriale prévues par l'acte uniforme portant organisation des procédures simplifiées de recouvrement et des voies d'exécution ;

(3) Le juge du contentieux de l'exécution est tenu de statuer dans les trente (30) jours de la saisine ;

---

[120]Cf. supra, pp. 50-53.

[121]Il serait préférable, en vertu d'un certain parallélisme, que les décisions des présidents des tribunaux soient, en cas d'appel, portées devant le président de la cour d'appel. De plus, ceci permettrait l'aménagement sans encombre, à l'intérieur de la cour d'appel, de la voie d'appel tant souhaitée.

(4) Lorsque le juge du contentieux de l'exécution est le président du tribunal de première instance ou le président du tribunal de grande instance ou le magistrat délégué à cet effet, sa décision est susceptible d'appel dans un délai de quinze (15) jours à compter de son prononcé.

Le délai d'appel comme l'exercice de cette voie de recours n'ont pas un caractère suspensif, sauf décision contraire spécialement motivée du Président de la Cour d'Appel ;

(5) Lorsque le juge du contentieux de l'exécution est le magistrat délégué conformément à l'article 3 (1) ci-dessus, sa décision est susceptible d'appel devant la chambre de contentieux de l'exécution de la cour d'appel.

Le délai d'appel comme l'exercice de cette voie de recours n'ont pas un caractère suspensif.

La connaissance par les Cours Suprêmes nationales des décisions rendues en la matière par les juridictions inférieures se heurte aussi, inlassablement, à l'hostilité de la doctrine et de la CCJA, d'autant plus fermement que la loi camerounaise exclut tout recours contre les décisions du Président de la Cour Suprême[122]. D'où, la proposition de suppression de l'alinéa 6 de la loi du 19 avril 2007 qui dispose que « *Lorsque le juge du contentieux de l'exécution est le premier président de la Cour Suprême ou le magistrat qu'il a délégué à cet effet, sa décision est insusceptible de recours* ».

Le pourvoi est porté devant la CCJA, soit sur renvoi d'une juridiction nationale statuant en cassation saisie d'une affaire soulevant des questions relatives à l'application des Actes Uniformes, soit directement par l'une des parties en instance. A cet effet, il a été adopté par le Conseil des Ministres de l'OHADA, le 18 avril 1996, un règlement des procédures de la CCJA, duquel il ressort notamment, que : le ministère d'avocat y est obligatoire ; le délai de saisine est de deux (2 mois à compter de la signification de la décision attaquée ; la procédure y est essentiellement écrite, la Cour pouvant, toutefois, à la demande de l'une des parties, organiser, dans certaines affaires, une procédure orale ; l'arrêt a force obligatoire à compter du jour de son prononcé ; la formule exécutoire est apposée sans autre contrôle que celui de la vérification de l'authenticité du titre par l'autorité nationale

[122]Art. 3 al. 6 de la loi du 19 avril 2007 : « *Lorsque le juge du contentieux de l'exécution est le premier président de la Cour Suprême, ... sa décision est insusceptible de recours.* »

désignée par le gouvernement de chacun des Etats Parties ; l'exécution forcée ne peut être suspendue qu'en vertu d'une décision de la Cour.

Le schéma des voies de recours du contentieux de l'exécution pourrait se présenter ainsi qu'il suit :

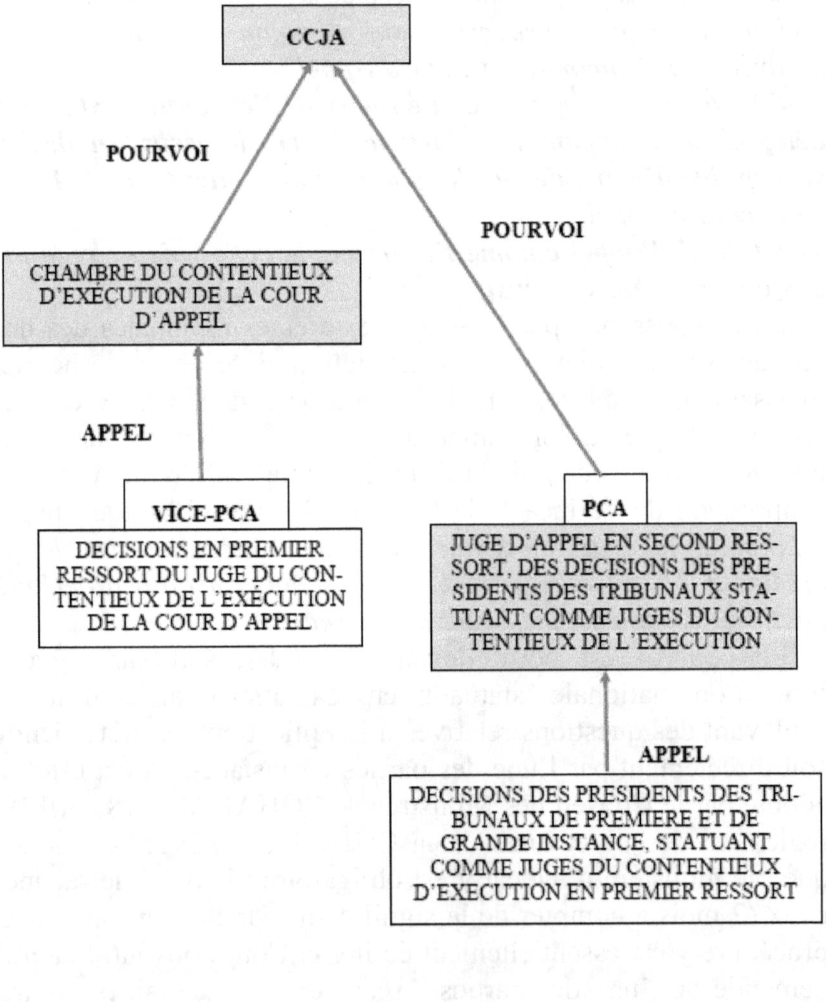

Il convient de conclure la radiographie qui vient d'être faite de la saisie-vente, par l'analyse de ses effets.

Section 2 : Les effets de la saisie-vente

Lorsqu'elle aboutit au paiement du créancier, la saisie-vente est libératoire pour le débiteur, lequel est, malgré tout, déshonoré par ce paiement au forceps. On peut espérer qu'un tel déshonneur amène, par un sursaut d'orgueil, les autres débiteurs à honorer leurs engagements.

Du côté du créancier, la saisie constitue le moment où son droit de gage général se concrétise en passant du virtuel à la réalité. Elle procure donc au créancier une satisfaction, somme toute relativisée par une forme de victoire à la Pyrrhus.

La justice n'en gagne pas moins. En crédibilité évidemment. En effet, les justiciables réels ou potentiels se convainquent qu'ils peuvent, lorsque surgit un différend, compter sur une justice efficace, adossée à des juridictions organisées, utilisant parfois la force légitime pour les rétablir dans leurs droits. Elle est alors perçue comme *« la force qui oblige le pouvoir à tenir parole »*[123], ou encore l'institution « *dont la tâche auguste est d'assurer à chacun ce qui lui revient, au riche sa richesse, et au pauvre sa pauvreté* ».[124]

La présentation, volontairement détaillée, de la saisie-vente, s'explique par son caractère complet. Elle fait, en effet, figure de droit commun de l'exécution forcée, sur le modèle duquel se conçoivent et se façonnent les autres saisies. C'est le cas de certaines saisies ventes particulières prévues par l'Acte Uniforme portant organisation des procédures simplifiées de recouvrement et des voies d'exécution.

[123]Yves Cannac, le juste pouvoir, coll. Pluriel, 1983, p. 175.

[124]Anatole France, opinions sociales, tome 2, éd. 1902.

SOUS-CHAPITRE II : LES SAISIES-VENTES PARTICULIERES

Deux saisies-ventes particulières émergent de l'AUVE : Il s'agit de la saisie-brandon (Section 1) et de la saisie des droits d'associés et des valeurs mobilières (Section 2).

Section 1 : La saisie-brandon

La saisie-brandon est une variété de la saisie-vente visant spécialement les fruits pendants, c'est-à-dire les fruits non encore récoltés enfouis dans la terre ou attachés aux branches des arbres[125]. Théoriquement, ces fruits sont immeubles, mais leur saisie emprunte le régime de la saisie mobilière, en raison de l'imminence de leur détachement du sol ou de l'arbre. L'article 147 de l'AUVE fait de cette imminence une condition de la saisie, lorsqu'il énonce que *« la saisie ne peut, à peine de nullité, être faite plus de six semaines avant l'époque habituelle de la maturité »*, juste après avoir indiqué que cette saisie vise *« les récoltes et fruits proches de la maturité »*.

La parenté entre la saisie-brandon et la saisie-vente est quasi parfaite au regard des dispositions légales y consacrées, spécialement l'article 152 de l'AUVE selon lequel toutes les formalités prescrites pour la saisie-vente seront observées pour la saisie-brandon. Quelques nuances procédurales mineures concernent notamment la signature du procès-verbal de saisie-brandon par le maire ou par le chef de l'unité administrative où se déroulent les opérations[126], et la possibilité de désignation d'un gérant à l'exploitation si la garde est refusée au débiteur[127].

Le maintien de la saisie-brandon dans la panoplie des saisies prévues par l'AUVE augmente la valeur vénale des produits agricoles dont elle peut garantir le crédit, accroissant ainsi les chances d'insertion de la paysannerie dans les circuits économiques, ce qui n'est pas un moindre atout dans les pays comme ceux de l'espace OHADA, où l'agriculture occupe une place prépondérante. Le monde agricole doit donc être mieux informé sur ce mode d'exécution forcée qui pourrait constituer une garantie de paiement attractive pour les investisseurs, et bénéfique pour les agriculteurs. Les coopératives agricoles notamment, gagneraient à s'y intéresser, autant qu'à l'affacturage qui leur permettrait, après avoir financé leurs adhérents, de transférer avec effet subrogatoire, leurs créances aux

---

[125]Raymond Barraine, Procédure civile et voies d'exécution, L.G.D.J, 1962, pp. 249 et s.

[126]Art. 148 al. 2 de l'AUVE : « Le procès-verbal est signé par le maire ou le chef de l'unité administrative où se situent les biens et copie lui en est laissée. »

[127]Art. 149 de l'AUVE : « Les récoltes sont placées sous la responsabilité du débiteur en tant que gardien. Toutefois, sur la demande du créancier saisissant, la juridiction compétente peut désigner un gérant à l'exploitation, le débiteur entendu ou appelé. »

établissements de crédit exerçant les opérations d'affacturage[128], lesquels leur règleraient par avance tout ou partie du montant des créances transférées, tout en supportant les risques d'insolvabilité des débiteurs.

La vulgarisation de la saisie-brandon passerait aussi par l'implantation des huissiers de justice dans les zones rurales, ce qui n'est pas le cas actuellement dans les États signataires du Traité OHADA, pour des raisons facilement imaginables.

Section 2 : La saisie des droits d'associés et des valeurs mobilières

L'importance de plus en plus croissante des sociétés commerciales dans la vie économique a favorisé le développement des valeurs mobilières, traduction de la modernisation des activités de rentabilisation des capitaux. On sait qu'en contrepartie des apports faits dans les sociétés commerciales, celles-ci émettent des titres dénommés actions dans les sociétés par actions, et parts sociales dans les sociétés de personnes (sociétés en nom collectif, sociétés en commandite simple, sociétés à responsabilité limitée). Chacun de ces titres représente une partie du capital de la société émettrice et confère des droits sociaux à son titulaire, notamment sur les bénéfices, les actifs nets et sur la participation aux décisions collectives.

A côté de ces titres, d'autres peuvent être émis par les sociétés anonymes et les personnes morales de droit public, représentant les emprunts faits par ces personnes dans le marché obligataire où se brassent des sommes colossales parce que constitué d'investisseurs aux capacités de financement énormes, comme les compagnies d'assurances, les banques, les fonds d'investissement, les fonds de pension, etc.

Actions et obligations sont des titres qui peuvent passer de main à main. Plus précisément, ce sont des reconnaissances de dette (obligations) ou de participation (actions) qui peuvent s'acheter et se vendre à tout moment. On parle alors de valeurs mobilières cessibles et négociables, tandis que les parts sociales sont seulement cessibles.

---

[128]Opération de crédit par laquelle un établissement de crédit appelé « factor » ou « affactureur », règle, moyennant rémunération, les créances commerciales de l'un de ses adhérents. L'affactureur en devient alors titulaire par subrogation, mais ne dispose d'aucun recours contre son adhérent, en cas de défaillance du débiteur cédé.

Meubles par détermination de la loi, toutes sont susceptibles de nantissement conventionnel ou judiciaire et de saisie. Si la saisie des actions et des obligations est favorablement accueillie par la communauté juridique, parce que celles-ci sont librement cessibles, des auteurs[129] émettent des réserves pour les parts sociales, en raison des structures personnalisées des sociétés concernées, dans lesquelles la cessibilité desdites parts est soumise à des conditions trop rigides. Toutefois, admettent ces mêmes auteurs, le droit des voies d'exécution ne peut se désintéresser de ces droits incorporels qui peuvent représenter des valeurs pécuniaires importantes. De plus, il serait immoral et choquant de permettre à de mauvais débiteurs de faire échapper leurs capitaux à l'emprise de leurs créanciers en les plaçant en parts sociales.

La saisie des droits d'associés et des valeurs mobilières est donc une réalité. Elle est effectuée, soit auprès de la société émettrice, soit auprès du mandataire chargé de conserver ou de gérer les titres[130]. La loi camerounaise n° 014/007 du 23 avril 2014 portant dématérialisation des valeurs mobilières au Cameroun organise la conservation et la gestion modernes de tels titres. Elle impose la dématérialisation de toutes les valeurs mobilières émises sur le territoire camerounais ou soumises à la législation camerounaise. La dématérialisation dont s'agit consiste en la substitution des certificats physiques des titres par leur inscription en compte sous forme électronique, au nom de leurs propriétaires. Dès leur inscription dans ces comptes appelés comptes-titres, les valeurs mobilières et leurs caractéristiques sont centralisées auprès du Dépositaire Central, organisme étatique qui en assure la conservation, l'administration et la circulation, de compte à compte[131].

Au Cameroun, la saisie des valeurs mobilières (actions et obligations), doit être effectuée auprès du dépositaire central qu'est la Caisse Autonome d'Amortissement. Quant aux droits d'associés, non concernés par la dématérialisation sus évoquée, leur saisie continue d'être effectuée auprès de la société émettrice, autrement dit, auprès de l'organe qui en assure la gérance.

---

[129]Ndiaw Diouf, juriscope, commentaires sous l'AUVE p. 838.

[130]Art. 236 de l'AUVE : « *La saisie est effectuée soit auprès de la société ou de la personne morale émettrice, soit auprès du mandataire chargé de conserver ou de gérer les titres.* »

[131]Au Cameroun, il s'agit de la Caisse Autonome d'Amortissement.

La saisie s'opère huit jours après un commandement de payer demeuré infructueux, au moyen d'un procès-verbal qui doit contenir quasiment l'ensemble des mentions prescrites à peine de nullité pour la saisie-vente, et dont l'établissement rend indisponibles les droits pécuniaires attachés à l'intégralité des parts ou valeurs mobilières dont le débiteur est titulaire. En outre, la dénonciation de la saisie est faite dans les mêmes conditions, formes et sanctions que la saisie-vente, au débiteur qui peut opter pour la vente amiable de ses droits, toujours dans les mêmes conditions que la saisie-vente.

Quelques formalités sont empruntées à la saisie immobilière, notamment au niveau de l'adjudication. En effet, celle-ci est précédée d'un cahier de charges devant contenir, outre le rappel de la procédure antérieure, les statuts de la société et tout document nécessaire à l'appréciation de la consistance et de la valeur des droits mis en vente. S'il existe des clauses d'agrément ou de préemption au profit des associés, elles doivent figurer dans le cahier de charges, faute de quoi elles ne s'imposeront pas à l'adjudicataire[132]. Copie du cahier des charges doit être notifiée à la société, à charge pour elle d'en informer les associés. S'il y a des créanciers opposants, sommation leur est faite de prendre connaissance du cahier de charges, à l'encontre duquel des observations peuvent être formulées par tout intéressé, dans les deux mois à compter de la notification faite à la société[133].

La publicité et la vente se font par adjudication comme en matière de saisie-vente. L'acquéreur devient propriétaire des titres par le transfert effectué par la société détentrice. Mais la vente ne sera opposable aux tiers qu'à compter du dépôt des actes de cession au registre du commerce et du crédit mobilier.

Depuis leur dématérialisation, les valeurs mobilières tendent à s'assimiler aux droits mobiliers incorporels.

---

[132]Art. 241 al. 2 de l'AUVE : « *[...] Les conventions instituant un agrément ou créant un droit de préférence au profit des associés ne s'imposent à l'adjudicataire que si elles figurent dans le cahier des charges.* »

[133]Art. 242 de l'AUVE : « *Une copie du cahier des charges est notifiée à la société qui en informe les associés. Le même jour, une sommation est notifiée, s'il y a lieu, aux autres créanciers opposants d'avoir à prendre connaissance du cahier des charges chez le commissaire-priseur ou tout autre auxiliaire de justice chargé de la vente. Tout intéressé peut formuler auprès de ces derniers, des observations sur le cahier des charges. Les observations ne sont plus recevables à l'expiration d'un délai de deux mois courant à compter de la notification prévue au premier alinéa.* »

Les saisies-ventes ordinaires et particulières ci-dessus décrites visent les meubles que le créancier peut, en vertu de son droit de gage sur le patrimoine de son débiteur, saisir et se faire payer sur le prix de leur vente. Lorsque la saisie porte sur une créance de sommes d'argent due au débiteur par une tierce personne, la vente de ce meuble incorporel ne peut aisément se réaliser sans le recours à des montages juridico-financiers complexes. Aussi, a-t-on conçu à leur sujet, la saisie-arrêt dont la refonte des mécanismes a donné naissance à la saisie- attribution de créances, laquelle apparaît aujourd'hui comme la reine des saisies, au regard de sa fréquence, du volume et de la variété du contentieux qu'elle génère.

CHAPITRE II : LA SAISIE-ATTRIBUTION DE CREANCES

Née de la saisie-arrêt dont le formalisme excessif a justifié la disparition, la saisie-attribution de créance se veut moins formaliste, plus rapide et plus efficace que sa devancière. Mais, à l'observation, cette assertion n'est vraie qu'en partie, les vertus prêtées à cette voie d'exécution se heurtant à moult difficultés pratiques que révèlent, aussi bien la saisie-attribution de créances proprement dite (**Sous-Chapitre I**), que ses succédanés (**Sous-Chapitre II**).

SOUS-CHAPITRE I : LA SAISIE-ATTRIBUTION DE CREANCES DE DROIT COMMUN

Le créancier qui recourt à cette voie d'exécution fait défense au débiteur de sommes d'argent de son débiteur, de remettre à ce dernier, l'équivalent des sommes que celui-ci lui doit et va conduire une procédure tendant à se les attribuer. Les conditions de fond de la saisie-attribution de créance (Section 1) seront analysées sans insistance sur celles développées *supra*, qui lui sont communes avec la saisie-vente, avant de s'appesantir sur la procédure et ses particularités (Section 2).

Section 1 : Les conditions de fond de la saisie-attribution de créances

On se limitera aux conditions relatives aux protagonistes de la saisie (paragraphe 1), à celles relatives aux caractéristiques que doit revêtir la créance dont l'exécution est poursuivie (paragraphe 2) et à celles relatives à la nature des biens visés (paragraphe 3).

Paragraphe 1 : Les protagonistes de la saisie-attribution de créances

Si le binôme créancier-débiteur reste en scène ici, alimentant les mêmes rapports juridiques que dans la saisie-vente, un troisième personnage fait son entrée : le tiers saisi. A l'origine sans rapport avec le créancier, il en devient l'interlocuteur principal, du fait de sa dette à l'égard du débiteur qui forme l'objet de la saisie, par-dessus la dette de ce dernier à l'égard du premier, qui constitue la cause de la saisie. Il est le protagoniste de la saisie-attribution de créances vers qui convergent intérêt, soupçon et méfiance.

Est tiers saisi, au sens de l'AUVE[134], quiconque détient des sommes d'argent pour le compte du débiteur, soit par l'effet d'un contrat (dépôt, prêt, mandat), soit même à l'occasion d'une gestion d'affaire. Il vaut mieux préciser, comme le font certains auteurs[135], que le tiers-saisi n'est, à proprement parler, pas celui qui détient une somme d'argent, mais celui qui doit une telle somme au débiteur saisi, cette précision valant la peine, dans la mesure où l'objet de la saisie-attribution n'est pas une somme d'argent, mais une créance de sommes d'argent.

La qualité de tiers-saisi ne s'applique qu'aux personnes qui détiennent effectivement des sommes d'argent pour le compte du débiteur, insiste la CCJA qui exclut donc, à contrario, ceux qui n'en détiennent pas[136], même si l'inexactitude de leurs déclarations est établie[137].

---

[134]Art. 153 de l'AUVE : « *Tout créancier muni d'un titre exécutoire constatant une créance liquide et exigible, peut, pour en obtenir le paiement,saisir entre les mains d'un tiers, les créances de son débiteur portant sur une somme d'argent [...]* »

[135]Perrot et Théry cités par Serges Guinchard et Tonny Moussa in Droit et pratique des voies d'exécution, Dalloz-Action, 2013-2014, pp. 882-884.

[136]CCJA, Arrêt n° 003/2014 du 30 janv. 2014 ; 062/2014 du 25 avril 2014, Recueil de jurisprudence Ohada n° 21.

[137]CCJA, arrêt n° 009 du 27 janvier 2005, juridata n° j009-01/2005.

Les établissements de crédit, spécialement les banques– et par extension les établissements de microfinance – méritent à cet égard, une attention particulière, iceux étant, du fait du développement du crédit et de la monnaie scripturale, le lieu où se pratique la majeure partie des saisies-attribution de créances. Organisées au Cameroun par plusieurs textes législatifs nationaux[138]et supranationaux[139], les banques accomplissent des opérations éponymes, consistant notamment dans l'octroi des crédits à la clientèle et la gestion des moyens de paiement mis à leur disposition, le tout avec les fonds reçus du public sous forme de dépôt, avec le droit d'en disposer mais à charge d'en restituer l'équivalent au déposant, sur sa demande et aux conditions prévues.

Banquier ou non, le tiers saisi est astreint à des obligations dont le juge doit sanctionner l'inobservation. Il pèse sur lui, en effet, une obligation générale de collaboration à l'exécution, consistant dans l'interdiction de faire obstacle aux opérations de saisie l'impliquant. Il a singulièrement le devoir d'apporter son concours à celles-ci lorsqu'il en est légalement requis. Concrètement, il est tenu de déclarer au créancier-saisissant l'étendue de ses obligations à l'égard du débiteur[140]. Si ces obligations sont affectées par des modalités particulières ou par des actes juridiques tels que les cessions ou délégations de créances, ou les saisies antérieures, il doit mêmement les faire connaître au créancier. Obligation lui est faite, dans tous les cas, de communiquer au créancier – à vrai dire à l'huissier requis par ce dernier – les pièces justificatives de ses déclarations, sur-le-champ ou au plus tard dans les cinq jours si l'acte de saisie n'a pas été signifié à personne[141].

[138]Ord. n°85/002 du 31 aout 1985 modifiée par celles n° 90/003 du 27 avr. 1990, 90/005 du 19 sept. 1990, 90/006 du 26 oct. 1990, 96/02 et 96/03 du 24 juin 1996 ; lois n° 88/006 du 15 juil. 1988, 90/019 du 10 août 1990, 97/014 du 18 juil. 1997.

[139]Convention du 16 octobre 1990 portant création de la COBAC, Convention du 17 janvier 1992 portant organisation de la réglementation bancaire dans les États de l'Afrique Centrale.

[140]Art.156 de l'AUVE : « *Le tiers saisi est tenu de déclarer au créancier l'étendue de ses obligations à l'égard du débiteur, ainsi que les modalités qui pourraient les affecter et, s'il y a lieu, les cessions de créances, délégations ou saisies antérieures. Il doit communiquer copie des pièces justificatives. Ces déclarations et communications doivent être faites sur-le-champ à l'huissier ou l'agent d'exécution et mentionnées dans l'acte de saisie ou, au plus tard, dans les cinq jours si l'acte n'est pas signifié à personne. Toute déclaration inexacte, incomplète ou tardive expose le tiers saisi à être condamné au paiement des causes de la saisie, sans préjudice d'une condamnation au paiement des dommages-intérêts.* »

[141]Ibid.

Les obligations des tiers saisis sus-rappelées sont plus exigeantes pour les établissements de crédit, en raison de leur professionnalisme présumé et du rôle prépondérant qu'ils sont appelés à jouer dans le débusquement des débiteurs, de plus en plus nombreux, titulaires de comptes bancaires. Aussi, sont-ils tenus de déclarer la nature des comptes des débiteurs qui se trouvent être leurs clients, ainsi que les soldes desdits comptes[142]. Si le solde du compte est positif, interdiction est faite au tiers saisi de disposer des sommes réclamées dans la limite de ce qu'il doit au débiteur.

La collaboration attendue des tiers saisis serait illusoire, sans un système de sanctions propre à la garantir. L'article 38 de l'AUVE prévoit à l'encontre du tiers saisi qui s'affranchit de son obligation d'apporter son concours aux opérations de saisie, la condamnation au paiement des causes de la saisie et, possiblement, aux dommages-intérêts. L'article 156 précité de son côté, énumère de manière exhaustive, les attitudes répréhensibles du tiers saisi, constitutives de défaut de collaboration. Il s'agit des déclarations inexactes, incomplètes ou tardives.

Si les sanctions qui pèsent sur les tiers saisis doivent être dissuasives, surtout vis-à-vis des banques, souvent enclines à protéger leurs clients aux dépens de l'ordre public économique, leur mise en œuvre judiciaire n'est pas aisée, comme on le verra *infra*, lorsque sera abordé le déroulement de la saisie-attribution de créance.

Paragraphe 2 : Les caractéristiques de la créance dont l'exécution est poursuivie

Mesure d'exécution forcée, la saisie-attribution exige une créance certaine, liquide et exigible. Cette exigence de rigueur est nécessaire dans la mesure où la saisie-attribution de créances s'attaque au patrimoine d'autrui par surprise. Le parangon de la créance certaine, liquide et exigible est, on l'a vu *supra*[143], celle qui est contenue dans les titres exécutoires. Parmi ceux-ci, les actes juridictionnels (jugements, arrêts, ordonnances) occupent une place de choix en tant qu'ils fournissent au contentieux de l'exécution, sous nos cieux,

---

[142]Art. 161 al. 1 de l'AUVE : « *Lorsque la saisie est pratiquée entre les mains d'un établissement bancaire ou d'un établissement financier assimilé, l'établissement est tenu de déclarer la nature du ou des comptes du débiteur ainsi que leur solde au jour de la saisie*. »
[143]Cf. supra, p. 8.

l'essentiel de la matière. Leur élaboration et la procédure par laquelle ils acquièrent la force exécutoire ont fait l'objet des développements antérieurs[144].

Si le titre exécutoire établit entre le créancier et le débiteur un lien juridique fort en vertu duquel le premier peut exiger du second une prestation, avec, au besoin, le concours de la force publique, il tient aussi lieu de « *pont* » que doit enjamber le créancier pour atteindre un tiers dont la dette envers son débiteur constituera l'assiette de la saisie. D'où l'analyse de la créance saisie en matière de saisie-attribution de créances.

Paragraphe 3 : La nature de la créance saisie

Aux termes de l'article 153 de l'AUVE : « *Tout créancier muni d'un titre exécutoire constatant une créance liquide et exigible peut, pour en obtenir le paiement, saisir entre les mains d'un tiers, les créances de son débiteur portant sur une somme d'argent, sous réserve des dispositions particulières à la saisie des rémunérations* ». La spécificité de la saisie-attribution de créances tient à ce qu'elle porte sur une créance que le débiteur a sur un tiers, celle-ci étant nécessairement une créance de somme d'argent. Saisie mobilière – la créance est un bien meuble – elle n'aboutit pas, comme les autres saisies mobilières, à la vente du bien saisi qui, de toute façon ne s'y prêterait guère.

Intermédiaire des échanges, unité de compte et réserve des valeurs, comme disent les économistes, l'argent (la monnaie) apparaît comme un actif particulier du patrimoine des individus. Il a pratiquement envahi toute la sphère des rapports sociaux. Sa liquidité, c'est-à-dire son aptitude à se transformer en moyen de paiement, aisément et rapidement, donne à la saisie-attribution, une attractivité singulière.

Alors que la créance cause de la saisie doit être constatée par un titre exécutoire, la créance saisie n'en demande pas tant : point n'est besoin qu'elle soit constatée par un titre exécutoire, ni qu'elle soit liquide et exigible. Elle peut donc porter sur une créance conditionnelle, à terme ou à exécution successive, pourvu qu'elle soit née et qu'elle figure dans le patrimoine du débiteur saisi. Cette preuve doit cependant être établie par le créancier saisissant en cas de contestation. Il s'agit-là, de la simple application de l'article 1315 du

[144]Cf. supra, p. 8.

Code civil[145] qui oblige celui qui réclame l'exécution d'une obligation à la prouver. Bien sûr, l'obligation qui incombe au tiers saisi d'apporter son concours à la mesure d'exécution est de mise ici. A cette fin, il doit spontanément livrer l'information exacte au créancier saisissant et ne saurait donc se retrancher derrière l'application de l'article 1315 du code civil, qui ne peut jouer à son profit qu'à la condition qu'il ait pleinement respecté l'obligation de renseignement mise à sa charge. De plus, la créance doit exister au jour de la saisie, dans le patrimoine du débiteur. On dit alors qu'elle doit être certaine et disponible. Ainsi, en matière de virement par exemple, un banquier n'est pas débiteur d'une créance de restitution des fonds tant qu'il n'a pas reçu ces fonds du client ou d'un tiers.

Pratiquée sur une créance que le débiteur a sur un tiers, la saisie-attribution rend ladite créance indisponible et opère une attribution immédiate au profit du créancier saisissant. L'unanimité s'est faite sur sa simplicité– du moins par rapport à son ancêtre, la saisie-arrêt– ainsi que sur sa rapidité et son efficacité. On saisira mieux les qualités qu'on lui prête en parcourant la procédure applicable.

Section 2 : La procédure de saisie-attribution de créances

Sous l'empire de la saisie-arrêt, le transport de la créance saisie, du tiers-saisi au créancier saisissant, s'obtenait au bout d'un véritable parcours du combattant. En effet, il était subordonné à un jugement dit « *de main vidange* » qui attribuait au créancier les sommes convoitées en même temps qu'il ordonnait au tiers-saisi de « *vider ses mains* » entre celles du créancier, le tout au terme d'une procédure enclenchée par une assignation dite en validité, au cours de laquelle le tribunal devait vérifier l'existence de la créance, contrôler la régularité d'une procédure complexe où s'enchevêtraient dénonciations et contre-dénonciations, avant de reconnaître au créancier le droit à l'exécution forcée. L'AUVE supprime cette longue procédure et la remplace par une autre plus simple, qu'elle soit dégagée d'incidents (paragraphe 1) ou qu'elle soit encombrée de ceux-ci (paragraphe 2).

[145] Art. 1315 du C.civ: « *Celui qui réclame l'exécution d'une obligation doit la prouver. Réciproquement, celui qui se prétend libéré doit justifier le paiement ou le fait qui a produit l'extinction de son obligation.* »

Paragraphe 1 : La procédure de saisie-attribution de créances dégagée d'incidents

Il est édifiant de s'appesantir sur le document intitulé "acte de saisie" (A) qui conditionne le reste de la procédure (B).

A- L'acte de saisie-attribution de créances

Il convient d'examiner son contenu *(1)* et ses effets *(2)*.

1- Le contenu de l'acte de saisie-attribution de créances

Muni de son titre exécutoire[146], le créancier procédera à la saisie par un acte d'huissier signifié au tiers, appelé acte de saisie. L'on remarquera la non-exigence, ici, du commandement préalable. L'AUVE est trop minutieusement élaboré pour penser que le législateur communautaire ait pu oublier d'en parler. Il faut simplement en déduire que cette formalité obligatoire dans la mise en œuvre de la saisie-vente, ne l'est guère dans la saisie-attribution de créances. L'effet de surprise qui en résulte lui confère une plus grande efficacité. S'il advient qu'on le serve tout de même, il n'ajoute ni ne retranche rien à la procédure, de sorte qu'il n'est pas éligible à la nullité.

L'acte de saisie doit contenir, outre les mentions propres à tous les actes d'huissier, celles spécialement prescrites à peine de nullité par l'article 157 de l'AUVE, à savoir : les noms, prénoms et domiciles des créancier et débiteur ou, s'il s'agit de personnes morales, leurs forme, dénomination et siège social ; l'énonciation du titre exécutoire en vertu duquel la saisie est pratiquée ; le décompte distinct des sommes réclamées en principal, frais et intérêts échus, majorés d'une provision pour les intérêts à échoir dans le délai d'un mois prévu pour élever la contestation ; l'indication que le tiers saisi est personnellement tenu envers le créancier saisissant et qu'il lui est fait défense de disposer des sommes saisies dans la limite de ce qu'il doit au débiteur ; la reproduction littérale des articles 38 et 156, puis 169 à 172 de l'AUVE.[147]

[146]La saisie attribution de créances pratiquée sans titre exécutoire est nulle (CCJA, arrêts n° 009/2008 du 27 mars 2008, juridata n° j009-03/2008 ; 063/2013 du 25 juil. 2013, juridata n° j063-07/2013 ; 020/2009 du 16 avril 2009, juridata n°j020-04/2009 ; 076/2012 du 29 nov. 2012, juridata n°j076-11/2012 ; 022/2013 du 18 avril 2013, juridata n° j022-04/2013 ; 036/2011 du 8 déc. 2011, juridata n° j036-12/2011 ; 010/2010 du 18 fév. 2010, juridata n° j010-02/2010).

[147]AUVE

Enfin, l'acte de saisie doit indiquer l'heure à laquelle il a été signifié, cette formalité n'étant pas prescrite à peine de nullité.

L'exigence de l'indication des noms, prénoms et domiciles des créancier et débiteur (ou s'il s'agit de personnes morales, leur forme, dénomination et siège social) est compréhensible : il faut que le tiers saisi soit renseigné le plus exactement possible sur la personne qui se présente à lui comme étant créancière de son créancier et à qui il doit fournir des renseignements confidentiels. Les mêmes renseignements lui permettent aussi de bien vérifier l'existence du lien juridique entre ce créancier prétendu et le débiteur saisi. La jurisprudence consacre la rigueur de cette exigence en sanctionnant de nullité l'acte de saisie qui

---

Art. 38 : « *Les tiers ne peuvent faire obstacle aux procédures en vue de l'exécution ou de la conservation des créances. Ils doivent y apporter leur concours lorsqu'ils en sont légalement requis. Tout manquement par eux à ces obligations peut entraîner leur condamnation à verser de dommages-intérêts. Le tiers entre les mains duquel est pratiquée une saisie peut également, et sous les mêmes conditions, être condamné au paiement des causes de la saisie, sauf son recours contre le débiteur.* »

Art. 156 : « *Le tiers saisi est tenu de déclarer au créancier l'étendue de ses obligations à l'égard du débiteur ainsi que les modalités qui pourraient les affecter et, s'il a lieu, les cessions de créances, délégations ou saisies antérieures. Il doit communiquer copie des pièces justificatives. Ces déclarations et communication doivent être faites sur le champ à l'huissier ou l'agent d'exécution et mentionnées dans l'acte de saisie ou, au plus tard, dans les cinq jours si l'acte n'est pas signifié à personne. Toute déclaration inexacte, incomplète ou tardive expose le tiers saisi à être condamné au paiement des causes de la saisie, sans préjudice d'une condamnation au paiement de dommages-intérêts.* »

Art. 169 : « *Les contestations sont portées devant la juridiction du domicile ou du lieu où demeure le débiteur. Si celui-ci n'a pas de domicile connu, elles sont portées devant la juridiction du domicile ou du lieu où demeure le débiteur.* »

Art. 170 : « *À peine d'irrecevabilité, les contestations sont portées, devant la juridiction compétente, par voie d'assignation, dans le délai d'un mois à compter de la dénonciation de la saisie au débiteur. Le tiers saisi est appelé à l'instance de contestation. Le débiteur saisi qui n'aurait pas élevé de contestation dans le délai prescrit peut agir en répétition de l'indu devant la juridiction du fond compétente selon les règles applicables à cette action.* »

Art. 171 : « *La juridiction compétente donne effet à la saisie pour la fraction non contestée de la dette. Sa décision est exécutoire sur minute. S'il apparaît que ni le montant de la créance du saisissant ni le montant de la dette du tiers saisi ne sont sérieusement incontestables, la juridiction compétente peut ordonner provisionnellement le paiement d'une somme qu'elle détermine en prescrivant, le cas échéant, des garanties.* »

Art. 172 : « *La décision de la juridiction tranchant la contestation est susceptible d'appel dans les quinze jours de sa notification. Le délai pour faire appel ainsi que la déclaration d'appel sont suspensifs d'exécution sauf décision contraire spécialement motivée de la juridiction compétente.* »

ne contient pas ces indications[148], jusque et y compris la forme de la personne morale[149].

L'énonciation du titre exécutoire en vertu duquel la saisie est pratiquée participe du même souci. Par cette énonciation en effet, le tiers saisi est conforté dans la conviction qu'il a réellement affaire à la personne qui doit agir. La jurisprudence est, sur cette question aussi, plus que rigoureuse[150].

La reproduction des articles 38 et 156 de l'AUVE se justifie quant à elle, par la nécessité de rappeler au tiers saisi, les obligations de franche collaboration auxquelles il est tenu et les risques encourus dans le cas contraire.

Quant à la reproduction des articles 169 à 172 de l'AUVE qui renseignent aussi bien sur la juridiction compétente en cas de contestations, que sur les conditions de recevabilité de ces contestations et sur l'étendue des pouvoirs de ladite juridiction, sa portée pédagogique est d'une grande utilité pratique. Ici aussi, la jurisprudence maintient le cap de la rigueur[151].

L'acte de saisie renseigne enfin le tiers saisi sur les sommes réclamées par le créancier saisissant. A leur sujet, se pose le problème déjà évoqué, du sort de l'acte contenant des inexactitudes, soit dans le calcul du principal de la créance, soit dans le calcul des intérêts. S'il importe que le créancier réclame son dû, tout son dû, il ne doit réclamer que celui-là, constitué, d'après l'article 157 précité, du principal de la créance, des frais et des intérêts échus, majorés d'une provision pour les intérêts à échoir dans le délai d'un mois prévu pour élever une contestation. Le principal de la créance est la somme contenue dans le titre exécutoire. C'est elle qui doit figurer dans l'acte de saisie, toute autre somme exposant l'acte à la nullité[152]. Moins tranchée est la question des intérêts. Leur calcul requérant des connaissances particulières, l'erreur commise dans cet exercice est souvent regardée avec tolérance par les juges, qui se bornent à retirer

[148]CCJA, arrêt n° 86 du 4 dec. 2012, juridata n° j086-12/2012 ; arrêt n° 067/2013 du 31 oct. 2013, juridata n° 067-10/2013.

[149]CCJA arrêt n°17/2003 du 9 oct. 2003, Rec. n° 2, p. 19 ; arrêt n° 022/2013 du 18 avr. 2013, juridata n° j022-04/2013.

[150]CCJA arrêt n° 009/2008 du 27 mars 2008, juridata n° 009-03/2008 ; arrêt n° 020/2009 du 16 avr. 2009, juridata n° j020-04/2009 ; arrêt n° 076/2012 du 29 nov. 2012, juridatan°j 076-11/2012 ; arrêt n° 063 du 25 juil. 2013, juridata n° 063-07/13.

[151]CCJA, 2e ch. arrêt n° 035 du 30 juin 2009, Rec. n° 13, p.144.

[152]CCJA arrêt n° 007/2002 du 21 mars 2002, Rec. vol. 1 n° spécial, janv. 2003, pp. 45-48 ; CCJA arrêt n° 001 du 24 janv. 2008 juris. ohada n° 2 p. 2 ; Rec. n° 11, p. 70.

de l'acte la partie fausse et à donner effet à la saisie pour la fraction saine[153], la nullité ne pouvant intervenir que si le créancier rapporte la preuve d'un préjudice subi[154].

2- Les effets de l'acte de saisie-attribution de créances

L'acte de saisie produit deux effets principaux : l'indisponibilité de la créance saisie (*a*) et l'attribution immédiate de celle-ci (*b*).

a) L'indisponibilité de la créance saisie

Aux termes de l'article 154 al.2 de l'AUVE « *les sommes saisies sont rendues indisponibles par l'acte de saisie* ». Dès la signification de la saisie au tiers saisi, la créance du débiteur entre les mains de ce dernier est frappée d'indisponibilité. Contrairement à l'ancienne saisie-arrêt où cette mise sous main de justice opérait un blocage de la totalité des sommes appartenant au débiteur, la législation nouvelle consacre l'automaticité du cantonnement en n'affectant d'indisponibilité, que les sommes pour lesquelles la saisie est pratiquée et leurs accessoires, le surplus, s'il y en a, restant à la disposition du saisi. Cette faveur est d'un très grand intérêt économique car, si la saisie nuit au débiteur en portant atteinte à son crédit, le blocage de la totalité de ses avoirs serait une véritable catastrophe pour lui, au cas où lesdits avoirs seraient supérieurs à sa dette. L'indisponibilité de la créance saisie concerne aussi le créancier saisissant qui ne peut recevoir le montant de sa créance pendant le délai ouvert pour les contestations. Tout au plus, peut-il, en cas de contestation, obtenir de la juridiction compétente, la désignation d'un séquestre à qui le tiers saisi versera les sommes saisies,[155] ce qui ne change rien, du point de vue de l'indisponibilité.

Pour que l'indisponibilité soit réelle et non feinte, le tiers-saisi est tenu de déclarer au créancier ce qu'il doit au débiteur, pièces justificatives à l'appui. Ces déclarations et justifications, rappelons-le, doivent être faites sur-le-champ ou, au plus tard, dans les cinq jours si

[153]CCJA arrêt n°022/2014 du 11 mars 2014, Rec. n°21, pp. 202-206.

[154]Art.162 de l'AUVE : « *Si le débiteur est titulaire de comptes différents, le paiement est effectué en prélevant, en priorité, les fonds disponibles à vue, à moins que le débiteur ne prescrive le paiement d'une autre manière.* »

[155]Art. 166 de l'AUVE : « *En cas de contestation, toute partie peut demander à la juridiction compétente, sur requête, la désignation d'un séquestre, à qui le tiers-saisi versera les sommes saisies.* »

l'acte n'a pas été signifié à personne ; et toute déclaration inexacte, incomplète ou tardive expose le tiers-saisi à la condamnation au paiement des causes de la saisie, sans préjudice des dommages-intérêts[156].

Lorsque, comme c'est souvent le cas, la saisie- attribution est pratiquée entre les mains d'un établissement bancaire ou d'un établissement financier assimilé, ceux-ci sont tenus de déclarer la nature du ou des comptes du débiteur, ainsi que le ou les soldes du ou desdits comptes au jour de la saisie, lesquels sont susceptibles de modifications, baissières ou haussières, dans les quinze jours suivant la saisie, compte tenu de certaines opérations techniques internes, s'il est prouvé que leur date est antérieure à la saisie. En cas de diminution des sommes disponibles, l'établissement doit fournir, par lettre recommandée avec avis de réception ou tout moyen laissant trace écrite adressé au créancier-saisissant, au plus tard huit jours après l'expiration du délai de contre-passation, un relevé de toutes les opérations qui ont affecté le compte depuis le jour de la saisie. Si le débiteur est titulaire de comptes différents, le paiement est effectué en prélevant, en priorité, les fonds disponibles à vue, à moins que le débiteur ne prescrive le paiement d'une autre manière.

En somme, dès la signification de l'acte de saisie, le débiteur ne peut plus disposer des sommes trouvées entre les mains du tiers saisi, à due concurrence de sa dette. L'huissier instrumentaire est d'ailleurs tenu de rappeler cela dans l'acte de saisie. Celui-ci doit, en effet, contenir l'indication de la défense faite au tiers saisi de disposer des sommes saisies dans la limite de ce qu'il doit au débiteur. S'il venait à régler le débiteur saisi malgré la saisie, il s'expose à payer deux fois, le paiement effectué étant inopposable au créancier saisissant.

b) L'effet attributif immédiat

Aux termes de l'article 154 al.1 de l'AUVE : *« L'acte de saisie emporte, à concurrence des sommes pour lesquelles elle est pratiquée ainsi que tous ses accessoires, mais pour ce montant seulement, attribution immédiate au profit du saisissant de la créance saisie, disponible entre les mains du tiers »*. Cette formule séduisante ne traduit pas l'exacte réalité. Certes le créancier est « investi d'un droit de propriété sur la créance saisie »[157], mais à vrai dire, il ne dispose

---

[156]Cf. supra, pp. 92-93.

[157]Donnier, 7e éd., 2006, n°979.

pas sur la créance, à ce moment-là, de toutes les prérogatives que confère le droit de propriété, puisqu'il ne peut pas disposer des fonds bloqués jusqu'à ce que le greffier de la juridiction compétente atteste qu'aucune contestation n'a été formée ou, s'il y en a eu, délivre une décision devenue exécutoire rejetant ladite contestation. Le paiement est donc différé.

L'intérêt du principe de l'effet attributif immédiat réside davantage dans l'exclusion de tout concours une fois l'acte de saisie servi. En effet, l'attribution immédiate de la créance saisie au profit du créancier saisissant signifie que l'acte de saisie exclut toute remise en cause de la propriété acquise au créancier premier saisissant, par la signification de saisies ultérieures ou de toute autre mesure de prélèvement, y compris au profit de créanciers disposant d'un privilège. C'est ce qu'exprime l'article 155 al.2 de l'AUVE en disposant que « *La signification ultérieure d'autres saisies ou de toute autre mesure de prélèvement, même émanant de créanciers privilégiés, ne remettent pas en cause cette attribution, sans préjudice des dispositions organisant les procédures collectives* ».
Ce principe, qui connaît quelques tempéraments lorsque les actes de saisie sont signifiés au cours de la même journée[158], constitue l'atout majeur de la saisie-attribution de créances par rapport aux autres saisies où le créancier premier saisissant subit le concours des saisissants ultérieurs.

B- La procédure ultérieure à l'acte de saisie-attribution de créances

Deux moments ponctuent cette phase : la dénonciation de la saisie au débiteur (*1*) et le paiement par le tiers saisi (2).

1- La dénonciation de la saisie au débiteur

La phase de la procédure précédemment étudiée s'est déroulée entre le créancier saisissant et le tiers saisi, à l'insu du débiteur saisi à qui la loi n'exige pas la délivrance préalable d'un commandement. Il est normal qu'à un moment donné (a), ce dernier soit informé de la

---

[158]Article 155 al. 1 de l'AUVE « *Les actes de saisie signifiés au cours de la même journée entre les mains du même tiers sont réputés faits simultanément. Si les sommes disponibles ne permettent pas de désintéresser la totalité des créanciers ainsi saisissants, ceux-ci viennent en concours.* »

procédure entreprise à son encontre. Cette information s'opère au moyen de l'acte dit de dénonciation dont l'AUVE réglemente la forme (b).

a) Le moment de la dénonciation

Aux termes de l'article 160 de l'AUVE, la saisie est dénoncée au débiteur saisi, à peine de caducité, dans le délai de huit(08) jours à compter de la signification de l'acte de saisie. Il convient de rappeler qu'en matière d'exécution, les délais sont francs. Ainsi, le délai de huit (08) jours commence à courir le lendemain de la signification de l'acte de saisie et expire le huitième jour à vingt-quatre heures. De plus, le délai qui expirerait normalement un samedi, un dimanche ou un jour férié est prorogé jusqu'au jour ouvrable suivant.

Le texte susvisé sanctionne la violation du délai par la caducité de la saisie, ce qui signifie que l'acte est privé de tout effet et que le saisi, informé par le tiers saisi de l'existence de cette mesure d'exécution, pourra en demander la mainlevée au juge du contentieux de l'exécution compétent. Cette sanction présente l'avantage de la simplicité. En effet, la caducité est un moyen de défense à caractère automatique qui dispense celui qui l'invoque de la preuve du grief que lui cause l'irrégularité. Elle a pour conséquence de contraindre le créancier à recommencer sa procédure, avec le risque qu'une saisie-attribution régulière ait été pratiquée entre-temps par un autre créancier. Elle libère surtout les sommes saisies.

La dénonciation de la saisie-attribution au débiteur saisi s'impose dans tous les cas, même si la déclaration du tiers saisi fait apparaître qu'il n'est pas débiteur du saisi.

b) La forme de la dénonciation

La saisie-attribution de créances est dénoncée au débiteur au moyen d'un acte d'huissier territorialement compétent. Il doit, dit l'article 160 de l'AUVE, contenir, à peine de nullité : une copie de l'acte de saisie ; en caractères très apparents, l'indication que les contestations doivent être soulevées, à peine d'irrecevabilité, dans un délai d'un mois qui suit la signification de l'acte et la date à laquelle expire ce délai ainsi que la désignation de la juridiction devant laquelle les contestations pourront être portées.

Si l'acte est délivré à personne, ces indications doivent être portées verbalement à la connaissance du débiteur. La mention de cette déclaration verbale figure sur l'acte de dénonciation. L'acte rappelle au débiteur qu'il peut autoriser, par écrit, le créancier à se faire remettre sans délai par le tiers saisi, les sommes ou partie des sommes qui lui sont dues.

L'acte de dénonciation de la saisie au débiteur requiert les mêmes soins que l'acte de saisie, afin d'éviter des erreurs ou omissions dirimantes, tels que l'absence d'une copie de l'acte de saisie ou l'omission de l'indication que le débiteur dispose d'un délai d'un mois pour élever la contestation, ou encore le non-respect du caractère apparent de ces indications. S'agissant de la date à laquelle expire le délai de contestation et de la désignation de la juridiction devant laquelle pourront être portées les contestations, si l'absence de ces indications est, sans nul doute, cause de nullité de l'acte de dénonciation, le problème des erreurs qu'a pu commettre l'huissier instrumentaire sur ces précisions divise encore les juges. Pour la CCJA, ces erreurs doivent être sanctionnées par la nullité de l'acte de dénonciation[159]. Certains juges du fond tardent à suivre cette tendance, séduits par l'opinion déjà évoquée[160], selon laquelle la loi exige l'indication, non pas l'indication exacte du délai utile pour élever la contestation, tout comme elle exige la désignation, non pas l'exacte désignation de la juridiction compétente, de sorte que, d'après cette opinion, la nullité ne devrait être prononcée en pareilles occurrences, que si la preuve d'un préjudice subi par la partie qui l'invoque a pu être rapportée[161]. La CCJA est sensible à cette opinion[162]

1- Le paiement par le tiers saisi

Aux termes de l'article 164 de l'AUVE, *« le tiers-saisi procède au paiement sur présentation d'un certificat du greffe attestant qu'aucune contestation n'a été formée dans le mois suivant la dénonciation de la saisie ou sur présentation de la décision exécutoire de la juridiction rejetant la contestation. Le paiement peut également avoir lieu avant l'expiration du délai de contestation si le débiteur a*

[159]CCJA, arrêt n° 017/2004 du 29 avril 2004, GTJ (Onana Étoundi) pp. 411-414 ; arrêt n° 046/2010 du 15 juil. 2010 juridata n° j046/07/2010 ; arrêt n° 036/2011 du 8 déc. 2011 juridata n° 036-12/2011 ; arrêt n° 018/2012 du 15 mars 2102 juridata n° j016-03/2012.
[160]Cf. supra, p. 38.
[161]Trib. Rég. de Niamey, jgt. n°119 du 28 fev. 2001, ohadata, n°j02-122 ; CA Abidjan, arrêt n°1212 du 29 oct. 2002, ohadata n°j03-304 ; arrêt n°85 du 20 janv. 2004, ohadata n°j03-304.
[162]CCJA, arrêt n° 018/2009 du 16 avril 2009, Rec. n° 13, p. 63.

déclaré par écrit ne pas contester la saisie ». Le paiement est effectué, précise l'article 165 de l'AUVE, contre quittance entre les mains du créancier-saisissant ou de son mandataire justifiant d'un pouvoir spécial qui doit en informer immédiatement son mandant. Dans la limite des sommes versées, ce paiement éteint l'obligation du débiteur et celle du tiers-saisi.

Lorsque la saisie porte sur des créances à exécution successive, le tiers-saisi se libère au fur et à mesure des échéances. Il est informé de l'extinction de sa dette par le créancier. De même, la saisie ne produit plus d'effet lorsque le tiers-saisi cesse d'être tenu envers le débiteur. Il en informe le créancier par lettre recommandée ou par tout moyen laissant trace écrite.

Il est rare que le schéma procédural ci-dessus décrit se déroule tel quel, sans incidents.

Paragraphe 2 : Les incidents de la saisie-attribution de créances

S'il est théoriquement concevable qu'elle puisse se dérouler sans incidents, la saisie-attribution de créances est un terrain plutôt fertile à la contestation, ou mieux, aux contestations.

En général, le débiteur – camerounais surtout – n'est pas homme (ou femme) à se laisser, comme l'agneau pascal, "*aller à l'abattoir* ". Au contraire, comme la chèvre de monsieur Seguin de la fable, il (ou elle) adore la résistance, même fourbe. Sociologues et anthropologues ont certainement la réponse épistémologique à ce tropisme. Pour l'instant, il vaut mieux analyser simplement les problèmes d'ordre procédural qui surgissent à l'occasion des contestations de la saisie-attribution de créances. Ils tiennent à la détermination de la juridiction compétente (A), aux modalités d'exercice de l'action en contestation (B), et à l'office du juge en la matière (C).

A- La juridiction compétente

De larges développements ont déjà été consacrés à la question[163]. Tout juste, se bornera-t-on à indiquer que, contrairement au droit commun des saisies à fin d'exécution qui attribue compétence à la juridiction du lieu de la saisie, la juridiction territorialement compétente en matière de saisie-attribution de créances est celle du domicile ou du lieu où demeure le débiteur et, si celui-ci n'a pas de domicile connu, les contestations sont portées devant le juge du

[163]Cf supra, pp. 50-53.

contentieux de l'exécution du domicile ou du lieu où demeure le tiers-saisi. Pour le reste, l'étendue des attributions du juge du contentieux de l'exécution ici est la même que dans les saisies à fin de vente.

B- L'exercice de l'action en contestation

Deux sujets émergent ici : celui du délai pour exercer la contestation (*1*) et celui du mode de saisine de la juridiction compétente (*2*).

1- Le délai utile pour l'exercice de l'action en contestation

Aux termes de l'article 170 alinéa 1 de l'AUVE : « *A peine d'irrecevabilité, les contestations sont portées devant la juridiction compétente [...] dans le délai d'un mois à compter de la dénonciation de la saisie au débiteur* ». Raisonnable, aussi bien pour le débiteur qui dispose là, d'un temps suffisant pour organiser sa riposte, que pour le créancier qui peut encore supporter le désagrément de l'attente, ce délai est prescrit à peine d'irrecevabilité de l'action. Il s'agit, comme tous les délais prévus par l'AUVE[164], d'un délai franc, qui écarte dans sa computation, le *dies a quo* (le jour du départ du délai) et le *dies ad quem* (le jour de l'arrivée du délai). L'alinéa 3 de l'article 170 susvisé précise que le débiteur qui n'aurait pas élevé de contestation dans le mois de la dénonciation de la saisie peut néanmoins agir en répétition de l'indu devant la juridiction du fond compétente, selon les règles applicables à cette action.

2- Le mode de saisine de la juridiction

Le même article 170 prescrit, en la matière, l'assignation comme mode de saisine du juge du contentieux de l'exécution. Sommation à comparaître délivrée par exploit d'huissier, l'assignation s'est imposée comme mode de saisine de ce juge, y compris dans les saisies où le législateur communautaire est resté muet sur la question. En effet, à l'exception de la saisie-attribution des créances pour laquelle l'assignation est expressément prévue par l'AUVE, et quelques cas limitativement énumérés qui prévoient plutôt la requête, à savoir, la demande tendant à la remise d'un ou de plusieurs objets saisis à un séquestre, la demande tendant à l'immobilisation d'un véhicule

[164]Art. 335 de l'AUVE : « *Les délais prévus dans le présent Acte Uniforme sont des délais francs.* »

terrestre à moteur, la demande tendant à autoriser l'huissier à pénétrer dans l'habitation d'un tiers où se trouvent les biens du débiteur et les contestations relatives à la saisie pour recouvrement des créances d'aliments, l'acte uniforme n'indique pas de manière précise le mode de saisine du juge du contentieux de l'exécution. Les praticiens nationaux en ont tiré argument pour faire application de la législation interne, où la saisine des juridictions par voie d'assignation est la règle[165] et la saisine par voie de requête, l'exception[166].

C- L'office du juge du contentieux de l'exécution en matière de saisie-attribution de créances

A travers les contestations qui lui sont soumises, le juge du contentieux de l'exécution veille, comme de tradition, à la régularité du déroulement de la saisie-attribution de créances. On espère qu'il applique le droit de l'exécution et, par son *imperium*, impose l'exécution au débiteur ainsi qu'au tiers saisi récalcitrants.

Plus que dans les autres saisies mobilières, il fait face ici, à l'ingéniosité procédurière des débiteurs et des tiers saisis, les uns, à l'affût des moindres vétilles pour tenter d'annuler les saisies dirigées contre eux, les autres, affichant la même posture pour tenter de protéger des clients embarrassés, tous aidés en cela par la kyrielle de formalités prescrites par l'AUVE à peine de nullité, de déchéance ou de forclusion. Ces attitudes certes fâcheuses, ont néanmoins l'avantage d'amener les huissiers instrumentaires à plus de rigueur et de professionnalisme dans la confection des actes de saisie.

Comme juge de l'urgence, le juge du contentieux de l'exécution doit éviter que le débat s'installe à nouveau dans les questions de fait et de droit qui ont engendré le titre exécutoire dont l'exécution est poursuivie.

Une fois suffisamment éclairé, le juge du contentieux de l'exécution rejette ou non la contestation.

Si une fraction de la dette n'est pas contestée, il peut donner effet à la saisie pour cette fraction. Et s'il lui apparaît que ni le montant de la créance du saisissant, ni la dette du tiers-saisi ne sont sérieusement

[165]Art. 5 du Cpcc : « *Sous réserve de ce qui sera dit aux articles 18 et suivants, les instances enmatières civile et commerciale sont introduite par assignations.* »

[166]Art. 19 du Cpcc : « *En toutes matières, les parties peuvent saisir la juridiction compétente par requête t plaider sur mémoires, même par avocat-défenseur, lorsqu'elles résident à plus de 20 kilomètres du lieu où siège la juridiction saisie.* »

contestables, il peut ordonner provisionnellement le paiement d'une somme qu'il détermine en prescrivant, le cas échéant, des garanties[167].

S'il ne peut forcer le créancier à recevoir en partie le paiement de sa créance, il peut, sauf pour les dettes d'aliments et cambiaires, reporter ou échelonner le paiement des sommes dues, dans la limite d'une année, compte tenu de la situation du débiteur et en considération des besoins du créancier[168].

La décision du juge du contentieux de l'exécution est susceptible d'appel dans les conditions déjà analysées supra[169]. L'article 172 de l'AUVE dispose que : *«La décision de la juridiction tranchant la contestation est susceptible d'appel dans les quinze jours de sa notification. Le délai pour faire appel ainsi que la déclaration d'appel sont suspensifs d'exécution, sauf décision contraire spécialement motivée de la juridiction compétente* ».

Ces dispositions qui sont dérogatoires au régime général des appels en matière de contentieux de l'exécution issu de l'article 49 de l'AUVE, selon lequel la décision de la juridiction compétente est susceptible d'appel dans un délai de quinze jours à compter de son prononcé, n'échappent pas à la critique. En effet, l'exercice de l'appel dès le prononcé de la décision permet à la partie gagnante d'attendre l'écoulement du délai de recours sans avoir à signifier la décision à la partie succombante, laquelle a dès lors intérêt à se dépêcher, afin d'éviter la forclusion. Dans le contexte des voies d'exécution, il s'agit d'une mesure favorable au créancier-saisissant qui participe de la rapidité des instances. Comment comprendre qu'en matière de saisie-attribution des créances où le créancier est muni d'un titre exécutoire constatant l'existence de sa créance, la signification de la décision, souvent coûteuse et parfois tracassière, soit imposée à ce dernier, alors

---

[167]Art. 171 al. 2 de l'AUVE : « *S'il apparaît que ni le montant de la créance du saisissant ni la dette du tiers saisi ne sont sérieusement contestables, la juridiction compétente peut ordonner provisionnellement le paiement d'une somme qu'elle détermine en prescrivant, le cas échéant, des garanties.* »

[168]Art. 39 de l'AUVE : « *Le débiteur ne peut forcer le créancier à recevoir en partie le paiement d'une dette, même divisible. Toutefois, compte tenu de la situation du débiteur et en considération des besoins du créancier, la juridiction compétente peut, sauf pour les dettes d'aliments et les dettes cambiaires, reporter ou échelonner le paiement des sommes dues dans la limite d'une année. Elle peut également décider que les paiements s'imputeront d'abord sur le capital. Elle peut en outre subordonner ces mesures à l'accomplissement par le débiteur, d'actes propres à garantir le paiement de la dette.* »

[169]Pp. 73 et s..

qu'elle ne l'est pas au créancier sans titre, curieusement mieux traité ? L'abrogation de l'alinéa premier de l'article 172 de l'AUVE donnerait de l'aération à la saisie-attribution de créances, tout en éliminant une discrimination injustifiée dans le traitement des créanciers saisissants. Pour tout dire, l'intérêt des justiciables à la pratique de la saisie-attribution des créances est sans cesse croissant, en raison, sans doute, de son utilité pratique sus évoquée. Avec elle, en effet, non seulement la saisie porte uniquement sur les sommes d'argent et non plus sur toutes choses mobilières comme à l'époque de la défunte saisie-arrêt, mais le créancier saisissant se voit gratifier, grâce à l'effet attributif immédiat, un quasi-privilège sur les sommes saisies. On comprend pourquoi cette saisie apparaît aujourd'hui comme la reine des saisies, statistiquement parlant.

SOUS-CHAPITRE II : LES SAISIES-ATTRIBUTION DE CREANCES PARTICULIERES

Deux saisies particulières retiennent l'attention : la saisie des créances d'aliments (Section 1) et la saisie des rémunérations (Section 2).

Section 1 : La saisie des créances d'aliments

Etymologiquement, le mot aliment vient du latin *alere,* qui signifie nourrir, et renvoie à ce qui sert de nourriture à un être vivant. Au sens juridique, le mot est utilisé au pluriel et signifie, ce qui est nécessaire à l'entretien d'une personne (nourriture, logement, etc.). Pour Raymond Guillien et Jean Vincent[170], c'est une prestation ayant généralement pour objet une somme d'argent, destinée à assurer la satisfaction des besoins vitaux d'une personne qui ne peut elle-même assurer sa propre subsistance. Cette précarité, qui peut être source d'instabilité sociale, explique l'instauration par le législateur communautaire, d'une saisie particulière au profit des créanciers d'aliments, calquée sur la saisie-attribution de créances mais marquée du double sceau de la simplification et de la minimisation des coûts.

Les articles 213 à 217 de l'AUVE sont le siège de cette saisie de nature humanitaire dont la simplicité est la caractéristique première. L'intervention de l'huissier de justice, toujours requise, se borne à de simples notifications par des lettres recommandées avec accusés de réception ou par tous moyens laissant trace écrite[171]. On comprend aisément le souci du législateur communautaire d'éviter les exploits d'huissiers, dispendieux pour des personnes se trouvant généralement dans l'impécuniosité.

La demande du créancier d'aliments titulaire d'un titre exécutoire est adressée au tiers détenteur des fonds publics ou privés pour le compte du débiteur, par l'huissier de justice, par simple lettre recommandée avec accusé de réception ou tout moyen laissant trace écrite. Le débiteur en est avisé par simple lettre du même huissier. Le tiers doit, dans les huit (8) jours, accuser réception de la demande et indiquer s'il est ou non en mesure d'y donner suite. Dans l'affirmative, il en informe le débiteur.

La notification de l'huissier au tiers, produit les effets de l'acte de saisie-attribution ordinaire : elle bloque les sommes à concurrence de la créance réclamée et emporte attribution de celles-ci au créancier, dont le tiers devient le débiteur direct, tenu en conséquence de lui verser, contre quittance, le montant de sa créance alimentaire. Satisfaction est donnée au créancier saisissant par préférence à tous les

---

[170]In, lexique des termes juridiques, 17e éd.

[171]Art. 214 al. 1 de l'AUVE : « *La demande est notifiée au tiers par lettre recommandée avec accusé de réception ou tout moyen laissant trace écrite adressée par l'huissier ou l'agent d'exécution qui avise le débiteur par simple lettre.* »

autres créanciers du débiteur, au nom du super privilège attaché à sa créance.

En cas de contestation, celle-ci est portée devant le juge du contentieux de l'exécution du domicile du débiteur de la pension, par déclaration écrite ou verbale au greffe de ladite juridiction. Les contestations relatives à cette procédure ne sont pas suspensives d'exécution[172].

Si une nouvelle décision change le montant de la pension alimentaire, la supprime ou modifie les modalités de l'obligation, la demande de paiement direct se trouve de plein droit modifiée en conséquence, à compter de la notification de la décision modificative faite au tiers dans les conditions qui précèdent.

Il convient de souligner que cette procédure qui suppose évidemment l'existence d'un titre exécutoire, n'est ouverte que pour le dernier arrérage[173] échu et les arrérages à échoir[174].

La saisie aux fins de recouvrement des créances d'aliments présente des affinités avec la saisie des salaires, rémunérations, traitements et pensions, à laquelle vont être consacrées les lignes suivantes.

Section 2 : La saisie des rémunérations

Le langage courant définit la rémunération comme le prix d'un travail, d'un service rendu. Pour le juriste, c'est un terme générique qui englobe aussi bien le salaire, c'est-à-dire, la rémunération du travail effectué par un employé pour le compte d'un employeur en vertu d'un contrat de travail, que les traitements des fonctionnaires et les soldes des gens d'armes.

La rémunération n'est pas seulement le « sang » qui irrigue le tissu familial dont elle assure équilibre et sécurité : elle est aussi, aux dires des économistes[175], de par la consommation des ménages qu'elle

---

[172]Art. 216 al. 1 de l'AUVE : « *Les contestations relatives à cette procédure ne sont pas suspensives d'exécution.* »

[173]Par exemple, si une rente ou une pension sont versées mensuellement ou annuellement, le dernier arrérage est le dernier mois ou la dernière année de versement.

[174]Art. 213 al. 1 de l'AUVE : « *Pour le dernier arrérage échu et les arrérages à échoir, les créanciers d'aliments peuvent, en vertu d'un titre exécutoire, pratiquer une saisie simplifiée sur la partie saisissable des salaires, rémunérations, traitements et pensions payées au débiteur d'aliments sur des fonds publics ou particuliers.* »

[175]Lire aussi M. Jean Claude Awana, exposé sur la saisie et la cession des rémunérations, dans le cadre de la vulgarisation du droit ohada par l'ERSUMA.

permet, un facteur de croissance économique des pays. Son caractère alimentaire se passe de toute autre démonstration et explique toute l'attention que les pouvoirs publics lui portent en la protégeant contre les atteintes inconsidérées.

L'AUVE consacre à la saisie des rémunérations, son titre V sous lequel sont inscrits les articles 173 à 178. A travers ceux-ci, transparaît une protection plus accrue des débiteurs, illustrée par la prise en compte de la quotité saisissable (paragraphe 1) et par un encadrement pointu des opérations de saisie (paragraphe 2).

Paragraphe 1 : La quotité saisissable des rémunérations

Après avoir indiqué à l'article 173 que :« *Tout créancier muni d'un titre exécutoire constatant une créance liquide et exigible peut faire procéder à la saisie des rémunérations dues par un employeur à son débiteur* », l'AUVE précise à l'article 177 alinéas 1 et 3 que : « *Les rémunérations ne peuvent être saisies [...] que dans les proportions déterminées par chaque État-Partie* », et que : « *Le total des sommes saisies [...] ne peut, en aucun cas, fût-ce pour dettes alimentaires, excéder un seuil fixé par chaque État-Partie ».* L'on peut affirmer, au regard de cette protection législative, que le travailleur bénéficie, partiellement tout au moins, d'une immunité d'exécution. A quelle proportion ? Le législateur communautaire a préféré laisser à chaque Etat-Partie, le soin de la déterminer.

Au Cameroun, la quotité saisissable des rémunérations a été réglementée avant même l'entrée en vigueur de l'AUVE, par décret du Premier Ministre n° 94/197 du 9 mai 1994. Celui-ci opère une division de la rémunération du travailleur en plusieurs tranches, à l'intérieur desquelles des fractions sont déclarées saisissables. La quotité saisissable est fixée de la manière suivante par l'article 2 du décret susvisé :

1) un dixième (1/10e) sur la fraction au plus égale à 18.750 francs par mois ;
2) un cinquième (1/5e) sur la fraction supérieure à 18.750 francs et inférieure ou égale à37.500 francs par mois ;
3) un quart (1/4) sur la fraction supérieure à 37.500 francs et inférieure ou égale à75.000 francs par mois ;
4) un tiers (1/3) sur la fraction supérieure à 75.000 francs et inférieure ou égale à112.500 francs par mois ;

5) la moitié (1/2) sur la fraction supérieure à 112.500 francs et inférieure ou égale à142.400 francs par mois ;

6) la totalité sur la fraction supérieure à 142.400 francs.

L'assiette servant au calcul de la partie saisissable de la rémunération est constituée par le salaire brut global avec tous ses accessoires, déduction faite des taxes et prélèvements légaux obligatoires retenus à la source, des indemnités représentatives des frais, des prestations, majorations et suppléments pour charges de famille, des indemnités déclarées insaisissables par les lois et règlements de chaque État-Partie.

Un exemple valant mille discours, comme disent les Chinois, il vaut mieux illustrer par un cas pratique, la façon dont se calcule la quotité saisissable des salaires, au regard du décret sus visé :

En supposant à 500.000 francs, le salaire de **X**, duquel tous les prélèvements obligatoires sus indiqués sont déjà déduits, la quotité saisissable dudit salaire se calculera de la manière suivante :

- un dixième (1/10ème) sera prélevé sur la fraction du salaire égale à 18.750 francs :

$$\frac{(18.750 \times 1)}{10} = 1.850 \text{ F} ;$$

- un cinquième (1/5ème) sera prélevé sur la fraction du salaire supérieure à18.750francs et inférieure ou égale à 37.500 francs :

$$\frac{(37.500 - 18.750) \times 1}{5} = 3.750 \text{ F} ;$$

- un quart (1/4) sera prélevé sur la partie du salaire supérieure à 37.500 francs et inférieure ou égale à 75.000 francs :

$$\frac{(75.000 - 37.500) \times 1}{4} = 9.375 \text{ F} ;$$

- un tiers (1/3) sera prélevé sur la partie du salaire supérieure à 75.000francs et inférieure ou égale à 112.500 francs :

$$\frac{(112.500 - 75.000) \times 1}{3} = 12.500 \text{ F} ;$$

- un demi (1/2) sera prélevé sur la partie du salaire supérieure à 112.500 et inférieure ou égale à 142.400 francs :

$$\frac{(142.400 - 112.500) \times 1}{2} = 14.450 \text{ F} ;$$

- la totalité de la fraction du salaire supérieure à 142.400 francs :
500.000 F – 142.400 F = 357.600 F.

Le montant de la portion saisissable s'obtient en additionnant les résultats obtenus à chaque étape, soit :

357.600F + 14.450F + 12.500F + 9.375F + 3.750F + 1.875F = 399.550F.

La quotité saisissable du salaire de **X** est égale à 399.550 francs, et celle non saisissable, égale à :

500.000F- 399.550F= 100.450F.

X ne mourra donc pas de faim du fait de la saisie pratiquée sur son salaire.

L'institution de la quotité saisissable dans la saisie des rémunérations marque le fort ancrage de l'idée de modération dans l'exécution des décisions de justice. On doit éviter de réduire le débiteur à la famine et, de manière générale, d'user à son encontre, des procédés vexatoires qui attenteraient à sa dignité. On ne le dira jamais assez, personne n'est assuré de ne pas se trouver un jour, dans la situation du créancier qui a un besoin vital de recouvrer ce qui lui est dû, ou dans celle du débiteur qui ne peut plus faire face à ses engagements, le débiteur en difficulté étant souvent, au demeurant, un créancier impayé.

La sollicitude du législateur à l'égard des travailleurs salariés ne se limite pas à la protection de leurs rémunérations, elle s'illustre aussi dans l'encadrement des opérations de saisie.

Paragraphe 2 : L'encadrement des opérations de saisie

Il se caractérise par l'existence d'une tentative de conciliation préalable (A) et par une implication accentuée du greffe (B).

A- La tentative de conciliation

Elle vise la recherche d'un compromis entre le créancier et le débiteur afin d'éviter à ce dernier les affres d'un prélèvement autoritaire. C'est un préalable incontournable parce qu'obligatoire[176] qui s'ouvre par une demande de conciliation formée par une simple requête adressée à la juridiction compétente[177]par le créancier. Cette

[176]Art. 174 de l'AUVE : « *La saisie des sommes dues à titre de rémunération, quel qu'en soit le montant, à toutes les personnes salariées ou travaillant, à quelque titre ou quelque lien que ce soit, pour un ou plusieurs employeurs, ne peut être pratiquée qu'après une tentative de conciliation devant la juridiction compétente du domicile du débiteur.* »

[177]Le juge du contentieux du domicile du débiteur, s'agissant d'une forme de saisie-attribution.

requête, à laquelle doit être jointe une copie du titre exécutoire concerné doit contenir, outre les noms, prénoms et adresse du débiteur et ceux de son employeur ou, s'il s'agit d'une personne morale, ses forme, dénomination et siège social, le décompte distinct des sommes réclamées, en principal, frais et intérêts échus, ainsi que l'indication du taux des intérêts et l'existence éventuelle d'un privilège. Doivent aussi y figurer, les indications sur les modalités souhaitables de versement des sommes réclamées.

Si la requête est acceptée par le juge, celui-ci fixe la date de la tentative de conciliation et transmet la requête au greffier en chef de la juridiction qui notifie au créancier, par lettre recommandée ou par tout autre moyen laissant trace écrite, les lieu, jour et heure de la tentative de conciliation et adresse par la même voie au débiteur, au moins quinze jours avant l'audience, une convocation dans laquelle il lui est notamment indiqué qu'il pourra élever toutes contestations lors de cette audience.

Si le débiteur ne comparaît pas, le juge peut, s'il l'estime nécessaire, ordonner qu'il soit convoqué à nouveau. Il peut aussi estimer que les circonstances n'appellent pas une nouvelle convocation, auquel cas il passe outre et procède à la tentative de conciliation après avoir constaté la non comparution des parties ou de l'une d'elles.

En cas de conciliation, le juge, assisté du greffier, dresse un procès-verbal mentionnant les conditions de l'arrangement. Ce procès-verbal met fin à la procédure.

A défaut de conciliation, le juge, après avoir vérifié le montant de la créance en principal, frais et intérêts, et tranché, s'il y a lieu, les contestations soulevées par le débiteur, dresse un procès-verbal de non-conciliation.

Commencent alors les opérations de saisie marquées par une implication accentuée du greffier en chef de la juridiction compétente.

B-Implication accentuée du greffier en chef

Elle se caractérise par une certaine prééminence du rôle du greffier en chef dans la mise en œuvre du paiement, en lieu et place du traditionnel huissier de justice. La raison en serait, outre l'absence de frais déjà évoquée, la plus grande confiance dont jouirait le greffier auprès du justiciable, comparativement à l'huissier de justice qui inspire plutôt la crainte. Ainsi, dans les huit jours suivant, soit l'audience de non-conciliation, soit l'expiration des délais de recours si une décision a été rendue, le greffier en chef dresse un acte de saisie et le notifie à l'employeur, par lettre recommandée avec accusé de réception ou tout autre moyen laissant trace écrite. Cet acte contient : les noms, prénoms et domiciles du débiteur et du créancier, ou s'il s'agit de personnes morales, leur forme, dénomination et siège social ; le décompte distinct des sommes pour lesquelles la saisie est pratiquée, en principal, frais et intérêts échus, ainsi que l'indication du taux des intérêts ; le mode de calcul de la fraction saisissable et les modalités de son règlement ; l'injonction à l'employeur de déclarer au greffe, dans les quinze jours, la situation de droit existant entre lui-même et le débiteur saisi et les éventuelles cessions ou saisies en cours d'exécution ainsi que toute information permettant la retenue lorsque la saisie est pratiquée sur un traitement ou salaire payé sur les fonds publics ; la reproduction des articles 185 à 189[178] relatifs aux obligations de l'employeur vis-à-vis du greffier instrumentaire, aux

[178]AUVE

Art. 185 : « *L'employeur qui, sans motif légitime, n'a pas effectué la déclaration prévue à l'article 184-4° ci-dessus ou qui a effectué une déclaration mensongère peut être déclarée, par la juridiction compétente, débiteur des retenues à opérer et condamné aux frais par lui occasionnés sans préjudice d'une condamnation à des dommages-intérêts.* »

Art. 186 : « *L'employeur est tenu d'informer le greffe et le saisissant, dans les huit jours, de toute modification de ses relations juridiques avec le saisi, de nature à influer sur la procédure en cours.* »

Art. 187 : « *La notification de l'acte de saisie frappe d'indisponibilité la quotité saisissable du salaire.* »

Art. 188 : « *L'employeur adresse tous les mois au greffe ou à l'organisme spécialement désigné à cet effet par chaque État partie, le montant des sommes retenues sur la rémunération du saisi, sans excéder la portion saisissable. Il est valablement libéré sur la seule quittance du greffier ou par l'avis de réception du mandat délivré par l'administration des postes. Le tiers joint à chaque versement une note indiquant les noms des parties, le montant de la somme versée, la date et les références éventuelles de l'acte de saisie qui lui a été notifié.* »

Art. 189 : « *Si l'employeur omet d'effectuer les versements, la juridiction compétente rend à son encontre une décision le déclarant personnellement débiteur. La décision est notifiée par le greffier ou par le créancier par lettre recommandée avec accusé de réception ou par tout moyen laissant trace écrite, dans les trois jours de sa date. Avis en est donné au débiteur et, le cas échéant, au créancier. Le tiers saisi dispose d'un délai de quinze jours à compter de la notification de la décision pour former opposition au moyen d'une déclaration au greffe. La décision non frappée d'opposition dans un délai de quinze jours devient définitive. Elle est exécutée à la demande de la partie la plus diligente sur une expédition délivrée par le greffier et revêtue de la formule exécutoire.* »

sanctions qu'il encourt en cas d'inexécution de ses obligations et aux effets de la saisie.

L'employeur est également tenu d'informer le greffier en chef et le saisissant, dans les huit jours, de toute modification de ses relations avec son employé, de nature à influer sur la procédure en cours.

L'inexécution ou l'exécution malicieuse de ces obligations par l'employeur peut amener le juge à le déclarer débiteur des retenues à opérer, sans préjudice d'une condamnation aux dommages-intérêts.

La notification de l'acte de saisie à l'employeur frappe d'indisponibilité la quotité saisissable du salaire. L'employeur doit alors – sans autre forme de procès, pourrait-on dire– adresser au greffier, tous les mois, les sommes retenues, sans excéder la portion saisissable. Il joint à chaque versement une note indiquant les noms des parties, le montant de la somme versée, la date et les références éventuelles de l'acte de saisie qui lui a été notifié.

Si l'employeur n'effectue pas les versements auxquels il est tenu, le juge peut rendre à son encontre une décision le déclarant personnellement débiteur. La décision est notifiée par le greffier ou par le créancier, par lettre recommandée avec avis de réception ou par tout autre moyen laissant trace écrite, dans les trois jours de sa date. Avis en est donné au débiteur et, le cas échéant, au créancier.

L'employeur dispose d'un délai de quinze jours à compter de la notification de sa condamnation pour former opposition par déclaration au greffe. La décision non frappée d'opposition dans le délai de quinzaine devient définitive. Elle est exécutée au moyen d'une expédition revêtue de la formule exécutoire délivrée par le greffier en chef.

L'intervention des créanciers opposants est admise. Elle se fait sans tentative de conciliation préalable, par simple requête notifiée par la suite au débiteur et aux autres créanciers, laquelle est susceptible de contestation par déclaration au greffe, à tout moment de la procédure à laquelle elle est alors jointe.

Lorsqu'il n'existe qu'un seul créancier saisissant, le greffier verse à celui-ci ou à son mandataire muni d'un pouvoir spécial, contre décharge, le montant de la retenue effectuée dès qu'il l'a reçue de l'employeur.

En cas de pluralité de saisies, les créanciers viennent en concours, sous réserve des causes légitimes de préférence. S'il existe plusieurs créanciers saisissants, les versements effectués par le tiers saisi sont obligatoirement portés dans un compte ouvert par le greffier dans un établissement bancaire ou postal, à défaut de la caisse des dépôts et consignations, toujours attendue au Cameroun. Le greffier opère les retraits pour les besoins des répartitions, en justifiant de l'autorisation du juge du contentieux de l'exécution. Il procède à la répartition des sommes encaissées chaque trimestre, dans la première semaine des mois de février, mai, août et novembre. Il dresse un procès-verbal indiquant le montant des frais à prélever, le montant des créances privilégiées, s'il en existe, et le montant des sommes attribuées aux autres créanciers.

Le greffier notifie l'état de répartition à chaque créancier et lui verse le montant lui revenant. Les sommes ainsi versées aux créanciers sont quittancées sur un registre qui doit obligatoirement être tenu au greffe à cet effet.

Si une intervention a été contestée, les sommes revenant au créancier intervenant sont consignées. Elles lui sont remises si la contestation est rejetée. Dans le cas contraire, ces sommes sont distribuées aux créanciers ou restituées au débiteur, selon le cas.

L'état de répartition peut être contesté dans le délai de quinze jours de sa notification, par opposition formée au greffe. La mainlevée de la saisie résulte, soit d'un accord du ou des créanciers, soit de la constatation, par le juge, de l'extinction de la dette. Elle est notifiée à l'employeur dans les huit jours.

Si le créancier transfère son domicile ou le lieu où il demeure, il en informe le greffe, à moins qu'il n'ait comparu par mandataire.

Lorsque, sans changer d'employeur, le débiteur transfère son domicile ou le lieu où il demeure hors du ressort de la juridiction saisie de la procédure, celle-ci est poursuivie devant cette juridiction. Les dossiers des saisies susceptibles d'être ensuite pratiquées contre le débiteur lui sont transmis. Le greffe en avise les créanciers.

En cas de changement d'employeur, la saisie peut être poursuivie entre les mains du nouvel employeur, sans conciliation préalable, à la condition que la demande en soit faite dans l'année qui suit l'avis donné par l'ancien employeur. A défaut, la saisie prend fin.

Pour la gouverne des justiciables concernés, l'article 175 de l'AUVE doit être bien gravé, qui dispose que : *« Les rémunérations ne peuvent faire l'objet d'une saisie conservatoire ».*

L'exécution forcée sur les biens meubles du débiteur est, on le voit bien, fort contraignante pour celui-ci. Elle l'est davantage lorsqu'elle vise les immeubles de ce dernier. Les prochains développements sur la saisie immobilière vont en faire la démonstration.

TITRE II : L'EXECUTION FORCEE SUR LES IMMEUBLES

Les biens meubles du débiteur ne sont pas le seul gage de ses créanciers. Il n'est pas exagéré de dire qu'ils sont peu de chose, comparés aux biens immobiliers par lesquels les créanciers peuvent tout aussi envisager le paiement de leurs créances par la contrainte.

L'exécution forcée sur les immeubles se fait au moyen de la saisie immobilière effectuée par voie d'adjudication amiable ou par voie d'adjudication judiciaire. La première voie s'opère par le notaire convenu par les parties suivant une procédure sans grande originalité par rapport à la première voie, qui est le cœur des prochains développements, dans un chapitre unique.

CHAPITRE UNIQUE : LA SAISIE IMMOBILIERE

La saisie immobilière est une voie d'exécution par laquelle un créancier fait placer sous main de justice et vendre, les immeubles de son débiteur en vue de se payer sur le prix de vente.

Pendant longtemps, cette procédure était redoutée par son formalisme exceptionnel, dicté par le souci de protéger la propriété immobilière, base de l'organisation politique de l'époque. Son importance s'est d'ailleurs accrue depuis lors, nonobstant l'évolution, tout aussi remarquable, de la fortune mobilière. L'immeuble reste, en effet, un enjeu socio-économique majeur, notamment dans le domaine du crédit dont il constitue une sûreté réelle présentée comme la reine des sûretés.

La complexité de la saisie immobilière ancienne, les frais considérables qu'elle générait et les lenteurs qui l'obstruaient, appelaient des réformes. L'Acte Uniforme portant organisation des procédures simplifiées de recouvrement et des voies d'exécution est entré dans cette voie, sans y parvenir totalement, la simplification et la rapidité souhaitées étant sérieusement contrariées par la conjonction de facteurs endogènes et exogènes, comme va le démontrer l'examen des conditions (Section 1) et des effets (Section 2) de cette saisie.

Section 1 : Les conditions de la saisie immobilière

Suivant la démarche traditionnelle, les conditions de fond (sous-section 1) et celles de forme (sous-section 2) seront examinées successivement.

Sous-section 1 : Les conditions de fond de la saisie immobilière

La saisie immobilière est une saisie à fin de vente. Il en résulte que les conditions de fond de sa réalisation sont les mêmes que celles des saisies de cette nature, déjà examinées[179]. Tout juste, indiquera-t-on que s'il est impératif que la créance cause de la saisie soit certaine, liquide et exigible, comme dans toute saisie à fin de vente, la poursuite ici peut commencer en vertu d'un titre exécutoire par provision ou pour une créance en espèces non liquidée, jusqu'au seuil de l'adjudication, laquelle ne pourra avoir lieu qu'au vu d'un titre définitivement exécutoire et après liquidation[180].

Par ailleurs, s'il est vrai que la saisie immobilière est ouverte à tout créancier titulaire d'une créance certaine, liquide et exigible constatée dans un titre exécutoire, les causes de préférence n'intéressant que la distribution des deniers et non le droit de saisir, il n'en demeure pas moins vrai qu'ici, la marge de manœuvre des créanciers chirographaires en concours avec les créanciers hypothécaires ou privilégiés est bien étroite. D'abord, interdiction leur est faite de pratiquer l'exécution forcée sur les immeubles lorsqu'il existe des meubles saisissables[181], ensuite l'absence de droit de suite leur ôte toute chance de prendre part à la distribution en présence des créanciers hypothécaires ou privilégiés. C'est dire à quel point est nécessaire en la matière, la possession par le créancier, d'un titre assorti d'hypothèque conventionnelle ou forcée.

En ce qui concerne l'assiette de la saisie immobilière, sa détermination découle des dispositions de l'article 2204 du Code civil,

---

[179]Cf. supra, pp. 15-29.

[180]Art. 247 de l'AUVE : « *La vente forcée d'immeuble ne peut être poursuivie qu'en vertu d'un titre exécutoire constatant une créance liquide et exigible. La poursuite peut également avoir lieu en vertu d'un titre exécutoire par provision, ou pour une créance en espèces non liquidée ; mais l'adjudication ne peut être effectuée que sur un titre définitivement exécutoire et après liquidation.* »

[181]Art. 28 al. 2 de l'AUVE : « *Sauf s'il s'agit d'une créance hypothécaire ou privilégiée, l'exécution est poursuivie en premier lieu sur les biens meubles et, en cas d'suffisance de ceux-ci, sur les biens immeubles.* »

aux termes desquelles : « *Le créancier peut poursuivre l'expropriation :*

[...]

(3) des biens immobiliers et de leurs accessoires réputés immeubles appartenant en propriété à son débiteur ;

(4) de l'usufruit appartenant au débiteur sur les biens de même nature ».

Sont donc concernés, les immeubles par nature, à savoir le sol et les constructions qu'il supporte, ainsi que les fruits pendants par racines ou sur branches, plus de six semaines avant l'époque de la récolte[182]. Sont aussi concernés, les immeubles par destination, c'est-à-dire, les meubles considérés fictivement par la loi comme immeubles en raison du lien qui les unit à des immeubles par nature dont ils sont l'accessoire. Ainsi en est-il des ustensiles aratoires, des animaux de labour et de toute chose mobilière que le propriétaire a attachée au fonds à perpétuelle demeure. Toutefois, ils ne sont saisissables qu'avec le fonds auquel ils sont incorporés.

Entre aussi dans l'énumération, l'usufruit portant sur un immeuble. C'est le fondement juridique de l'extension faite par le législateur communautaire, de l'assiette de la saisie aux impenses réalisées par le débiteur sur un terrain dont il n'est pas propriétaire, mais qui lui a été affecté par décision d'une autorité administrative[183]. L'Etat, qui est le gardien des terres non immatriculées peut en affecter l'usage à ses citoyens, ainsi bénéficiaires d'un usufruit qui prend la forme d'un droit de superficie. Celui-ci est défini comme un droit réel appartenant à une personne autre que le propriétaire du sol, sur ce qui se trouve dessus (constructions, plantations) ou sur ce qui se trouve dessous (garage en sous-sol, cave, tunnel). Le plus souvent, ce droit résulte d'une convention (cession du droit de planter ou de construire, bail à construction), mais il peut aussi résulter d'une autorisation administrative sur les lots domaniaux. Dans ces différents cas, le bénéficiaire – superficiaire – détient la propriété des plantations et

[182]Après quoi, c'est la saisie brandon qui est envisageable.

[183]Art. 254 de l'AUVE : « *À peine de nullité, toute poursuite en vente forcée d'immeuble doit être précédée d'un commandement aux fins de saisie. À peine de nullité, ce commandement doit être signifié au débiteur et le cas échéant au tiers détenteur de l'immeuble et contenir : [...] et, s'il s'agit d'impenses réalisées par le débiteur sur un terrain dont il n'est pas propriétaire mais qui lui a été affecté par une décision d'une autorité administrative, sa désignation précise ainsi que la référence de la décision d'affectation [...]* »

constructions pendant la durée du contrat ou de l'autorisation administrative, le propriétaire en devenant acquéreur en fin de contrat ou d'autorisation. Ce droit du superficiaire a été intégré dans l'assiette de la saisie immobilière par l'AUVE.

Sans affecter cette assiette, la situation particulière de certains immeubles influence cependant les modalités de leur saisie. Ainsi, la part indivise d'un immeuble ne peut être mise en vente avant le partage ou la liquidation[184].

De même, le créancier ne peut poursuivre la vente des immeubles qui ne lui sont pas hypothéqués que dans le cas d'insuffisance de ceux qui le sont, sauf si l'ensemble de ces immeubles constitue une seule et même exploitation et si le débiteur le requiert[185]. En outre, la vente forcée des immeubles situés dans les ressorts des juridictions différentes ne peut être poursuivie que successivement ; elle ne peut l'être simultanément que lorsque les immeubles font partie d'une seule et même exploitation, ou après autorisation du Président de la juridiction compétente, lorsque la valeur des immeubles situés dans un même ressort est inférieure au total des sommes dues tant au créancier saisissant qu'aux créanciers inscrits[186].

Enfin, l'immeuble susceptible de saisie doit être immatriculé. Mais cette exigence n'est pas de rigueur. L'article 253 de l'AUVE[187] permet, en effet, le déclenchement des poursuites sur des immeubles

[184]Art. 249 de l'AUVE : « *La part indivise d'un immeuble ne peut être mise en vente avant le partage ou la liquidation que peuvent provoquer les créanciers d'un indivisaire.* »

[185]Art. 251 de l'AUVE : « *Le créancier ne peut poursuivre la vente des immeubles qui ne lui sont pas hypothéqués que dans le cas d'insuffisance des immeubles qui lui sont hypothéqués, sauf si l'ensemble de ces biens constitue une seule et même exploitation et si le débiteur le requiert.* »

[186]Art. 252 de l'AUVE : « *La vente forcée des immeubles situés dans les ressorts des juridictions différentes ne peut être poursuivie que successivement. Toutefois, et sans préjudice des dispositions de l'article 251 ci-dessus, elle peut être poursuivie simultanément :*
Lorsque les immeubles font partie d'une seule et même exploitation ;
Après autorisation du président de la juridiction compétente lorsque la valeur des immeubles situés dans un même ressort est inférieure au total des sommes dues tant au créancier saisissant qu'aux créanciers inscrits. L'autorisation peut concerner tout ou partie des biens. »

[187]Art. 253 de l'AUVE : « *Si les immeubles devant faire l'objet de la poursuite ne sont pas immatriculés et si la législation nationale prévoit une telle immatriculation, le créancier est tenu de requérir l'immatriculation à la conservation foncière après y avoir été autorisé par décision du président de la juridiction compétente de la situation des biens, rendue sur requête et non susceptible de recours. A peine de nullité, le commandement visé à l'article 254 ci-après ne peut être signifié qu'après le dépôt de la réquisition d'immatriculation et la vente ne peut avoir lieu qu'après la délivrance du titre foncier.* »

non immatriculés, à charge pour le créancier de se faire délivrer un titre foncier avant la vente.

Les conditions de fond de la saisie immobilière étant connues, il reste à examiner les conditions de forme, à travers le parcours du processus qui conduit à la vente du ou des immeubles concernés.

Sous-section 2 : La procédure de saisie immobilière

La procédure de saisie immobilière est rigoureuse et exigeante, qu'elle se déroule sans incidents (paragraphe1) ou qu'elle soit émaillée de ceux-ci (paragraphe 2).

Paragraphe 1 : La procédure de saisie immobilière dégagée d'incidents

Le formalisme de la procédure de saisie immobilière est rigoureux dans la mesure où le créancier et son avocat doivent se conformer strictement aux règles édictées, au risque de tout recommencer à chaque violation ou inobservation, la plupart des formalités étant d'ordre public. Lorsqu'elle n'est entravée par aucun incident – ce qui est rare – la procédure de saisie immobilière comporte quatre grandes étapes : la mise de l'immeuble sous main de justice (A), la préparation de la vente (B), la vente (C) et la distribution du prix (D).

A-La mise de l'immeuble sous main de justice

Elle s'ouvre par la signification d'un commandement (1) et sa publication (2).

1-La signification du commandement

Souvent dirigée contre le débiteur (a), cette signification peut parfois être dirigée contre le tiers détenteur de l'immeuble (b).

a) La signification du commandement au débiteur

Le commandement aux fins de saisie immobilière présente une nature hybride : c'est une sommation de payer ayant vocation à se muer en procès-verbal de saisie. Comme sommation, il doit contenir, outre les énonciations indispensables à la validité de tous les exploits, celles prescrites à peine de nullité par l'article 254 de l'AUVE, à savoir : la reproduction ou la copie du titre exécutoire ; le montant de la dette ; les noms, prénoms et adresses du créancier et du débiteur et, s'il s'agit d'une personne morale, ses forme, dénomination et siège social ; la copie du pouvoir spécial de saisir donné à l'huissier ou à l'agent d'exécution par le créancier poursuivant ; l'avertissement que, faute de payer dans les vingt jours, le commandement pourra être transcrit à la Conservation foncière et vaudra saisie à partir de sa publication ; l'indication de la juridiction où l'expropriation sera poursuivie ; le numéro du titre foncier et l'indication de la situation précise des immeubles faisant l'objet de la poursuite ; s'il s'agit d'un immeuble non encore immatriculé, le numéro de la réquisition d'immatriculation ; et s'il s'agit d'impenses réalisées par le débiteur sur un terrain dont il n'est pas propriétaire mais qui lui a été affecté par une décision d'une autorité administrative, sa désignation précise ainsi que la référence de la décision d'affectation ; la constitution de l'avocat chez lequel le créancier poursuivant élit domicile et où devront être notifiés les actes d'opposition au commandement, offres réelles et toutes significations relatives à la saisie.

Pour recueillir les renseignements utiles à la rédaction du commandement, l'huissier ou l'agent d'exécution peut pénétrer dans les immeubles sur lesquels porte la saisie avec, au besoin, l'assistance de la force publique, une autorisation de la juridiction compétente étant nécessaire lorsque l'immeuble est détenu par un tiers.

Il est exigé, à peine de nullité, que le commandement soit servi au débiteur lui-même[188]. L'huissier doit donc faire toutes diligences pour que l'exploit soit servi à la personne même du débiteur, question de neutraliser ses probables arguments dilatoires futurs sur son ignorance de la procédure. A ce sujet, la CCJA ne fait pas montre d'une extrême rigueur. Elle a en effet estimé que l'expression « *doit être signifié au débiteur* » contenue dans l'article 254 de l'AUVE ne signifie pas que l'exploit doit être servi exclusivement à la personne même du débiteur ; Il suffit, a-t-elle précisé, que la signification soit faite selon l'une des formes de signification prévues par les textes en vigueur[189].

Si l'immeuble supporte des impenses réalisées par le débiteur sur un terrain dont il n'est pas propriétaire mais qui lui a été affecté par

---

[188]Art. 254 al. 2 de l'AUVE : « *À peine de nullité, ce commandement doit être signifié au débiteur [...]* »

[189]Ccja, arrêt n° 033/2007 du 22 nov. 2007, juridata n° 033-11/2007.

décision d'une autorité administrative, le commandement est également signifié à cette autorité[190].

b) La signification du commandement au tiers détenteur de l'immeuble

Lorsque l'immeuble désigné dans le commandement est plutôt occupé par un tiers, l'exploit est signifié à ce dernier, avec sommation, soit de payer l'intégralité de la dette en principal et intérêts, soit de délaisser l'immeuble hypothéqué, soit enfin de subir la procédure d'expropriation.

Par tiers, il faut entendre l'acquéreur ou le donataire occupant l'immeuble *animo domini*. Le locataire ne répond pas à cette définition puisqu'il n'exerce qu'un droit de jouissance momentané sur l'immeuble. Mais, il peut avoir intérêt à recevoir le commandement, ne serait-ce que pour être tenu informé des péripéties qui ont cours sur l'immeuble qu'il occupe et dont les loyers pourront être immobilisés. De plus, cette procédure peut être, pour lui, un motif de décider de résilier le bail afin de se mettre à l'écart de ces péripéties, tout comme il peut, s'il désire poursuivre la jouissance, le bail n'étant pas résilié de plein droit par l'ouverture de la procédure de saisie immobilière, décider de tirer son bailleur d'embarras en payant les loyers par avance à concurrence de sa dette.

Le délaissement, s'il a lieu, se fait au greffe de la juridiction compétente de la situation de l'immeuble. Il en est donné acte.

2- La publication du commandement

La publication du commandement est une opération de publicité foncière qui consiste en l'inscription des droits existant sur un immeuble et leur modification, sur des registres spéciaux (livres fonciers) tenus à la disposition du public, dans le but de les porter à la connaissance des tiers et d'assurer ainsi la sécurité des acquéreurs éventuels. La publication du commandement est utile dans la mesure où les tiers ont intérêt à être prévenus de l'expropriation annoncée afin que nul ne vienne plus tard perturber son déroulement.

---

[190]Art. 258 de l'AUVE : « *Si les immeubles sont constitués d'impenses réalisées par le débiteur sur un terrain dont il n'est pas propriétaire mais qui lui a été affecté par décision d'une autorité administrative, le commandement prévu à l'article 254 ci-dessus est également notifié à cette et visé par elle.* »
Ccja, arrêt n° 033/2007 du 22 nov. 2007, juridata n° 033-11/2007.

Tous ces enjeux se concentrent autour du Conservateur de la propriété foncière du lieu de situation de l'immeuble à qui, dans les trois mois de la signification du commandement[191], l'huissier de justice poursuivant doit remettre l'original et une copie dudit commandement. Ce fonctionnaire vise l'original, le restitue à l'huissier et conserve la copie avec laquelle il procède à l'inscription des mentions du commandement dans le livre foncier en sa possession. Cette transcription vaut publication. Elle se prouve par un certificat d'inscription délivré par le Conservateur.

Les éventuels commandements postérieurs ne seront plus transcrits mais feront l'objet de mentions en marge de celui premièrement transcrit, dans l'ordre de leur présentation, ainsi qu'en marge de chacun des commandements postérieurs.

La radiation de la saisie ne peut s'opérer sans le consentement des créanciers saisissants postérieurs révélés.

Lorsque la poursuite s'exerce sur les impenses réalisées par le débiteur sur un terrain dont il n'est pas le propriétaire mais qui lui a été affecté par une décision d'une autorité administrative, les formalités ci-dessus décrites sont accomplies par cette autorité[192].

Une fois signifié et publié, le commandement aux fins de saisie immobilière produit d'abord les effets propres à tous les commandements : il met le débiteur en demeure, interrompt la prescription et fait courir les intérêts moratoires. Mais, lorsque le débiteur ne s'exécute pas, le commandement produit en outre, des effets particuliers touchant au sort de l'immeuble, qui varient selon qu'il y a eu paiement ou non.

En cas de paiement dans le délai de vingt jours prévu dans le commandement, le paiement est réputé volontaire. Le créancier laisse tomber la poursuite, quitte à réclamer le remboursement des frais engagés jusque-là.

Le paiement peut aussi intervenir après la publication du commandement. Celui-ci devient alors caduc. La transcription est conséquemment radiée par le Conservateur de la propriété foncière ou

---

[191]Si le créancier laisse les trois mois s'écouler, il ne peut reprendre les poursuites qu'en les réitérant dans les formes et délais prévus (art. 259 al. 3 de l'AUVE).

[192]Art. 259 al. 2 de l'AUVE : «*Lorsque la poursuite s'exerce sur les impenses réalisées par le débiteur sur un terrain dont il n'est pas propriétaire mais qui lui a été affecté par une décision d'une autorité administrative, les formalités prévues à l'alinéa précédent sont accomplies par ladite autorité.* »

par l'autorité administrative, selon le cas, sur mainlevée donnée par le ou les créancier(s) poursuivant(s). A défaut, le débiteur ou tout intéressé peut provoquer la radiation en justifiant du paiement. La décision autorisant ou refusant la radiation doit être rendue dans les huit(8) jours qui suivent la saisine de la juridiction compétente[193].

En cas de non-paiement au-delà des délais sus indiqués, le commandement vaut saisie à compter de sa publication. Ses effets spécifiques opèrent alors dans toute leur radicalité, surtout à l'égard du débiteur, mais aussi à l'égard du conservateur ou de l'autorité administrative concernée.

A l'égard du débiteur, parce qu'il vaut saisie, le commandement emporte immobilisation de ou des immeubles concernés. Ceux-ci ne peuvent plus être aliénés, ni être grevés d'un droit réel ou charge, à moins que l'acquéreur consigne, avant le jour fixé pour l'adjudication, une somme suffisante pour acquitter ce qui est dû au saisissant et aux créanciers inscrits. Sont radicalement nulles, les aliénations et constitutions de droits réels ou charges faites postérieurement à la publication du commandement. En outre, les droits de jouissance et d'administration du saisi sur les immeubles ainsi rendus indisponibles sont considérablement restreints. Cette restriction opère différemment, selon que les immeubles sont loués ou affermés, ou non.

Si l'immeuble n'est ni loué ni affermé, le saisi reste en sa possession jusqu'à la vente, comme séquestre judiciaire, à moins que, sur la demande d'un ou de plusieurs créanciers, il n'en soit autrement ordonné par le président de la juridiction compétente. En cette qualité, il administre et perçoit les fruits pour le compte de ses créanciers. Il doit apporter à la chose les soins d'un bon père de famille, conformément à l'article 1962 du code civil[194]. Parce qu'il demeure propriétaire, le saisi-séquestre continue à habiter l'immeuble et peut,

---

[193]L'on est là en présence d'un incident de la saisie immobilière, qui doit être instruit et jugé par le tribunal qui connaît de la saisie. L'article 261 al. 2l'invite à statuer d'urgence. Ce texte dispose que : « *À défaut (de radiation par le Conservateur ou l'autorité administrative sur mainlevée donnée par le créancier poursuivant), le débiteur ou tout intéressé peut provoquer la radiation en justifiant du paiement ; à cet effet, il saisit la juridiction compétente statuant en matière d'urgence.* »

[194]Art. 1962 du C.civ : «*L'établissement d'un gardien judiciaire produit, entre le saisissant et le gardien, des obligations réciproques. Le gardien doit apporter, pour la conservation des effets saisis, les soins d'un bon père de famille. Il doit les représenter, soit à la décharge du saisissant pour la vente, soit à la partie contre laquelle les exécutions ont été faites, en cas de mainlevée de la saisie…* »

admet-on unanimement, consommer les fruits nécessaires à sa subsistance et à celle de sa famille.

En cas de difficulté sur tous ces points, il en est référé au président de la juridiction compétente de la situation de l'immeuble qui statue par décision non susceptible d'appel. Par exemple, les créanciers peuvent, s'ils craignent que le saisi ne se livre à des manœuvres qui déprécieraient l'immeuble, demander l'expulsion de celui-ci.

Si l'immeuble saisi est loué ou affermé, les créanciers ne peuvent faire expulser le locataire ou le fermier, dont le droit leur est opposable. Comme le saisi demeure toujours propriétaire, les locataires payent valablement les loyers entre ses mains. Il est, bien entendu, comptable des loyers reçus comme séquestre. Les créanciers peuvent cependant obtenir que les locataires ne se libèrent plus entre les mains du saisi, en saisissant pour cela le président de la juridiction compétente.

Le commandement opère aussi immobilisation des fruits naturels et industriels recueillis, ainsi que celle des fruits civils échus depuis la publication du commandement. L'article 263 alinéa1 de l'AUVE le rappelle expressément, qui dispose que : « *Les fruits naturels ou industriels, les loyers et fermages recueillis postérieurement au dépôt du commandement ou le prix qui en provient sont, sauf l'effet d'une saisie antérieure, immobilisés pour être distribués avec le prix de l'immeuble. Ils sont déposés, soit à la caisse des dépôts et consignations, soit entre les mains d'un séquestre désigné par le président de la juridiction compétente* ». L'immobilisation des fruits épargne aux créanciers saisissants les conséquences préjudiciables des lenteurs de la procédure.

Enfin, à l'égard du conservateur de la propriété foncière ou de l'autorité administrative qui a affecté au débiteur l'immeuble sur lequel il a réalisé des impenses, le commandement publié emporte interdiction d'effectuer toute nouvelle inscription. De manière générale, interdiction leur est faite de prêter leur service en vue de l'aliénation des immeubles concernés ou de s'associer à toute action tendant à grever lesdits immeubles de droits réels ou charges.

Il est souhaitable que le Ministère en charge des affaires foncières conscientise davantage ses services déconcentrés, notamment les Conservations de propriétés foncières, sur l'importance de leur mission sur la sécurité juridique poursuivie par l'OHADA[195]. Alors qu'ils doivent procéder à la publication des commandements dans les trois mois de leur dépôt[196], beaucoup de conservateurs n'observent pas cette prescription, exposant les créanciers à la caducité de leurs commandements et, par suite, à de coûteuses reprises des formalités.

A partir de la publication du commandement, on l'a dit, l'immeuble est sous main de justice. Ainsi assurés de son indisponibilité, le créancier saisissant et ceux inscrits peuvent sereinement entreprendre la préparation de la vente.

B- La préparation de la vente

La mise sous main de justice de l'immeuble est suivie de préparatifs minutieux qui peuvent être regroupés en quatre séries d'opérations destinées à assurer la régularité et le succès de la transformation de la sûreté en argent. Il s'agit de la rédaction et du dépôt du cahier des charges (1), de la sommation d'en prendre connaissance (2), de l'audience éventuelle (3) et de la publicité en vue de la vente (4).

1- La rédaction et le dépôt du cahier des charges

L'article 266 de l'AUVE définit le cahier des charges comme « *Le document rédigé et signé par l'avocat du créancier poursuivant, qui précise les conditions et modalités de la vente de l'immeuble saisi* ». L'article 267 quant à lui, en détermine les éléments constitutifs. Ainsi, le cahier des charges doit, aux termes de ce texte, contenir, à peine de nullité : l'intitulé de l'acte ; l'énonciation du titre exécutoire en vertu duquel les poursuites sont exercées contre le débiteur et du commandement avec la mention de sa publication ainsi que des autres actes et décisions judiciaires intervenus postérieurement au commandement et qui ont été notifiés au créancier poursuivant ; l'indication de la juridiction ou du notaire convenu entre le poursuivant et le saisi, devant qui l'adjudication est poursuivie ;

---

[195]D'où, peut-être la création, au sein de ce département ministériel, des guichets uniques de facilitation de l'accès aux droits de la terre au bénéfice des opérateurs économiques, et un programme d'appui à la modernisation du cadastre et du climat des affaires (PAMOCCA).

[196]Art. 259 al. 3 de l'AUVE : « *Si un commandement n'a pas été déposé au bureau de la conservation foncière ou à l'autorité administrative concernée dans les trois mois de sa publication, puis effectivement publié, le créancier ne peut reprendre les poursuites qu'en les réitérant* ».

l'indication du lieu où se tiendra l'audience éventuelle ; les noms, prénoms, profession, nationalité, date de naissance et domicile du créancier poursuivant ; les noms, qualité et adresse de l'avocat poursuivant ; la désignation de l'immeuble saisi dans le commandement ou le procès-verbal de description dressé par l'huissier ; les conditions de la vente et, notamment, les droits et obligations des vendeurs et adjudicataires ; le rappel des frais de poursuite et toute condition particulière ; le lotissement, s'il y a lieu.

En faisant mention de la juridiction ou du notaire convenu devant qui l'adjudication sera poursuivie, le cahier des charges se conforme aux dispositions de l'article 282 alinéa1er de l'AUVE selon lesquelles la vente de l'immeuble a lieu, soit à la barre de la juridiction compétente, soit à l'étude du notaire convenu. L'intervention du notaire n'est donc pas automatique, il faut que les parties soient convenues qu'il en sera ainsi. Cet accord est généralement contenu dans la convention notariée d'hypothèque.

Le cahier des charges doit, en outre contenir, sous la même sanction, une mise à prix de l'immeuble. La fixation de ce prix par le poursuivant est souvent délicate. En effet, pour ne pas éloigner les éventuels enchérisseurs, le chiffre choisi ne doit pas être trop élevé ; il ne doit pas être non plus faible car, il pèsera alors sur l'opération, une suspicion de braderie punitive. L'article 267-10[197]fournit à cet égard, quelques pistes d'orientation, d'abord en indiquant le prix plancher, ensuite, en suggérant l'évaluation faite par les parties lors de la conclusion de l'hypothèque conventionnelle ou alors, la mercuriale immobilière du moment.

Même fixée à dires d'expert, la mise à prix peut être modifiée par la juridiction compétente[198].

Le cahier des charges doit être déposé au greffe de la juridiction compétente dans le ressort de laquelle se trouve l'immeuble dans un délai maximum de cinquante (50) jours à compter de la publication du commandement, à peine de déchéance. Le greffier dresse un acte de

---

[197]Art. 267-10 de l'AUVE : « *Le cahier des charges contient, à peine nullité [...] la mise à prix fixée par le poursuivant, laquelle ne peut être inférieure au quart de la valeur vénale de l'immeuble. La valeur de l'immeuble doit être appréciée, soit au regard de l'évaluation faite par les parties lors de la conclusion de l'hypothèque conventionnelle, soit, à défaut, par comparaison avec les transactions portant sur des immeubles de nature et situation semblables.* »

[198]CCJA, arrêt n° 103 du 4 nov. 2014, Rec. n° 22, p. 133.

dépôt constatant que celui-ci a eu lieu dans le délai et contenant la date de la vente, qui doit intervenir quarante-cinq (45) jours au plus tôt, et quatre-vingt-dix (90) jours au plus tard après ledit dépôt.

Au greffe où il est déposé, le cahier des charges est tenu à la disposition des personnes intéressées, que la loi ordonne de prévenir, afin qu'elles fassent connaître en temps utile leurs observations ou leurs critiques.

2- La sommation de prendre communication du cahier des charges

Dans les huit jours au plus tard après le dépôt du cahier des charges, l'article 269 alinéa 1er de l'AUVE prescrit que le créancier saisissant adresse au saisi et aux créanciers inscrits, sommation de prendre communication du cahier des charges au greffe, afin d'y insérer, s'ils le jugent utile, leurs dires et observations. Cette sommation, poursuit l'article 270, indique, à peine de nullité : les jour et heure d'une audience dite éventuelle au cours de laquelle il sera statué sur les dires et observations qui auraient été formulés, cette audience ne pouvant avoir lieu moins de trente jours après la dernière sommation ; les jour et heure prévus pour l'adjudication, qui doit avoir lieu entre le trentième et le soixantième jour après l'audience éventuelle ; que les dires et observations seront reçus, à peine de déchéance, jusqu'au cinquième jour précédant l'audience éventuelle.

Si, parmi les créanciers inscrits, se trouve le vendeur de l'immeuble non payé ou une personne susceptible d'exercer une poursuite en folle enchère, la sommation contiendra en outre, la mention qu'à défaut de former et de faire mentionner à la suite du cahier des charges, dans le même délai – cinq jours au moins avant l'audience éventuelle– la demande en résolution d'une vente antérieure, ou la poursuite de folle enchère d'une réalisation forcée antérieure, ils seront déchus de leur droit d'exercer ces actions à l'encontre de l'adjudicataire. Si l'une ou l'autre de ces actions est exercée[199], précise l'article 271 alinéa1, il est sursis aux poursuites en ce qui concerne les immeubles frappés de l'action résolutoire ou de la folle enchère.

On le voit bien, la sommation de prendre communication du cahier des charges déclenche la mise en œuvre du principe du contradictoire

[199]La demande en résolution est, évidemment, portée devant la juridiction où est poursuivie la vente sur saisie, cf art. 271 al. 2 de l'AUVE.

en ce qu'elle tient les intéressés au courant de la procédure et leur offre l'occasion de formuler à son sujet toutes les critiques jugées nécessaires.

Premier intéressé, le saisi doit recevoir la sommation à personne ou à domicile réel, tandis que les créanciers inscrits, autres intéressés, peuvent la recevoir à leurs domiciles élus[200].

3- L'audience éventuelle

La dénomination « *audience éventuelle* » dit assez sur ce qu'elle est : une audience qui ne peut se tenir véritablement que s'il y a eu dires et observations[201]. Ceux-ci ne sont rien moins que des contestations qui, logiquement, trouveront place dans les développements ultérieurs consacrés au contentieux de la saisie immobilière. En l'absence des dires et observations, le greffier en chef de la juridiction compétente délivre une attestation de leur inexistence, laquelle permettra au créancier saisissant de passer à l'étape suivante, celle de la publicité.

4- La publicité préparatoire à l'adjudication

Il est de l'intérêt du ou des poursuivants de donner à la vente de l'immeuble saisi, la plus large publicité possible pour que le concours de nombreux acheteurs porte les enchères au meilleur prix. A cette fin, la loi ordonne au poursuivant de prendre, trente jours au plus tôt et quinze jours au plus tard avant la vente, des mesures de publicité dont les articles 276 à 278 de l'AUVE fournissent le détail. Un double procédé est prévu à cet effet.

Le premier consiste dans l'insertion, dans un journal d'annonces légales, d'un extrait du cahier des charges. Cette insertion, faite sur l'initiative de l'avocat poursuivant et signée de lui, doit contenir, à peine de nullité : les noms, prénoms, professions, domiciles ou demeures des parties et de leurs avocats ; la désignation des immeubles saisis telle qu'elle est insérée dans le cahier des charges ; la mise à prix ; l'indication des jour, lieu et heure de l'adjudication et de la juridiction compétente devant laquelle elle se fera.

---

[200]Art. 269 al. 2 de l'AUVE : « *À peine de nullité, cette sommation est signifiée au saisi, à personne ou à domicile, et aux créanciers inscrits à domicile élu.* »

[201]Il en sera traité infra, sur les développements consacrés aux incidents de la saisie immobilière.

Le second procédé de publicité consiste dans l'apposition d'affiches en forme de placards, contenant les mêmes indications que celles prévues dans le journal d'annonces légales. Ces placards sont apposés à la porte du domicile du saisi, à la porte de la juridiction compétente ou du notaire convenu, ainsi que dans les lieux officiels d'affichage de la commune de la situation de l'immeuble.

L'accomplissement de l'insertion est justifié par un exemplaire du journal, signé de l'imprimeur, tandis que celui de l'affichage est justifié par un procès-verbal d'huissier.

Faite en vue d'attirer le maximum d'acheteurs éventuels, la publicité ouvre la voie à l'adjudication.

C- L'adjudication

Avant dernière, mais non moins importante étape de la procédure de la saisie immobilière, l'adjudication est la vente de l'immeuble saisi aux enchères publiques. Elle a lieu soit à l'étude du notaire convenu s'il a été consensuellement décidé qu'il en sera ainsi, soit devant la juridiction compétente. Moment crucial de la saisie, elle produit des effets importants (2) –souvent dramatiques – lorsque la procédure a été bien suivie (1).

1- La procédure d'adjudication

L'adjudication n'a lieu que si elle est demandée par l'avocat poursuivant ou par tout créancier inscrit[202]. En interdisant au tribunal d'engager d'office l'adjudication, le législateur communautaire a voulu laisser au débiteur, jusqu'à la dernière minute, une chance d'éviter la vente forcée de son bien. S'il n'en use pas et si la détermination du ou des créanciers se confirme, le tribunal siège à la date fixée pour l'adjudication. Toutefois, précise l'article 281 de l'AUVE, le report de celle-ci est possible « *pour causes graves et légitimes* ». Ce texte donne ainsi au tribunal la faculté d'accorder, par une décision rendue sur requête déposée cinq jours au moins avant le jour fixé pour la vente, un report ne pouvant excéder soixante jours.

---

[202] Art. 280 de l'AUVE : « *Au jour indiqué pour l'adjudication, il est procédé à la vente sur la réquisition, même verbale, de l'avocat du poursuivant ou de tout créancier inscrit. Celui-ci indique publiquement le montant des frais de poursuite préalablement taxés par le président de la juridiction compétente.* »

Au jour retenu, s'ouvrent à la barre de la juridiction compétente, les enchères publiques consistant dans les offres successives et de plus en plus élevées, présentées par les personnes qui désirent acquérir l'immeuble. Celui qui fait l'offre la plus importante est déclaré adjudicataire.

Toute personne peut en principe enchérir et être déclarée adjudicataire, sous condition de prise en compte des incapacités de droit commun : les personnes qui en sont frappées devraient, pour enchérir, se faire représenter, assister ou autoriser, selon le cas. A ces incapacités de droit commun, la loi communautaire ajoute les personnes frappées d'une incapacité spéciale de se rendre adjudicataires, tels que le saisi et son avocat, les membres de la juridiction compétente devant laquelle se déroule la vente, les personnes notoirement insolvables et l'avocat poursuivant. L'article 284 de l'AUVE sanctionne la transgression de ces interdictions de la nullité de l'adjudication, sans préjudice des dommages-intérêts.

L'audience d'adjudication obéit à un rituel quasi mystique, dont les articles 283 à 286 de l'AUVE fournissent l'essentiel des détails.

Il en ressort que, pour aboutir à l'adjudication, des propositions successives sont faites à partir de la mise à prix, chaque offre étant supérieure à l'offre précédente. L'élévation du prix décourage progressivement les amateurs, jusqu'à ce qu'un seul d'entre eux reste en lice. L'adjudication est alors prononcée à son profit.

Il est prescrit au tribunal l'emploi d'un procédé archaïque, celui des bougies dont la flamme doit s'éteindre au bout d'une minute pour qu'après chaque enchère, un même délai de réflexion soit laissé à tous les enchérisseurs. Ainsi, avant l'ouverture des enchères, il est préparé des bougies dites d'adjudication dont l'une est allumée aussitôt la mise à prix annoncée.

Si, pendant la durée d'une bougie, il survient une enchère, celle-ci ne devient définitive et n'entraîne l'adjudication que s'il n'en survient pas une nouvelle avant l'extinction de deux autres. L'enchérisseur cesse d'être obligé si son enchère est couverte par une autre alors même que l'enchère nouvelle serait déclarée nulle.

Si, après la mise à prix, trois minutes s'écoulent –le temps de trois bougies – sans qu'un enchérisseur se présente, l'immeuble est adjugé au poursuivant, pour le montant de la mise à prix, à moins qu'il ne demande la remise de l'adjudication à une autre audience sur une mise à prix nouvelle.

L'adjudication est prononcée par décision de la juridiction compétente, au profit, soit de l'avocat qui a enchéri le dernier, soit du poursuivant pour le montant de la mise à prix, s'il n'y a pas eu d'enchères.

L'avocat dernier enchérisseur est tenu, dans les trois jours de l'adjudication, de révéler le nom du véritable adjudicataire dont il était le mandataire. Il doit en ce cas, fournir l'acceptation de celui-ci ou représenter son pouvoir. Faute de se plier à cette exigence, il sera déclaré adjudicataire en son nom.

L'adjudicataire révélé par l'avocat a, dans les vingt-quatre heures, la faculté de faire connaître, par une déclaration dite « de command », que ce n'est pas pour son compte qu'il s'est rendu acquéreur, mais pour une autre personne dont il révèle alors le nom.

Rien, si ce n'est la force de l'usage, ne justifie ces tours de passe-passe. Leur suppression et l'indication du véritable enchérisseur lors de l'adjudication n'enlèvent rien à l'authenticité de la procédure ; au contraire, ceci satisferait l'objectif de mise en concurrence des enchérisseurs selon une procédure transparente.

Une fois le jugement d'adjudication rendu, il est délivré une expédition à l'adjudicataire après paiement des frais de poursuite et du prix d'adjudication, et après accomplissement de toutes les conditions du cahier des charges, qui doivent être exécutées dans les vingt jours de l'adjudication.

Si l'adjudicataire est seul créancier inscrit ou privilégié du saisi, il n'est tenu de payer, outre les frais, que le montant du prix d'adjudication excédant sa créance.

La quittance et les pièces justificatives sont annexées à la minute de la décision d'adjudication et reproduites à la suite de l'expédition. L'adjudicataire qui n'apporte pas ces justifications dans les vingt jours de l'adjudication peut être poursuivi pour folle enchère. Il est en outre tenu, dans le même délai et sous la même sanction, de déposer son titre devenu définitif à la conservation foncière, aux fins d'inscription. Le Conservateur procède à la mention de ce dépôt en marge du commandement publié. Il procède également à la radiation de tous les privilèges et hypothèques. Les créanciers n'ont alors plus d'actions que sur le prix.

Lorsque la saisie porte sur les impenses réalisées par le débiteur sur un terrain dont il n'est pas propriétaire mais qui lui a été affecté par une décision d'une autorité administrative et que l'adjudication est devenue définitive, une expédition de la décision d'adjudication est déposée auprès de cette autorité aux fins de mention en marge de la décision d'affectation. L'autorité administrative procède à la radiation de toutes les mentions opérées en marge de la décision d'affectation initiale et transfère l'affectation au profit de l'adjudicataire. Les créanciers n'ont plus d'action que sur le prix.

2- Les effets de l'adjudication

L'adjudication opère transfert à l'adjudicataire, de la propriété de l'immeuble (a), et purge celui-ci des privilèges et hypothèques qui le grevaient (b).

a) Le transfert de propriété

Le résultat principal de l'adjudication est d'ôter au saisi sa qualité de propriétaire pour en investir le tiers qui s'est porté adjudicataire. On parle de transport de la chose (immeuble) adjugée en la puissance et la possession de l'adjudicataire.

Mais quel droit ce dernier va-t-il recueillir ? La solution retenue par l'AUVE est fortement inspirée du droit romain. Celui-ci considérait l'adjudication comme une vente ordinaire par laquelle l'adjudicataire était réputé avoir les mêmes droits et était soumis aux mêmes obligations qu'un acheteur ordinaire, de sorte qu'il acquérait la propriété du saisi dans l'état où elle se trouvait, avec toutes les charges dont elle pouvait être affectée, et devait supporter les mêmes obligations que lui (*nemo plus juris…*). Il en résultait que le droit de propriété de l'adjudicataire était entaché des mêmes vices (exemple : lésion), et grevé des mêmes charges (exemple : bail) que celui du propriétaire précédent. De même, si le saisi n'avait qu'un droit de propriété annulable ou rescindable, l'adjudicataire n'était pas à l'abri des actions en nullité ou en rescision. C'est ce système qu'a adopté le législateur communautaire. L'article 296 dispose en effet que « *l'adjudication, même publiée au bureau de la conservation foncière, ne transmet à l'adjudicataire, d'autres droits réels que ceux appartenant au saisi* ».

b) La purge des privilèges et hypothèques

Si, par l'effet de l'adjudication, l'adjudicataire acquiert les droits et supporte les obligations du saisi, il se trouve en revanche efficacement protégé à l'encontre des créanciers pourvus de privilèges et hypothèques. En effet, la règle, qui transparaît de l'article 294 alinéa 3 de l'AUVE[203] est que la transcription du jugement définitif d'adjudication purge de plein droit les privilèges et hypothèques qui grevaient l'immeuble, les créanciers nantis de ces sûretés n'ayant plus d'actions que sur le prix. Cette solution se justifie par la nécessité d'assurer à l'adjudicataire une sécurité maximum, dont les créanciers nantis de sûretés réelles ne sauraient trop se plaindre, ayant été avertis de la procédure par les sommations qui leur ont été adressées et ayant eu toutes possibilités de la surveiller et d'agir pour la préservation de leurs intérêts. Qui plus est, la purge ne leur ôte pas leur droit de préférence, mais seulement leur droit de suite.

D- La distribution du produit de l'adjudication

Les formalités qui précèdent (mise de l'immeuble sous main de justice, préparation de la vente et la vente) ont pour finalité la distribution des sommes provenant de la vente de l'immeuble saisi. Avant l'AUVE, la législation camerounaise en la matière était issue du droit français qui avait institué une procédure de distribution appelée ordre. Dans celle-ci, les créanciers étaient payés les uns après les autres d'après le rang de leur privilège ou hypothèque. De la sorte, certains étaient désintéressés intégralement s'ils venaient en rang utile ; d'autres ne recevaient qu'un paiement partiel, et d'autres enfin ne touchaient rien du tout, étant les derniers de la liste. Pour essayer de pallier les inconvénients de cette pratique, deux procédures d'ordre étaient instituées : l'une consensuelle, l'autre judiciaire, cette dernière intervenant après l'échec de la première.

L'AUVE a à peu près fait le même choix mais s'est efforcé d'alléger la procédure, des longues et dispendieuses formalités antérieures. En effet, la procédure d'ordre consensuelle – qui seule sera traitée ici, les présents développements étant consacrés à la saisie immobilière dégagée d'incidents – est celle que préconise l'AUVE en ses articles 324 et 325. Elle suppose l'accord du créancier saisissant et des créanciers inscrits sur les modalités de la distribution entre eux.

[203]Art. 294 al. 3 de l'AUVE : « *Le Conservateur procède à la mention de cette publication en marge de la copie du commandement publié. Il procède également à la radiation de tous les privilèges et hypothèques inscrits qui se trouvent purgés par la vente, même de ceux inscrits postérieurement à la délivrance des états d'inscription. Les créanciers n'ont, alors, plus d'action que sur le prix.* »

Un tel accord n'est évidemment pas nécessaire en cas de créancier unique : le produit de la vente lui est alors remis à concurrence du montant de sa créance en principal, frais et intérêts, dans un délai de quinze (15) jours au plus tard à compter du versement du prix de la vente. Dans ce même délai, le solde est remis au débiteur, le cas échéant. A l'expiration de ce délai, les sommes qui sont dues produisent intérêts au taux légal.

La répartition consensuelle intervient si les créanciers (inscrits ou privilégiés) s'entendent sur ce genre de distribution. Leur accord est constaté dans un acte sous seing privé ou notarié, que les cocontractants adressent à l'huissier instrumentaire. Celui-ci doit procéder au règlement des créanciers dans les quinze (15) jours de la réception de l'accord. Dans le même délai, le solde, s'il y en a, est remis au débiteur. A l'expiration de ce délai, les sommes qui sont dues produisent intérêts au taux légal.

Le schéma ci-dessus décrit est purement théorique. En effet, si on peut l'imaginer sans incidents, la saisie immobilière ne peut pratiquement se dérouler sans ceux-ci, auxquels l'Acte Uniforme réserve une place essentielle.

Paragraphe 2 : La procédure de saisie immobilière émaillée d'incidents

Les incidents de la saisie immobilière sont les contestations nées à l'occasion de la procédure y relative et qui ont pour effet, soit de suspendre ou d'arrêter sa marche, soit de modifier la physionomie de la demande. Comme relevé ci-dessus, les incidents sont consubstantiels à la saisie immobilière, les débiteurs y ayant systématiquement recours et le législateur communautaire en ayant fait une articulation essentielle de la procédure.

Les incidents de la saisie immobilière sont jugés par les juridictions qu'il importe de bien identifier (A), avant d'examiner le régime desdits incidents (B).

A- La juridiction compétente en matière de saisie immobilière

Les développements qui précèdent n'ont eu de cesse d'évoquer la juridiction compétente. Le moment est venu de désigner exactement cette juridiction en mettant en exergue, ses compétences territoriale (1) et matérielle (2).

1- La juridiction compétente ratione loci

L'article 248 alinéa 1er de l'AUVE désigne comme territorialement compétente pour connaître des incidents de la saisie immobilière, la juridiction du ressort territorial où se trouvent les immeubles concernés. Il n'y a rien de particulier dans cette désignation qui est une simple application de la règle processuelle selon laquelle la juridiction territorialement compétente en matière réelle est celle de la situation de l'objet litigieux. Le deuxième alinéa de l'article 248 précise, sans remettre en cause le principe acquis, que la vente forcée des immeubles dépendant d'une même exploitation situés dans le ressort de plusieurs juridictions se poursuit devant l'une quelconque de celles-ci.

2- La juridiction compétente ratione materiae

L'Acte Uniforme ne la désigne pas avec toute la netteté requise. En effet, l'article 248 énonce de manière sibylline que : « *La juridiction devant laquelle la vente est poursuivie est celle ayant plénitude de juridiction dans le ressort territorial où se trouvent les immeubles* ».

Au Cameroun, la saisie immobilière et son contentieux se déroulent exclusivement au tribunal de grande instance. Est-ce parce que cette juridiction remplit la condition posée par l'article 248 précité, relative à la plénitude de juridiction ? La réponse affirmative ne saurait être péremptoire. En effet, l'expression « plénitude de juridiction » est utilisée pour traduire l'aptitude d'une juridiction à connaître de tout le contentieux privé dont la connaissance n'est pas attribuée à d'autres juridictions. Le tribunal de grande instance camerounais a-t-il donc plénitude de juridiction au sens sus indiqué ? Rien n'est moins sûr, si l'on tient compte du fait que la loi de ce pays portant organisation judiciaire[204] donne un caractère exclusif et impératif à la compétence des juridictions qu'elle a créées. Ainsi, ladite loi en son article 15 donne compétence exclusive et impérative au tribunal de première instance dans les affaires civiles, commerciales et sociales dont le montant évalué en argent est inférieur ou égal à dix millions de francs, tandis que l'article 18 donne au tribunal de grande instance, compétence exclusive et impérative dans le même type d'affaires, lorsque le montant évalué en argent est supérieur à dix millions de

[204] Loi n° 2006/015 du 29 décembre 2006 portant organisation judiciaire, modifiée et complétée par la loi n° 2011/027 du 14 décembre 2011.

francs. L'unanimité faite au Cameroun sur la désignation du tribunal de grande instance procède, probablement, du postulat empirique selon lequel l'intérêt du litige en cette matière ne saurait être inférieur à dix millions de francs.

Le tribunal de grande instance ratisse large, surtout l'audience éventuelle, qui est le réceptacle d'un contentieux varié, englobant toutes les questions de fait et de droit susceptibles d'être soulevées après la signification du commandement, à l'exception, bien sûr, des contestations touchant au fond du droit, c'est-à-dire, susceptibles de remettre en cause le titre exécutoire. L'AUVE en esquisse une énumération au chapitre 5 du huitième titre, en évoquant tour à tour, les incidents nés de la pluralité des saisies, ceux nés des demandes en distraction et ceux nés des demandes en annulation.

Une lecture transversale de l'AUVE donne à voir que la compétence d'attribution du tribunal n'est pas exclusive, son président jouant aussi, de temps en temps, un rôle. En effet, il lui est reconnu le pouvoir :

- d'autoriser la vente simultanée des immeubles situés dans les ressorts des juridictions différentes (art.252 de l'AUVE) ;
- d'autoriser le créancier à requérir l'immatriculation de ou des immeubles non immatriculés, préalablement à la saisie (art. 253 al.1 de l'AUVE) ;
- d'autoriser l'huissier instrumentaire à pénétrer dans l'immeuble concerné, pour y recueillir les renseignements utiles à la rédaction du commandement (art.256 de l'AUVE) ;
- de statuer sur les difficultés liées à l'immobilisation des fruits naturels ou industriels, les loyers et fermages recueillis postérieurement au dépôt du commandement (art.263 al.1 de l'AUVE) ;
- d'autoriser la dépossession du saisi de l'immeuble, s'il occupe celui-ci (art.263 al.2 de l'AUVE) ;
- de désigner un expert pour fixer la mise à prix, lorsque celle-ci est contestée (art.272 de l'AUVE) ;
- de statuer sur la répartition du prix d'adjudication (art. 326 de l'AUVE) ;
- d'autoriser le créancier à prendre inscription provisoire d'hypothèque sur les immeubles de son débiteur (art. 136 de l'AUS).

B- Les incidents de la saisie immobilière

Des règles de procédure communes régissent ces incidents (1) à côté des règles spécifiques à chacun (2).

1- Les règles procédurales communes aux incidents de la saisie immobilière

Elles ont trait au moment de la saisine de la juridiction (a), aux modalités de la saisine (b) et de jugement (c).

a) Le moment de la saisine de la juridiction

Deux périodes ponctuent ce moment : l'audience éventuelle (*i*) et l'après-audience éventuelle (*ii*).

i) Le moment de la saisine en vue de l'audience éventuelle

Par souci de célérité et d'efficacité, le législateur communautaire a institué l'audience dite éventuelle comme réceptacle de tous les incidents de la saisie immobilière à l'effet d'accueillir les critiques de toutes natures que les parties, spécialement les débiteurs, désireraient formuler contre la saisie. Le vœu du législateur communautaire à cet égard, est que tous les incidents en rapport avec la saisie soient purgés à cette audience afin que la procédure se poursuive, nette de tout obstacle juridique. C'est du reste pourquoi cette audience a été placée juste après la signification du commandement, le souhait étant qu'après cette audience, plus rien ne vienne entraver le cours des opérations, question d'assurer à l'adjudicataire toute la sécurité nécessaire dans la jouissance de l'immeuble acquis.

Les contestations et demandes incidentes à porter à l'audience éventuelle doivent l'être cinq jours au plus tard avant le jour fixé pour la tenue de cette audience, à peine de déchéance[205].

ii)Le moment de la saisine postérieurement à l'audience éventuelle

Conscient de la gravité des conséquences de l'expropriation immobilière forcée et des limites de son vœu de voir toutes les

[205] 270-3 & 311 de l'AUVE : « *Cette sommation indique, à peine de nullité [...] que les dires et observations seront reçus, à peine de déchéance jusqu'au cinquième jour précédant l'audience éventuelle [...] Les moyens de nullité [...] contre la procédure qui précède l'audience éventuelle doivent être soulevés, à peine de déchéance, par un dire annexé au cahier des charges cinq jours, au plus tard, avant la date fixée pour cette audience [...]* »

contestations vidées à l'audience éventuelle, le législateur communautaire a poussé la mansuétude à l'extrême en ouvrant encore la voie aux contestations après l'audience éventuelle par l'institution de deux autres moments de contestations : d'abord lors de l'adjudication (α) et après celle-ci (β), assortis cependant de conditions très restrictives.

α) Lors de l'adjudication

Au moment de l'adjudication, les contestations et demandes incidentes ne sont admises que dans quatre cas limitativement énumérés par l'article 299 de l'AUVE[206] . Il s'agit : *primo*, des demandes fondées sur un fait ou un acte survenu ou révélé postérieurement à l'audience éventuelle ; *secundo*, des demandes en distraction de tout ou partie des biens saisis ; *tertio*, des demandes en nullité de tout ou partie de la procédure suivie à l'audience éventuelle ; *quarto*, des demandes en radiation de la saisie.

Les contestations et demandes incidentes doivent être portées à l'audience d'adjudication dans un délai de huit jours au moins avant ladite audience. L'adjudicataire est écarté du cercle des bénéficiaires de ce droit.

β) Après l'adjudication

Après l'adjudication et alors qu'il ne devrait plus rester que la prise de possession de l'immeuble par le créancier saisissant, d'autant plus que l'article 293 de l'AUVE[207] prohibe l'exercice de tout recours contre la décision judiciaire d'adjudication, l'article 313 du même Acte Uniforme vient infléchir le principe posé en permettant la remise en cause de la décision d'adjudication. Les dispositions de ce texte sont précisément les suivantes : « *La nullité de la décision judiciaire ou du procès-verbal notarié d'adjudication ne peut être demandée par*

[206]Art. 299 de l'AUVE : « *Les contestations ou demandes incidentes doivent, à peine de déchéance, être soulevées avant l'audience éventuelle.*
Toutefois, les demandes fondées sur un fait ou un acte survenu ou révélé postérieurement à cette audience et celles tendant à faire prononcer la distraction de tout ou partie des biens saisis, la nullité de tout ou partie de la procédure suivie à l'audience éventuelle ou la radiation de la saisie, peuvent encore être présentées après l'audience éventuelle, mais seulement, à peine de déchéance, jusqu'au huitième jour avant l'adjudication. »
[207]Art. 293 de l'AUVE : « *La décision judiciaire ou le procès-verbal d'adjudication établi par le notaire, ne peut faire l'objet d'aucune voie de recours, sans préjudice des dispositions de l'article 313.* »

voie d'action principale en annulation portée devant la juridiction compétente dans le ressort de laquelle l'adjudication a été faite, que dans un délai de quinze jours suivant l'adjudication.

Elle ne peut être demandée que pour des causes concomitantes ou postérieures à l'audience éventuelle, par tout intéressé, à l'exception de l'adjudicataire. L'annulation a pour effet d'invalider la procédure à partir de l'audience éventuelle ou postérieurement à celle-ci selon les causes d'annulation. »

Ainsi, si le texte précité ferme toute voie de recours contre la décision d'adjudication, il permet toutefois l'annulation de cette décision au moyen d'une action principale en annulation. Celle-ci doit être intentée dans les quinze (15) jours suivant l'adjudication, devant le tribunal dans le ressort duquel l'adjudication a eu lieu, et elle ne doit viser que les causes concomitantes ou postérieures à l'audience éventuelle, le tout, à l'exclusion de l'adjudicataire.

b) Les modalités de saisine de la juridiction

Comment les incidents de la saisie immobilière sont-ils portés devant le tribunal de grande instance ? Les articles 298 al. 1 et 311 de l'AUVE apportent à cette question quelques éclairages utiles. Le premier dispose que « *Toute contestation ou demande incidente relative à une poursuite de saisie immobilière formulée postérieurement à la signification du commandement est formée par simple acte d'avocat contenant les moyens et conclusions. Elle est formée, contre toute partie n'ayant pas constitué d'avocat, par requête avec assignation* ». Le second texte quant à lui dispose que « *Les moyens de nullité, tant en la forme qu'au fond, à l'exception de ceux visés par l'article 299 alinéa 2, contre la procédure qui précède l'audience éventuelle, doivent être soulevés, à peine de déchéance, par un dire annexé au cahier des charges, cinq jours au plus tard avant la date fixée pour cette audience [...]* ».

Il résulte de ces textes que le mode normal de saisine de la juridiction compétente statuant sur les incidents de la saisie immobilière est l'acte d'avocat à avocat, c'est-à-dire, de simples conclusions d'avocat adressées à la juridiction et remises en double exemplaire à l'avocat de la partie adverse, lequel restitue aussitôt l'un des exemplaires à son confrère assorti de son accusé de réception. Il en est ainsi sauf, lorsque la partie défenderesse n'a pas constitué avocat, auquel cas l'assignation est usitée.

Cependant, si des moyens de nullité de la procédure pour vices de forme ou de fond sont soulevés avant l'audience éventuelle, ceux-ci sont portés à ladite audience par dires annexés au cahier des charges[208].

c- Les modalités de jugement des incidents

La procédure est marquée du sceau de l'urgence. Les articles 273 et 298 de l'AUVE qui en sont l'illustration disposent en substance que les incidents sont instruits et jugés d'urgence, la remise de cause ne pouvant avoir lieu que pour des causes graves et dûment justifiées[209].

L'audience éventuelle notamment, se déroule suivant les principes directeurs de l'audience civile (publicité des débats, respect du principe du contradictoire, échange des conclusions, etc.).

Le tribunal prend toutes les décisions qui s'imposent, en rapport avec les questions soulevées. Il peut même ordonner d'office certaines mesures, par exemple, la distraction de certains biens lorsqu'il constate que leur valeur globale est disproportionnée par rapport au montant de la créance ou encore la modification du montant de la mise à prix s'il est inférieur au quart de la valeur vénale de l'immeuble[210].

Les voies de recours sont soumises à des restrictions considérables édictées, ou plus exactement renforcées par l'AUVE, pour qu'elles ne soient utilisées à des fins dilatoires. Ainsi, les jugements rendus à l'audience éventuelle ne sont pas susceptibles d'opposition ; ils ne peuvent être frappés d'appel que lorsqu'ils statuent sur le principe même de la créance, ou sur des moyens de fond tirés de l'incapacité

---

[208]Le raisonnement a contrario conduit à la déduction selon laquelle, après l'audience éventuelle, les moyens de nullité doivent être soulevés par acte d'avocat à avocat ou par assignation le cas échéant.

[209]Il est pourtant rare que l'audience éventuelle se tienne une seule fois, sans renvoi.

[210]Art. 275 de l'AUVE : « *La juridiction compétente peut, d'office, à l'audience éventuelle et si nécessaire, après consultation par écrit d'un expert, recueillie sans délai :*

Ordonner la distraction de certains biens saisis toutes les fois que leur valeur globale apparaît disproportionnée par rapport au montant des créances à récupérer ;

Modifier le montant de la mise à prix si celle-ci n'a pas été fixée conformément aux dispositions de l'article 270-10 ci-dessus ;

Dans ce cas la juridiction compétente informe les parties de son intention de modifier le cahier des charges et les invite à présenter leurs observations dans un délai de cinq jours ; elle leur indique, si besoin est, les jour et heure de l'audience si l'affaire n'a pu être jugée à la date initialement prévue. »

d'une des parties, de la propriété, de l'insaisissabilité ou de l'inaliénabilité des immeubles saisis.

La décision de la juridiction d'appel n'est non plus susceptible d'opposition ; elle est susceptible de pourvoi devant la CCJA.

L'appel est exercé dans les conditions de droit commun, proclame l'article 300 alinéa 4 de l'AUVE[211] dont l'interprétation divergente[212] a conduit la CCJA à préciser que le droit commun en question est celui découlant de l'article 49 de l'AUVE, texte de portée générale qui fixe le délai d'appel à quinze jours à compter du prononcé de la décision[213]. Le délai d'appel, comme l'exercice de cette voie de recours, n'ont pas un caractère suspensif, sauf décision contraire spécialement motivée du président de la cour d'appel.

Dans le même ordre d'idées, le pourvoi en cassation doit être exercé suivant les forme et délais prévus par le Traité OHADA et le règlement de procédure de la CCJA[214].

Devenue définitive, la décision rendue à l'audience éventuelle est transcrite sur le cahier des charges par le greffier ; elle est levée et signifiée à la demande de la partie la plus diligente.

En cas de rejet de la ou des demandes, le tribunal est à nouveau saisi pour fixer une nouvelle date d'audience si celle antérieurement fixée ne peut être maintenue, afin de continuation de la poursuite.

Si la ou les demandes sont fondées, il est fait droit en tout ou en partie aux prétentions du demandeur. S'il s'agit des moyens de nullité, la poursuite peut être reprise à partir du dernier acte valable et les délais pour accomplir les actes suivants courent à compter de la signification de la date de la décision qui a prononcé la nullité.

2- Les règles spécifiques à chacun des incidents

Une lecture attentive de l'AUVE donne à voir que les incidents de la saisie immobilière se décomposent en deux types : les demandes incidentes (a) et les contestations (b). L'AUVE définit le régime processuel spécifique à chacun d'eux.

[211]Art. 300 al. 4 de l'AUVE : « *Les voie de recours sont exercées dans les conditions de droit commun.* »

[212]D'aucuns ayant estimé qu'il s'agit d'un renvoi au code de procédure civile.

[213]CCJA, arrêt n° 013/2002 du 18 avril 2002, Rec, n° spécial, janv. 2003, p. 58 ; arrêt n° 059/2012 du 7 juin 2012, juridata n° j059-06/2012.

[214]Notamment l'article 28 qui fixe le délai de pourvoi à deux mois à compter de la signification de la décision attaquée.

a) Les demandes incidentes

Les demandes incidentes sont celles nées de la pluralité des saisies (*i*) et de la surenchère (*ii*).

i) La pluralité des saisies

Sous le couvert de la pluralité des saisies, plusieurs situations sont envisageables.

D'abord, le fait que plusieurs créanciers d'un même débiteur ont engagé séparément une procédure de saisie contre un seul immeuble de ce débiteur. Il n'y aura qu'une seule procédure : celle qui aura été engagée par le premier saisissant. Le Conservateur ou l'autorité administrative doit refuser de transcrire les commandements postérieurs au premier, dit l'article 260 de l'AUVE[215] qui fait là, application de la règle *« saisie sur saisie ne vaut »*. Mais les saisies postérieures ne seront pas pour autant ignorées. Elles feront l'objet de transcriptions en marge qui confèreront à leurs auteurs la qualité de parties à la procédure, et l'article 260 précité en déduit une conséquence importante : la radiation de cette saisie ne pourra être opérée sans leur consentement.

Si la saisie opérée par plusieurs créanciers vise des immeubles différents d'un même débiteur, les poursuites seront, dans ce cas aussi, continuées par le premier saisissant après la jonction des procédures prescrite à l'article 302 de l'AUVE[216].

Il se peut que la seconde saisie soit plus ample que la première. Le second saisissant doit, indique l'article 303 de l'AUVE[217], transcrire

[215]Art. 260 al. 2, 3 & 4 de l'AUVE : « *S'il ya un commandement précédemment transcrit, le conservateur ou l'autorité administrative mentionne, en marge de la transcription, dans l'ordre de leur présentation, tout commandement postérieur présenté avec les noms, prénoms, domicile ou demeure déclarée du nouveau poursuivant et l'indication de l'avocat constitué. Il constate également, en marge et à la suite du commandement présenté, son refus de transcriptionet il mentionne chacun des commandements entièrement transcrits ou mentionnés avec les indications qui y sont portées et celle de la juridiction où la saisie est faite. La radiation de la saisie ne peut être opérée sans le consentement des créanciers saisissants postérieurs, ainsi révélés.* »

[216]Art. 302 al. 1 de l'AUVE : « *Si deux ou plusieurs saisissants ont fait publier des commandements relatifs à des immeubles différents appartenant au même débiteur et dont la saisie est poursuivie devant la même juridiction, les poursuites sont réunies à la requête de la partie la plus diligente et continuées par le premier saisissant.* »

[217]Art. 303 de l'AUVE : « *Si un second commandement présenté à la conservation foncière comprend plus d'immeubles que le premier, il est publié pour les biens non compris dans le premier. Le second poursuivant dénonce le commandement publié au premier saisissant qui est tenu de dirige les poursuites pour les deux saisissants si elles sont au même état. Si elles*

son commandement pour les biens non compris dans la première saisie, puis, dénoncer cette transcription au premier saisissant. Celui-ci poursuivra pour les deux si les poursuites sont au même état ; si elles ne le sont pas, il devra surseoir à la première et suivre la deuxième jusqu'à ce qu'elle soit au même degré. La jonction opérée, la procédure unique sera continuée devant le tribunal de la première saisie.

Si la loi, pour des raisons de simplicité et d'économie donne au premier saisissant la préférence dans les poursuites, c'est à la condition que celui-ci conduise diligemment et honnêtement la procédure. En cas de négligence ou de fraude de sa part, il est accordé aux autres créanciers le droit de se substituer à lui au moyen de la subrogation. L'AUVE prévoit trois cas de subrogation. Le premier concerne l'hypothèse où le premier saisissant a négligé de poursuivre la seconde saisie qui lui a pourtant été dénoncée. Le second saisissant peut, dit l'article 304 de l'AUVE[218], solliciter du conservateur, la subrogation. L'autre hypothèse prévue par l'article 305 alinéa 2 de l'AUVE[219] est celle de la négligence du premier saisissant à remplir une formalité ou à faire un acte de procédure dans les délais prescrits. La dernière hypothèse prévue par l'article 305 al.1 de l'AUVE concerne les cas de collusion frauduleuse entre le poursuivant et le saisi en vue d'empêcher l'aboutissement de la poursuite.

Au terme de l'article 305 alinéa 3 de l'AUVE : « *Un créancier ne peut demander la subrogation que huit jours après une sommation restée infructueuse de continuer les poursuites, faites par acte d'avocat à avocat, au créancier dont les commandements ont été antérieurement mentionnés au bureau de la conservation foncière. Le saisi n'est pas mis en cause.* »

Le poursuivant contre lequel la subrogation a été prononcée est tenu de remettre, contre récépissé, les pièces de la poursuite au subrogé qui poursuit la procédure à ses risques et périls. Par la seule

---

ne sont pas au même état, le premier saisissant sursoit à la première poursuite et suit la deuxième jusqu'à ce qu'elle soit au même degré. Elles sont, alors, portées devant la juridiction de la première saisie.»

[218]Art. 304 de l'AUVE : « *Faute pour le premier saisissant d'avoir poursuivi sur la seconde saisie à lui dénoncée, le second saisissant peut, par un acte écrit adressé au conservateur de la propriété foncière, demander la subrogation.* »

[219]Art. 305 al. 2 de l'AUVE : « *La subrogation peut être également demandée [...] s'il y a négligence lorsque le poursuivant n'a pas rempli une formalité ou n'a pas fait un acte de procédure dans les délais prescrits.* »

remise des pièces, le poursuivant subrogé se trouve déchargé de toutes ses obligations ; il n'est payé de ses frais de poursuite qu'après l'adjudication, soit sur le prix, soit par l'adjudicataire.

Enfin, le demandeur à la subrogation a la faculté de modifier la mise à prix fixée par le poursuivant. Toutefois, la mise à prix ne peut être modifiée après la publicité faite ou commencée qu'à la condition que de nouvelles affiches et annonces de l'adjudication soient faites dans les délais fixés, avec l'indication de la nouvelle mise à prix.

ii) La surenchère

La surenchère est un incident de la saisie immobilière par lequel une personne propose, dans les dix jours qui suivent l'adjudication, l'acquisition de l'immeuble à un prix supérieur d'au moins un dixième du prix principal de la vente. Le but poursuivi est, on le comprend vite, le profit escompté dont bénéficieront aussi bien le débiteur saisi que les créanciers saisissants.

Elle est faite au greffe de la juridiction qui a ordonné la vente[220], par le surenchérisseur lui-même ou par ministère d'avocat. Une fois la surenchère enregistrée au greffe, le surenchérisseur ou son avocat doit la dénoncer dans les cinq jours à l'adjudicataire, au poursuivant et à la partie saisie. Mention de la dénonciation sur le cahier des charges est faite dans le même délai. La dénonciation indique la date de l'audience éventuelle au cours de laquelle seront jugées les contestations de la validité de la surenchère, laquelle ne peut être fixée avant l'expiration d'un délai de vingt jours à compter de la dénonciation. La dénonciation fixe également la date de la nouvelle adjudication, qui ne peut avoir lieu plus de trente jours après celle de l'audience éventuelle.

La validité de la surenchère est contestée par conclusions déposées et communiquées cinq jours au moins avant le jour de l'audience éventuelle.

Si la surenchère n'est pas contestée ou si elle est validée, la nouvelle adjudication doit être précédée de l'apposition des placards, huit jours au moins avant la vente.

[220]Art. 288 al. 1 de l'AUVE : « *La surenchère est faite au greffe de la juridiction qui a ordonné la vente ou devant le notaire convenu, par le surenchérisseur lui-même ou par ministère d'avocat, qui se constitue pour le surenchérisseur. Elle est mentionnée, sans délai, au cahier des charges.* »

Au jour fixé, il est ouvert de nouvelles enchères. Si la surenchère n'est pas couverte, le surenchérisseur est déclaré adjudicataire.

Aucune surenchère ne pourra être reçue sur la seconde adjudication.

b) Les contestations

L'on dénombre, de manière non exhaustive, cinq types de contestations susceptibles de s'élever durant la procédure de saisie immobilière. Il s'agit des demandes en distraction (*i*), des demandes en annulation (*ii*), des demandes en radiation (*iii*), de la folle enchère (*iv*) et des demandes en distribution du prix (*v*).

i) Les demandes en distraction

Sous tous les cieux, il est anormal de s'approprier le bien d'autrui. C'est la raison pour laquelle sont aménagées des voies de droit pour que quiconque rentre en possession du bien dont il est ou a été injustement dépouillé. L'article 308 alinéa 1 de l'AUVE dispose à cet effet que : « *Le tiers qui se prétend propriétaire d'un immeuble saisi et qui n'est tenu ni personnellement de la dette, ni réellement sur l'immeuble, peut, pour le soustraire à la saisie, former une demande en distraction avant l'adjudication dans le délai prévu par l'article 299 alinéa 2 ci-dessus* ». Cet incident figure au nombre de ceux qui peuvent être soulevés à l'audience éventuelle, et après celle-ci, à l'audience d'adjudication, voire après elle.

La demande en distraction doit être formée dans les délais prévus pour chacune de ces instances, c'est-à-dire, cinq jours au plus tard avant l'audience éventuelle, huit jours au plus tard avant l'audience d'adjudication et quinze jours au plus tard, après celle-ci.

L'article 310 de l'AUVE détermine les effets de la demande en distraction sur l'ensemble de la procédure. Ce texte dispose en effet que « *Lorsque la demande en distraction porte sur la totalité des biens, il est sursis à la continuation des poursuites. Si la distraction demandée n'est que d'une partie des biens saisis, il peut être procédé à l'adjudication du surplus. Les juridictions compétentes peuvent aussi, à la demande des parties intéressées, ordonner le sursis pour le tout. En cas de distraction partielle, le poursuivant est admis à changer la mise à prix portée au cahier des charges* ».

Il faut enfin relever que la demande en distraction est formée tant contre le saisissant que contre la partie saisie.

ii) Les demandes en annulation

Les demandes en annulation constituent les incidents les plus fréquents de la saisie immobilière, sans doute à cause de l'inflation déjà évoquée des formalités prescrites sous cette sanction par l'AUVE. Les débiteurs ne manquent pas d'y recourir à des fins souvent dilatoires.

Le régime de la nullité ici n'est pas le même que celui des saisies mobilières. L'article 297al.2 de l'AUVE déjà cité pose à son sujet, le principe «*pas de nullité sans grief*» : une procédure aussi complexe et coûteuse que la saisie immobilière ne saurait être à tout moment remise en question.

Les modalités de saisine de la juridiction compétente ont déjà aussi été traitées. On rappellera simplement la distinction à faire lorsque la demande en nullité est antérieure à l'audience éventuelle ou lorsqu'elle est lui est postérieure. Dans le premier cas, la demande en nullité doit être proposée, à peine de déchéance, par un dire annexé au cahier des charges, cinq jours au plus tard avant le jour fixé pour cette audience[221]. Sont concernés, tous les moyens de nullité de forme et de fond. L'admission d'un moyen de nullité au fond provoque la nullité de toute la procédure. L'admission d'un moyen de nullité de forme n'entraine au contraire que l'effondrement de l'acte vicié et de la procédure postérieure : la procédure sera reprise à partir du dernier acte valable, et les délais pour accomplir les actes suivants partiront de la signification du jugement définitif qui aura prononcé la nullité. Si les moyens de nullité sont rejetés, la procédure continuera sur ses derniers errements.

Dans le second cas (demandes en nullité postérieures à l'audience éventuelle), les demandes peuvent être formulées, soit à l'audience d'adjudication, soit après celle-ci. Dans la première hypothèse, les moyens de nullité doivent être proposés, à peine de déchéance, au plus tard huit jours avant l'audience d'adjudication[222], selon les formes

[221]Art. 270 de l'AUVE, ibid. p. 148.

[222]Art. 299 : « *Les contestations ou demandes incidentes doivent, à peine de déchéance, être soulevées avant l'audience éventuelle. Toutefois, les demandes fondées sur un fait ou un acte survenu ou révélé postérieurement à cette audience et celles tendant à faire prononcer la distraction de tout ou partie des biens saisis, la nullité de tout ou partie de la procédure suivie à l'audience éventuelle ou la radiation de la saisie, peuvent encore être présentées après*

communes à tous les incidents, c'est-à-dire l'acte d'avocat à avocat si le défendeur a constitué avocat, ou l'assignation dans le cas contraire. La seconde hypothèse renvoie à la demande en nullité proposée après l'adjudication. On sait qu'elle n'est recevable que par voie d'action principale, dans un délai de quinze jours suivant l'adjudication.

iii) Les demandes en radiation

La radiation de la saisie est l'opération matérielle par laquelle se traduit l'exécution de la mainlevée de la saisie immobilière. Celle-ci peut être volontaire ou forcée. Elle est volontaire lorsqu'elle résulte du consentement des créanciers saisissants et de ceux dûment inscrits, très souvent à la suite du paiement de sa dette par le débiteur. La radiation peut aussi être forcée. Elle résulte en ce cas d'une décision de justice, par exemple à la suite de la nullité de la saisie ou du refus abusif du créancier saisissant déjà désintéressé de donner mainlevée de la saisie.

La juridiction compétente[223] saisie doit statuer en urgence, recommande l'article 261 en son alinéa 2, tandis que l'alinéa 3 ordonne à ladite juridiction de statuer dans la huitaine de sa saisine par décision susceptible de recours[224].

La radiation de la saisie consiste concrètement en l'inscription par le Conservateur ou l'autorité administrative, en marge de la transcription de la saisie, de la mention « saisie radiée », qui libère l'immeuble de toutes les charges dont il était grevé.

Comme les demandes en distraction et les demandes en nullité, les demandes en radiation peuvent être portées à l'audience éventuelle et à l'audience d'adjudication, selon les mêmes formes et délais.

---

l'audience éventuelle, mais seulement, à peine de déchéance, jusqu'au huitième jour avant l'adjudication. »

[223]Le TGI devant lequel se déroule la saisie, en toute logique.

[224]Art. 261 de l'AUVE : « *En cas de paiement dans le délai fixé par l'article 254-3 ci-dessus, l'inscription du commandement est radiée par le conservateur ou l'autorité administrative sur mainlevée donnée par le créancier poursuivant. A défaut, le débiteur ou tout intéressé peut provoquer la radiation en justifiant du paiement ; à cet effet, il saisit la juridiction compétente statuant en matière d'urgence. La décision autorisant ou refusant la radiation doit être rendue dans les huit jours qui suivent la saisine de la juridiction compétente. Elle est susceptible de recours selon les voies ordinaires.* »

iv) La folle enchère

La folle enchère est réglementée par les articles 314 à 323 de l'AUVE. Elle tend à mettre à néant l'adjudication et à provoquer une nouvelle vente aux enchères de l'immeuble en raison du manquement de l'adjudicataire à ses obligations, notamment le non-paiement du prix et des frais dans les vingt jours suivant l'adjudication ou la non-publication de la décision judiciaire d'adjudication à la conservation foncière deux mois après que l'adjudication soit devenue définitive.

L'action en folle enchère est intentée par le saisi, le créancier poursuivant et les créanciers inscrits ou chirographaires, contre l'adjudicataire et éventuellement ses ayants cause. Elle n'est soumise à aucun délai.

Dès l'enregistrement de l'acte de saisine, le poursuivant à la folle enchère se fait délivrer le titre d'adjudication[225]dont il signifie copie à l'adjudicataire, avec commandement de se conformer aux exigences légales. Si rien n'est fait cinq jours après cette signification, le poursuivant à la folle enchère procède à la publicité en vue de la nouvelle adjudication. Les affiches et insertions indiquent les noms, prénoms, domicile ou demeure du fol enchérisseur, le montant de l'adjudication, une mise à prix fixée par le poursuivant et le jour auquel aura lieu, sur l'ancien cahier des charges, la nouvelle adjudication. Le délai entre la nouvelle publicité et la vente est de quinze (15) jours au moins et de trente (30) jours au plus.

Quinze (15) jours au moins avant l'adjudication, signification est faite à l'adjudicataire, au saisi, au saisissant et aux créanciers, des jour, heure et lieu.

Les moyens de nullité peuvent encore être présentés, mais seulement cinq (5) jours avant l'adjudication.

Jusqu'au jour de la revente, si le fol enchérisseur justifie qu'il a exécuté les conditions de l'adjudication et consigné la somme fixée par le président de la juridiction compétente pour faire face aux frais de la procédure de folle enchère, il n'y a pas de nouvelle adjudication.

S'il n'est pas porté d'enchères, la mise à prix peut être diminuée dans la limite légale, c'est-à- dire, une somme qui ne peut être inférieure au quart de la valeur vénale de l'immeuble. Si, malgré la

[225]À défaut de titre, il se fait délivrer par le greffier un certificat attestant la défaillance de l'adjudicataire, dont il va se servir par la suite en lieu et place du titre.

diminution de la mise à prix, aucune enchère n'est portée, le poursuivant est déclaré adjudicataire pour la première mise à prix.

Le fol enchérisseur, qui ne peut enchérir pour la nouvelle adjudication, est tenu des intérêts de son prix jusqu'au jour de la seconde vente, et de la différence entre son prix et celui de la deuxième vente, lorsque celui-ci est plus faible. Si le deuxième prix est plus élevé que le premier, la différence en plus ne lui profite pas. De plus, il ne peut obtenir le remboursement des frais de procédure qu'il a payés.

v) Les demandes en distribution du prix

Avant l'entrée en vigueur de l'AUVE, la distribution du prix de l'adjudication de l'immeuble saisi se faisait suivant la procédure d'ordre, consistant dans la distribution dudit prix d'après le rang des privilèges et hypothèques des créanciers et ce, par un juge spécialement chargé du règlement des ordres. La distribution par ordre était consensuelle ou judiciaire, cette dernière étant subdivisée en répartition judiciaire amiable et en répartition judiciaire par attribution. L'AUVE ne s'encombre pas de cet excès de formalisme. Il se contente de la distribution consensuelle qu'il préconise d'ailleurs, la distribution judiciaire n'intervenant qu'en cas d'échec de la première. C'est le sens de l'article 326 de l'AUVE aux termes duquel « *Si, dans le délai d'un mois qui suit le versement du prix de la vente par l'adjudicataire, les créanciers n'ont pu parvenir à un accord unanime, le plus diligent d'entre eux saisit le président de la juridiction du lieu de la vente ou le magistrat délégué par lui afin de l'entendre statuer sur la répartition du prix* ».

L'acte de saisine est signifié au saisi. Il indique la date de l'audience et fait sommation aux créanciers de produire, c'est-à-dire d'indiquer ce qui leur est dû, le rang auquel ils entendent être colloqués et de communiquer toutes pièces justificatives, ce, dans les vingt jours de la sommation. Les dires, qui doivent être communiqués aux parties, sont déposés au plus tard, cinq jours avant l'audience.

Le président procède à la répartition au vu des productions, dires et explications des parties. Sa décision est susceptible d'appel dans les quinze jours de sa signification, cet appel n'étant recevable que si le montant de la somme contestée est supérieur aux taux des décisions judiciaires rendues en dernier ressort[226]. Le président pourrait utilement se référer à l'article 225 de l'AUS qui fixe de manière suivante l'ordre de distribution des deniers provenant de la réalisation des immeubles :

- les créanciers des frais de justice engagés pour parvenir à la réalisation du bien vendu et à la distribution du prix elle-même;
- les créanciers de salaires super privilégiés ;
- les créanciers titulaires d'une hypothèque conventionnelle ou forcée et les créanciers séparatistes inscrits dans le délai légal, chacun selon le rang de son inscription au registre de la publicité immobilière ;
- les créanciers munis d'un privilège général soumis à publicité chacun selon le rang de son inscription au registre du commerce et du crédit mobilier ;
- les créanciers munis d'un privilège général non soumis à publicité selon l'ordre établi par l'article 180 du présent acte uniforme ;
- les créanciers chirographaires munis d'un titre exécutoire lorsqu'ils sont intervenus par voie de saisie ou d'opposition à la procédure.

En cas d'insuffisance de deniers pour désintéresser les créanciers désignés aux 1°), 2°), 5°) et 6°) du présent article venant à rang égal, ceux-ci concourent à la distribution dans la proportion de leurs créances totales, au marc le franc ».

Section 2 : Les effets de la saisie immobilière

Les effets positifs de la saisie immobilière sont évidents (paragraphe 1). Toutefois, les créanciers, dans leur immense majorité, ne sont pas euphoriques à l'idée de devoir engager cette voie d'exécution pleine de périls et d'obstacles surmontables au prix d'efforts herculéens (paragraphe 2).

[226]Art. 333 de l'AUVE : « *La décision judiciaire rendue sur le fond est susceptible d'appel dans les quinze jours de sa signification. L'appel n'est recevable que si le montant de la somme contestée est supérieur au taux des décisions judiciaires rendues en dernier ressort.* »

Paragraphe 1 : Les effets positifs de la saisie immobilière

Comme dans toute exécution forcée, la saisie immobilière menée à bonne fin est libératoire pour le débiteur, frappé malgré tout, d'ignominie par un tel dénouement.

Elle procure au créancier une satisfaction en demi-teinte, rafraîchie par le « *parcours du combattant* » que lui aura imposé le débiteur.

La sûreté réelle qu'est la saisie immobilière gagne en crédibilité et peut se targuer de mériter le qualificatif de « reine des sûretés ».

La justice elle aussi gagne en crédibilité. Les justiciables réels et potentiels se convainquent, en effet, qu'ils peuvent, lorsque surgit un différend, compter sur une justice efficace, adossée à des juridictions organisées, utilisant parfois la force légitime pour les rétablir dans leurs droits.

Paragraphe 2 : Les effets pervers de la saisie immobilière

Dire qu'il est difficile d'engager une procédure judiciaire sous nos cieux est une lapalissade. Si les procédures judiciaires ordinaires découragent bon nombre de justiciables à cause de leur longueur et de leur coût, imagine-t-on ce qu'il en est des procédures de saisies immobilières où le formalisme excessif est la règle et qui, de plus, mobilisent une importante palette d'acteurs (magistrats, greffiers, avocats, huissiers, notaires, conservateurs de la propriété foncière, etc.) dont on ne peut jurer de la probité ni du bon profil.

Mais l'attitude des acteurs de la chaîne judiciaire n'est pas le seul motif de découragement des créanciers en la matière : certaines dispositions de l'AUVE y contribuent grandement. A titre d'illustration, la possibilité offerte aux débiteurs de faire annuler les décisions judiciaires d'adjudication est une mansuétude législative de trop, porteuse d'effets pervers. En effet, comment comprendre qu'après avoir ouvert la voie à toutes les contestations possibles à l'audience éventuelle puis à l'audience d'adjudication où sont prises des décisions susceptibles de recours pouvant conduire les parties jusqu'à la CCJA, le législateur communautaire ait encore admis la possibilité d'annulation de la décision judiciaire d'adjudication. Les hypothèses envisagées par l'article 313 qui consacre cette ouverture, à savoir, l'existence « des causes concomitantes ou postérieures à l'audience éventuelle » sont bien floues et les débiteurs rompus à la chicane ne manquent pas d'en profiter pour retarder, à défaut de la stopper, la perspective de leur expropriation. Ils ne s'en privent jamais même lorsqu'ils sont convaincus de l'impertinence de leurs actions, l'essentiel pour eux étant de faire tourner en rond le créancier dans le dessein de le décourager. Dans bien des cas, cet objectif est atteint avec, pour effet collatéral, la réticence des prêteurs, spécialement des banques, à faire du crédit, ce qui est fort dommageable pour l'économie nationale. Les institutions financières dont ladite économie est grandement tributaire, ne sont pas moins victimes de cet état de choses.

Les causes de l'insécurité juridique et judiciaire que redoutent les investisseurs et qu'ambitionne d'éradiquer l'OHADA ne sont donc pas seulement le fait de l'homme : elles sont aussi liées aux textes mêmes que sécrète cette organisation et qui ont besoin d'adaptation, sans cesse, au gré de l'évolution des sociétés, dans la mesure où le social influence le juridique et le fait évoluer.

LIVRE II : L'EXECUTION FORCEE DES OBLIGATIONS NON PECUNIAIRES

L'exécution forcée qui vient d'être examinée sous le livre premier a trait aux obligations de numéraires non exécutées par le débiteur, qui contraignent son créancier à saisir ses biens, à les vendre et se payer sur le prix de la vente. Quid de l'exécution forcée des obligations non pécuniaires, non moins conflictogènes ? Le législateur communautaire a donné aux créanciers de ces obligations les moyens juridiques de récupérer leurs biens, à travers la saisie appréhension, qui va être examinée sous un chapitre unique.

CHAPITRE UNIQUE : LA SAISIE-APPREHENSION

La saisie appréhension est une saisie à fin de remise d'un bien. Sa particularité, qui est aussi un avantage, tient à ce qu'elle permet de donner immédiatement et directement satisfaction au créancier sans passer par le truchement d'une vente. Elle vise, en effet, à faire obtenir par le créancier, non le montant d'une somme d'argent mais la possession ou la détention d'un bien meuble corporel qui doit lui être délivré, remis ou restitué. Elle permet ainsi, au plan pratique, l'exercice du droit de suite en matière mobilière. La vente, ordinairement destinée à convertir le bien saisi en deniers est ici sans objet, puisqu'il ne s'agit pas d'obtenir un paiement (sauf dans le cas du créancier-gagiste), mais l'exécution d'une obligation en nature, le retour ou l'intégration d'un meuble corporel dans le patrimoine du créancier. Rapidité et efficacité sont des atouts de cette mesure puisqu'elle porte ses fruits immédiatement, sans subir, en principe, la lourdeur et les contretemps d'une procédure de vente amiable ou forcée.

Les articles 218 à 226 de l'AUVE déterminent le champ d'application et la mise en œuvre de la saisie-appréhension dont les conditions de fond sont similaires à celles, déjà examinées, de toute exécution forcée. Tout juste, indiquera-t-on surabondamment, que la possession nécessaire et préalable par le créancier, d'un titre exécutoire consacrant son droit peut être facilitée par l'obtention d'une ordonnance d'injonction de délivrer ou de restituer lui permettant, à l'instar de la procédure d'injonction de payer, de se procurer à bref délai et à peu de frais, le titre exécutoire nécessaire à l'appréhension. De plus, seuls sont visés, les meubles corporels, à l'exclusion des immeubles et des meubles incorporels .

Enfin, pour éviter le piège des questions sémantiques, il faut bien comprendre que l'obligation de livraison et l'obligation de délivrance sont des expressions synonymes qui traduisent l'obligation de transférer la propriété d'une chose. La plupart des contrats qui comportent une obligation de délivrance impliquent aussi, à leur expiration ou à la suite de leur résolution ou résiliation, une obligation de restitution. Cependant, les hypothèses de restitution débordent le cadre conventionnel, notamment en cas de dépossession.

La saisie appréhension s'opère, soit entre les mains de celui qui est tenu de remettre le bien (Section 1), soit entre les mains du tiers qui le détient pour son compte (Section 2).

Section 1 : Appréhension entre les mains de la personne tenue de la remise

La saisie-appréhension, au sens de l'AUVE, vise toute personne tenue de la remise d'un bien meuble corporel. Par « *personne tenue de la remise* », il faut entendre le débiteur direct de l'obligation de délivrer ou de restituer dont le nom est mentionné dans le titre exécutoire. Il peut s'agir notamment, du vendeur qui n'a pas livré la chose bien qu'il en ait encaissé le prix, de l'emprunteur ou du locataire d'effets mobiliers qui ne les a pas restitués en dépit de l'expiration ou de la résiliation du contrat, ou encore du constituant qui n'a pas remis le gage promis.

La procédure de saisie-appréhension entre les mains du débiteur s'ouvre par la signification à ce dernier, par l'huissier, d'un commandement de délivrer ou de restituer contenant les mentions ci-après, prescrites à peine de nullité par l'article 219 de l'AUVE : la mention du titre exécutoire en vertu duquel la remise est exigée (une ordonnance d'injonction de délivrer suffit), ainsi que les noms, prénoms et adresses du créancier et du débiteur de la remise de la chose et, s'il s'agit d'une personne morale, ses forme, dénomination et siège social ; l'indication que la personne tenue de la remise peut, dans un délai de huit jours, transporter à ses frais le bien désigné en un lieu et dans les conditions indiqués ; l'avertissement qu'à défaut de remise dans ce délai, le bien pourra être appréhendé à ses frais ; l'indication que les contestations pourront être portées devant la juridiction du domicile ou du lieu où demeure le destinataire de l'acte ; l'élection de domicile dans le ressort territorial juridictionnel où s'effectue la saisie, si le créancier n'y demeure pas.

La procédure va se poursuivre différemment, selon que le débiteur se prête de bonne grâce (paragraphe 1) ou non (paragraphe 2), à la sollicitation.

Paragraphe 1 : Le débiteur coopère

Le débiteur qui offre de transporter le bien à ses frais dispose d'un délai de huit jours à compter du commandement pour procéder lui-même à la remise. Si dans ce délai, il tient sa promesse, l'huissier dresse un état détaillé de la remise contenant, en annexe éventuellement, la photographie du bien. Copie de cet acte est remise au débiteur.

Dans le cas particulier où le bien est remis à un créancier gagiste, cette remise n'est qu'une étape car, elle ne tend qu'à permettre à ce dernier d'exercer effectivement son droit de rétention, et surtout, en cas de défaillance de son débiteur, de poursuivre la réalisation du gage. L'acte de remise vaut alors saisie et il est procédé à la vente selon les modalités applicables à la saisie-vente, le bien saisi restant sous la garde du créancier[227].

Paragraphe 2 : Le débiteur ne coopère pas

Si le débiteur présent refuse d'emblée d'effectuer le transport du bien à ses frais, le créancier peut, par l'intermédiaire de l'huissier instrumentaire, faire procéder à l'appréhension du bien immédiatement, sans commandement préalable[228], sur la seule présentation du titre exécutoire.

Le créancier peut aussi, malgré ce refus du débiteur, lui servir le commandement et attendre l'expiration du délai de huit jours, pour mieux matérialiser la mauvaise foi de ce dernier.

Dans l'un et l'autre cas, il fait procéder à l'appréhension du bien et en fait dresser acte, contenant un état détaillé dudit bien avec, en annexe éventuellement, la photographie prise.

Dans le cas particulier où le bien a été appréhendé pour être remis à un créancier gagiste, il est procédé comme indiqué *supra*[229]à propos de la remise volontaire, en vue d'une éventuelle vente forcée aux enchères publiques.

Section 2 : Appréhension entre les mains d'un tiers

Lorsque le bien est détenu par un tiers, la procédure débute par une sommation de remettre ce bien, signifiée à ce dernier par un exploit contenant les mentions ci-après, prescrites à peine de nullité par l'article 224 de l'AUVE : une copie du titre exécutoire en vertu duquel la remise est exigée et, s'il s'agit d'une décision judiciaire, du dispositif de celui-ci ainsi que les noms, prénoms et adresses du

---

[227]Contrairement au principe posé par l'AUVE, selon lequel le bien saisi reste sous la garde du débiteur.

[228]Art. 220 al. 1 de l'AUVE : « *Le bien peut aussi être appréhendé immédiatement, sans commandement préalable et sur la seule présentation du titre exécutoire, si la personne tenue de la remise est présente et si, sur la question qui doit lui être posée par l'huissier ou l'agent d'exécution, elle ne s'offre pas à en effectuer le transport à ses frais.* »

[229]Cf. p. 169.

créancier de la remise et du tiers détenteur de la chose et, s'il s'agit d'une personne morale, ses forme, dénomination et siège social ; une injonction d'avoir, dans un délai de huit jours, soit à remettre le bien désigné, soit à communiquer à l'huissier de justice, sous peine de dommages-intérêts le cas échéant, les raisons pour lesquelles il s'oppose à la remise ; l'indication que les difficultés seront portées devant la juridiction du domicile ou du lieu où demeure le destinataire de l'acte ; l'élection de domicile dans le ressort territorial juridictionnel où s'effectue la saisie si le créancier n'y demeure pas (il peut être fait à ce domicile toute signification ou offre).

Ainsi informé, titre justificatif à l'appui, du droit invoqué par le créancier de la remise, le tiers peut faire valoir son propre droit sur le bien auprès de l'huissier et, si celui-ci n'en tient pas compte, devant le juge.

La sommation à cette fin est immédiatement dénoncée par tout moyen laissant trace écrite, à la personne tenue de délivrer ou de restituer le bien.

S'ensuivra une procédure qui se déroulera avec difficultés (paragraphe 2) ou sans difficultés (paragraphe 1), selon l'attitude du tiers.

Paragraphe 1 : Appréhension sans difficultés

Si le tiers n'a aucun droit à invoquer, il s'exécute dans le délai de huit jours imparti par la sommation. La remise est constatée par un acte contenant une description détaillée du bien et comportant, en annexe éventuellement, la photographie prise par l'huissier. Copies dudit acte devront être remises au tiers et à la personne tenue de délivrer ou de restituer.

Paragraphe 2 : Appréhension avec difficultés

Si le tiers retient le bien, la difficulté est tranchée, soit à la demande du créancier de la remise, soit à la demande du tiers, par le juge du contentieux de l'exécution du lieu où demeure le tiers détenteur du bien. Celui-ci ne peut être saisi avant l'expiration du délai de huit jours imparti pour la remise volontaire. Il doit cependant être saisi, au plus tard, dans le mois qui suit le jour où la sommation a été signifiée, à peine de caducité de ladite sommation et des mesures conservatoires qui auraient été prises.

Sur présentation de la décision exécutoire du juge du contentieux de l'exécution prescrivant la remise du bien, il est procédé à l'appréhension de ce bien entre les mains du tiers, par l'huissier qui en dresse acte contenant l'état détaillé du bien et, éventuellement, la photographie prise par l'huissier. Une copie de l'acte est remise ou notifiée au tiers par tout moyen laissant trace écrite, ainsi qu'à la personne tenue de la remise, après l'enlèvement du bien.

Dans le cas particulier où le bien a été appréhendé pour être remis à un créancier gagiste, il est procédé comme indiqué à propos de la remise volontaire.

DEUXIEME PARTIE : LES MESURES CONSERVATOIRES

Les mesures conservatoires sont l'autre face des voies d'exécution. Elles ont pour but de mettre sous main de justice les biens qu'elles frappent afin que le débiteur ne puisse en disposer ou en diminuer la valeur, avant que son créancier ne vienne lui signifier un titre exécutoire. Une bonne connaissance du régime juridique des mesures conservatoires (Titre II) implique une connaissance éclairante du bien-fondé de ces mesures (Titre I).

TITRE I : LE BIEN-FONDE DES MESURES CONSERVATOIRES

L'évolution historique des mesures conservatoires (**Chapitre I**) aiderait à mieux saisir leur raison d'être (**Chapitre II**).

CHAPITRE I : L'EVOLUTION HISTORIQUE DES MESURES CONSERVATOIRES

L'évolution historique des mesures conservatoires comporte une étape ancienne (Section 1) et une étape contemporaine (Section 2)

Section 1 : L'histoire ancienne des mesures conservatoires

Aucune société humaine ne peut exister sans un ensemble de règles obligatoires à défaut desquelles il y a anarchie. Le sens de la civilisation voire du progrès répugne, en effet, à ce que les relations des hommes soient gouvernées par la violence et l'arbitraire, ni par la ruse et l'incivilité. Le droit et les coutumes avant lui, s'emploient à les vaincre, à les dompter. La non-exécution de ses engagements a, de tout temps et dans toutes les civilisations été considérée comme un acte asocial entrainant dans son sillage la réprobation du corps social. Les sociétés anciennes ne manquaient pas de façons de contraindre quiconque à exécuter ses engagements.

En France, par exemple, terre de référence des pays de l'espace OHADA, les coutumes des Gaulles et autres Francs se caractérisaient par l'extrême sévérité dans le traitement du mauvais débiteur, se traduisant par la *manus injectio,* système d'exécution sur sa personne pouvant aboutir à sa mise en esclavage puis à sa vente voire, en cas de pluralité de créanciers, à son dépeçage en autant de morceaux[230].

Dans l'Afrique primitive où le primat de la société sur l'individu était prégnant, la sévérité à l'encontre des débiteurs non respectueux de leurs obligations était tout aussi agonistique, de nature à décourager ceux des débiteurs qui seraient tentés par la récalcitrance.

Sans faire l'apologie de la barbarie, on en vient presque à être nostalgique de ce passé lointain qui présentait au moins l'avantage d'inspirer la peur aux débiteurs et de permettre que, dans la majorité des cas, l'exécution des engagements pris soit spontanée. La disparition des pratiques anciennes peut, de ce point de vue, nourrir quelque regret, en ce qu'elles donnaient aux personnes investies des droits subjectifs, la sécurité juridique de leur jouissance.

Dans un tel contexte, les mesures conservatoires n'avaient pas assez de place, les débiteurs récalcitrants devant *payer cash* leur mauvaise foi.

La période contemporaine offre un tout autre visage.

Section 2 : L'histoire contemporaine des mesures conservatoires

A la faveur de facteurs religieux, moraux et économiques, les mesures conservatoires plus civilisées ont trouvé place dans les voies

---

[230] J. Vincent& J. Préault, voies d'exécution et procédure de distribution, précis Dalloz, 15e éd., p. 16.

d'exécution. Il est apparu qu'une simple saisie retirant au débiteur de mauvaise foi la disponibilité de ses biens pouvait suffire à l'inciter à régler sa dette, même si l'assertion reste fort discutable.

Il n'existait pas, en France, de dispositions législatives régissant de manière générale les mesures conservatoires. Celles-ci étaient régies de manière parcellaire par le Code de procédure français de 1806, lequel se contentait de reprendre les trois types de saisies conservatoires en vigueur dans l'Ancien droit : la saisie gagerie, ouverte au bailleur contre le preneur qui ne paie pas ses loyers et portant sur les meubles de ce dernier ; la saisie foraine, permettant à un créancier de saisir les biens mobiliers d'un débiteur de passage ; la saisie revendication, au profit du titulaire d'un droit de suite sur un meuble corporel. A cette liste, le Code avait, toutefois, ajouté une saisie conservatoire en matière commerciale (art.417), qui pouvait être autorisée par le président du tribunal de commerce pour les créances commerciales seulement, et ne frappait que les meubles corporels. Ces saisies ne visaient qu'un certain nombre de situations typiques. Elles ne pouvaient être étendues à des hypothèses non prévues par les textes.

Une loi française du 12 novembre 1955 est venue combler cette déficience en instituant une saisie conservatoire générale[231].

Au Cameroun, un arrêté du 19 décembre 1954 « portant codification et réglant la procédure en matière civile et commerciale devant les tribunaux français du Cameroun[232] » qui fait office, jusqu'à date, de code de procédure civile et commerciale, traite en ses articles 295 et suivants, des mesures conservatoires sous le titre septième intitulé « Des saisies arrêts et oppositions ». Un seul article (317), aujourd'hui abrogé en vertu de l'article 336 de l'AUVE[233], traitait spécifiquement de la saisie conservatoire. Ce texte était ainsi libellé : « *En matière commerciale, dans les cas qui requièrent célérité, le président du tribunal ou le juge de paix à compétence étendue pourra permettre de saisir les effets mobiliers. Il pourra suivant l'exigence des cas assujettir les demandeurs à donner caution ou à justifier de solvabilité suffisante. Ses ordonnances seront exécutoires nonobstant opposition ou appel* ». Ainsi, comme dans la législation française

[231] Cf. Dalloz, 1956, L. 499.

[232] J.O. C, 1955, p. 129, rectificatif p. 555.

[233] Art. 336 de l'AUVE : « *Le présent acte uniforme abroge toutes les dispositions relatives aux matières qu'il concerne dans les Etats parties* ».

antérieure au 12 novembre 1955, la saisie conservatoire au Cameroun n'était possible qu'en matière commerciale et en cas d'urgence. De plus, elle nécessitait l'autorisation du juge et ne portait que sur les effets mobiliers saisissables du débiteur. La saisie arrêt sans titre qui lui était proche inspirait la procédure de saisie conservatoire. Ainsi, après que la saisie avait été pratiquée entre les mains du tiers saisi, le créancier saisissant était tenu, dans le délai à lui imparti par le juge qui l'avait autorisée, de la dénoncer, à peine de nullité, au débiteur et d'assigner devant le tribunal de son domicile, le même débiteur qui pouvait lui aussi assigner le saisissant devant ce même tribunal, lequel statuait sur la validité de la saisie, sur sa nullité ou la mainlevée ainsi que, le cas échéant, sur la déclaration affirmative du tiers saisi. La vente des biens saisis n'avait lieu que lors que le jugement validant la saisie avait été signifié au débiteur et n'était plus susceptible d'un recours suspensif.

Tout ceci prenait les allures d'un écheveau d'autant plus inextricable que la juridiction compétente n'était pas un juge dédié, mais le tribunal, qui devait connaître, à la fois, du fond (certitude, exigibilité et liquidité de la créance réclamée) et du contentieux du déroulement de la saisie pratiquée (mainlevée, nullité) greffé au procès principal.

Pour tout dire, les mesures conservatoires apparaissaient comme un miroir aux alouettes trompeusement fascinant.

Il a fallu l'avènement de l'AUVE pour que quelques-uns des problèmes sus évoqués soient résolus.

CHAPITRE II : LA RAISON D'ETRE DES MESURES CONSERVATOIRES

Les mesures conservatoires viennent au secours des créanciers sans titre exécutoire (Section 1) et révèlent une idoine adaptation à l'évolution des voies d'exécution (Section 2).

Section 1 : Les mesures conservatoires : bouée de sauvetage des créanciers sans titres exécutoires

Les titres non exécutoires posent un certain nombre de problèmes qu'il convient de cerner (paragraphe 1) avant de présenter l'utilité des mesures conservatoires (paragraphe 2).

Paragraphe 1 : La problématique de l'absence de titre exécutoire

On le sait déjà : point d'exécution forcée sans titre exécutoire. Nul ne profite de la force publique s'il n'est titulaire d'un tel titre. Il se trouve, cependant, que beaucoup de créanciers n'en sont pas possesseurs au moment où ils veulent réclamer leur dû, soit parce qu'ils ne sont titulaires que de titres non exécutoires, soit parce qu'ils se prévalent en tout et pour tout, des engagements verbaux de leurs débiteurs.

Dans le premier cas, le créancier détient contre son débiteur d'éléments de preuve tels que les reçus, les reconnaissances de dette, les actes et décisions juridictionnels non exécutoires, qui demeurent hors du champ de l'exécution forcée et sont donc impuissants à lui procurer une satisfaction immédiate du point de vue du recouvrement de son dû avant qu'ils ne soient produits devant l'autorité judiciaire pour recevoir l'onction de la formule exécutoire.

Le monde des affaires spécialement, en pâtit, sachant que les activités économiques, financières et industrielles se développent sur le mode de la simplification des formes et des preuves. On sait aussi à quel point ce monde est régi par la loi non écrite de la confiance réciproque – les hommes d'affaires sont tenus ou crus par la seule parole – et à quel point la rapidité y est de rigueur : il faut pouvoir saisir les opportunités : tout délai peut entraîner la perte d'un contrat.

Le deuxième cas pose le problème de la valeur probante de l'engagement oral. Quelle est, en effet, la place réservée à la promesse orale d'exécution d'une obligation dans le système judiciaire, africain surtout, où les accords se nouent et se dénouent généralement de façon orale, la parole donnée étant un constituant du fonds culturel de cette partie du monde ?

C'est dire à quel point la non prise en compte de ce facteur culturel manque de réalisme anthropologique.

Paragraphe 2 : L'utilité des mesures conservatoires

La réponse aux questions qui viennent d'être soulevées est à l'origine des mesures conservatoires. Il y aurait, sans doute, de l'injustice à n'accorder aucune attention aux créanciers sans titres exécutoires qui, autrement, pourraient être incités à se rendre justice. Il est important, pour le créancier dépourvu de titre exécutoire de savoir que, malgré les actions judiciaires dont il dispose contre son débiteur défaillant et dont le délai d'aboutissement lui demeure inconnu, la loi lui permet de prendre rapidement des mesures tendant à s'assurer des garanties de recouvrement de sa créance sur le patrimoine de ce dernier, sans son accord. Ces mesures tendent à rendre indisponibles les biens d'un tel débiteur, l'objectif affiché étant comminatoire : il s'agit, en rendant les biens du débiteur indisponibles, de faire sur lui une pression parfois fructueuse lorsque ce dernier est solvable mais récalcitrant.

Le créancier sans titre exécutoire n'est pas abandonné à son sort par l'AUVE qui proclame que le créancier dont la créance paraît simplement fondée en son principe, c'est-à-dire, dont l'apparence de fondement résulterait de simples reçus, de reconnaissances de dettes, de décisions judiciaires non encore exécutoires voire de témoignages, est éligible à la mesure conservatoire.

Les juges destinataires des requêtes aux fins de saisies conservatoires sont ainsi appelés à s'entourer d'esprit de souplesse dans l'appréciation desdites requêtes.

Section 2 : L'adaptation idoine des mesures conservatoires à l'évolution des voies d'exécution

Les mesures conservatoires se caractérisent par leur souplesse (paragraphe 1) qui rend plus ou moins aisée leur présentation (paragraphe 2).

Paragraphe 1 : La souplesse des mesures conservatoires

L'évolution des mesures conservatoires a suivi celle des voies d'exécution qui ont traditionnellement visé les meubles et les immeubles. Au fil des années, meubles et immeubles ont connu des mutations profondes consécutives à l'évolution intrinsèque des patrimoines. En effet, si la division traditionnelle meubles/immeubles du droit du patrimoine demeure, elle s'est trouvée bousculée par l'évolution libérale du monde contemporain. Plus que les immeubles,

les biens meubles ont pris des formes d'une exceptionnelle richesse, de telle sorte qu'on parle aujourd'hui, à côté des meubles corporels, des meubles incorporels (créances, droits d'associés et valeurs mobilières, fonds de commerce, propriété intellectuelle, etc.).

Le droit de l'exécution en général, celui des mesures conservatoires en particulier, a su s'adapter à cette évolution.

Paragraphe 2 : La présentation des mesures conservatoires

La lecture de l'AUVE en ses articles 54, puis 64 à 90 permet d'établir une typologie des mesures conservatoires. Elles se subdivisent en mesures conservatoires à fin de vente (A), en celles à fin d'attribution (B) et en celles à fin de délivrance ou de restitution (C).

A- Les mesures conservatoires à fin de vente

L'objectif premier de la mesure conservatoire n'est pas de vendre les objets rendus indisponibles mais d'imposer une contrainte sur son débiteur afin de l'amener à s'acquitter de sa dette. Il arrive parfois qu'il ne s'en acquitte pas : la vente des objets saisis s'ensuivra nécessairement. Les mesures conservatoires à fin de vente sont :

- La saisie conservatoire des biens meubles corporels (art.64 à 72) qui vise les biens meubles corporels du débiteur détenus par le débiteur lui-même ou par un tiers ;

La saisie conservatoire des navires mérite, ici, quelques développements succincts. Bien qu'étant des meubles, les navires sont soumis, pour l'essentiel, au droit de la saisie immobilière. L'effet de la saisie conservatoire du navire est d'empêcher le départ de celui-ci dans l'espoir que l'immobilisation de son instrument d'exploitation qui entraînera certainement des conséquences dommageables pour l'armateur, le contraindra à payer sa dette. Il s'agit donc d'un formidable moyen de pression pour les créanciers ;

- La saisie conservatoire des droits d'associés et des valeurs mobilières (art. 85 à 90) qui vise les droits d'associés et les valeurs mobilières du débiteur ;
- L'hypothèque judiciaire provisoire (art. 213 à 221 de l'AUS), qui vise un ou plusieurs immeubles du débiteur et permet au créancier non payé à l'échéance d'immobiliser le ou lesdits immeubles qu'il peut finir par vendre s'il obtient le titre exécutoire qui lui manquait.

B- Les mesures conservatoires à fin d'attribution

Il s'agit essentiellement de la saisie conservatoire des biens incorporels en général, des créances en particulier et plus particulièrement des créances ayant pour objet des sommes d'argent.

La question se posait, avant l'entrée en vigueur de l'AUVE, de savoir si une saisie conservatoire pouvait être pratiquée sur des créances. Aujourd'hui, le doute n'est plus permis. Il existe, en effet, dans cet acte uniforme, toute une série de dispositions consacrées à cette forme de mesure conservatoire. Il y a d'abord l'article 57 qui figure dans les dispositions générales de l'AUVE. Il y a aussi et surtout les articles 77 à 84 qui constituent le siège des règles spécifiques à ces mesures conservatoires.

C- Les mesures conservatoires à fin de délivrance ou de restitution d'un bien

Il s'agit de la saisie revendication (art. 227 et suivants de l'AUVE) qui permet au titulaire du doit de livraison ou de restitution d'un bien meuble, de le rendre indisponible jusqu'à ce que le créancier se le fasse effectivement délivrer ou restituer grâce au titre exécutoire obtenu plus tard.

Chacune des mesures conservatoires apparaît comme l'antichambre, le débouché naturel d'une saisie à fin de vente ou d'attribution, comme le montre le tableau ci-contre.

MESURE PROVISOIRE	SAISIE CORRESPONDANTE
Saisie conservatoire de biens meubles corporels	saisie vente
Saisie conservatoire des créances	Saisie attribution de créances / saisie des créances d'aliments / saisie des rémunérations
Saisie conservatoire des droits d'associés et des valeurs mobilières	Saisie des droits d'associés et des valeurs mobilières
Saisie revendication	Saisie appréhension
Hypothèque judiciaire provisoire	Saisie immobilière

TITRE II : LE REGIME JURIDIQUE DES MESURES CONSERVATOIRES

Les mesures conservatoires, on l'a dit, font partie des voies d'exécution. A cet égard, elles partagent nombre de règles avec l'exécution forcée dont elles sont le prélude (**Chapitre I**). Si quelques règles leur sont communément spécifiques (**Chapitre II**), chacune d'elles conserve un brin de spécificité synonyme de régime juridique propre (**Chapitre III**).

CHAPITRE I : LES REGLES COMMUNES AUX MESURES CONSERVATOIRES ET A L'EXECUTION FORCEE

Les voies d'exécution en général, c'est-à-dire, l'exécution forcée et les mesures conservatoires obéissent communément à des règles de fond (Section 1) et de forme (Section 2) qu'il convient d'examiner.

Section 1 : Les règles de fond communes à l'exécution forcée et aux mesures conservatoires

Il s'agit des règles qui ont trait aux protagonistes (paragraphe 1) et à l'assiette (paragraphe 2) des voies d'exécution.

Paragraphe 1 : Les protagonistes

Les protagonistes véritables, directement concernés par le jeu et les enjeux (A), se doublent d'organes communs en charge de la mise en œuvre des mesures conservatoires (B).

A- Les protagonistes directement concernés

Les saisies conservatoires, comme celles à fin de vente ou d'attribution mettent en présence les mêmes protagonistes que sont : le créancier-saisissant, le débiteur-saisi et, parfois, le tiers saisi. Il serait redondant de revenir sur ces questions déjà examinées plus haut[234], sauf à rappeler que :

- la mise en œuvre de l'exécution forcée ou d'une mesure conservatoire est considérée, sauf pour les immeubles[235], comme un acte d'administration donc, un simple acte de gestion ouvert à toute personne jouissant de la capacité d'exercice de ses droits ;
- l'exécution forcée et les mesures conservatoires sont mises en œuvre par toute personne physique ou morale qui détient une créance sur le débiteur, aucune distinction n'étant à faire, du moins avant la distribution, entre les créanciers chirographaires et ceux nantis de privilèges, sauf en matière de saisie-attribution de créances et son privilège du premier saisissant ;
- il est permis au débiteur de se battre avec des armes juridiques pour que le créancier ne parvienne pas à ses fins;
- une catégorie de débiteurs bien identifiés[236]bénéficient des immunités d'exécution les mettant à l'abri des poursuites ;
- la mise en œuvre de l'exécution forcée ou des mesures conservatoires atteint le patrimoine du débiteur en quelque main qu'il se trouve, notamment entre les mains de tout tiers détenteur d'un bien saisi. Les droits et surtout les obligations

[234]Cf. supra, pp. 15-23.
[235]Pour lesquels la mise en œuvre est considérée comme acte de disposition.
[236]Cf. supra, pp. 18-23.

de ce tiers sont renforcés afin de garantir un recouvrement efficace de la créance et prévenir ou sanctionner toute concertation frauduleuse entre le saisi et le tiers ou tout refus de coopération de ce dernier dans la réalisation de la saisie.

B- Les organes chargés de la mise en œuvre

Les organes chargés de la mise en œuvre des mesures conservatoires sont les mêmes que ceux chargés de la mise en œuvre de l'exécution forcée. Il s'agit spécialement des huissiers de justice, des juges du contentieux de l'exécution, des tribunaux et cours d'appel. Ces organes ont déjà été examinés. Le Ministère Public mérite, ici, quelques lignes supplémentaires.

Il convient, avant tout, de rappeler que le Ministère public est institué auprès des juridictions pour veiller à la bonne application des lois, notamment à l'exécution des décisions de justice selon les lois en vigueur. On ne peut, dès lors, manquer de s'étonner de la controverse sur sa présence et son rôle dans les voies d'exécution, suscitée par la volonté bien arrêtée de la CCJA de l'en écarter[237]. Pour des raisons évidentes tenant à l'ordre social, l'exécution des décisions de justice est une question fondamentale pour l'Etat dont la crédibilité de l'une des institutions (l'institution judiciaire) est en jeu. En ordonnant au Ministère public de tenir la main à l'exécution des décisions de justice y compris en matière civile, la formule exécutoire fait de cette institution une partie intégrante du déroulement de l'exécution. La position de la CCJA est difficilement soutenable, eu égard aux lourdes implications dans l'ordre public économique, de certaines procédures d'exécution ; même si la motivation profonde de la Haute Juridiction est fort compréhensible : les parquets sont devenus de véritables « cimetières » des affaires à eux communiquées dont les retours au siège se font attendre des mois, voire des années. L'un des objectifs de l'OHADA, à savoir la rapidité se trouve ainsi menacé d'inanition. Aussi fondée soit-elle, cette raison ne saurait balayer les arguments favorables à la communication au ministère public des procédures d'exécution, du moins celles où l'ordre public est en jeu. Encore faut-il que cette institution fasse sa mue en s'arrimant à la célérité qui n'est pas seulement un objectif de l'OHADA mais une revendication citoyenne. Ce n'est pas, il faut en convenir, chose aisée

[237]CCJA, arrêt n° 003/2002 du 10 janvier 2002 ; arrêt n° 016/2004 du 29 avril 2004.

dans les juridictions les plus sollicitées en la matière[238], en butte, nonobstant les efforts de rationalisation organisationnelle consentis par les pouvoirs publics, à une pression de travail énorme accentuée par l'insuffisance du personnel.

Paragraphe 2 : L'assiette des mesures conservatoires

L'exécution forcée et les mesures conservatoires visent le même type de biens. De même, pour l'une et les autres, est posé le principe de la saisissabilité de tous les biens du débiteur assorti d'exceptions que les États Parties ont la charge de déterminer. Comme le sujet précédent, celui-ci a été traité à la première partie de l'ouvrage, à laquelle il convient de se référer[239].

Section 2 : Les règles procédurales communes à l'exécution forcée et aux mesures conservatoires

Sont concernés par ce régime communautaire, les juridictions compétentes (paragraphe 1) et les effets des décisions qui en sont issues (paragraphe 2).

Paragraphe 1 : Les juridictions compétentes

Comme dans l'exécution forcée, les juridictions compétentes pour trancher les incidents nés des mesures conservatoires sont, en matière mobilière, le juge du contentieux de l'exécution et, en matière immobilière, le tribunal de grande instance[240] ou son président, dans les conditions et les formes déjà examinées[241].

Paragraphe 2 : Effets des décisions des juridictions compétentes, communs à l'exécution forcée et aux mesures conservatoires

Qu'il s'agisse de l'exécution forcée ou des mesures conservatoires, les effets des décisions des juridictions compétentes sont les mêmes, aussi bien lorsque ces décisions consolident les mesures initialement ordonnées (A), que lorsqu'elles les suppriment (B).

---

[238]Les juridictions de Douala et de Yaoundé notamment.

[239]Cf. supra, pp. 26-29.

[240]Ou son président dans certains cas

[241]Cf. supra, pp. 549-81.

C- Effets des décisions des juridictions compétentes lorsqu'elles consolident les mesures ordonnées

Devenues exécutoires, les décisions des juridictions compétentes ayant statué sur l'exécution forcée ou sur les mesures conservatoires s'imposent erga omnes et doivent recevoir exécution.

Il faut déplorer que certains parquets, au lieu d'apporter tout leur appui à l'exécution comme les y enjoint la formule exécutoire par laquelle le Président de la République leur ordonne de tenir la main à la bonne exécution des décisions de justice, s'érigent en empêcheurs d'exécuter et ce, de façon peu professionnelle, en intimant aux huissiers de justice, par exemple, des ordres d'arrêter l'exécution, par voie téléphonique. Le respect minimum que le parquet doit à l'institution judiciaire dont il est partie intégrante lui commande d'apporter à la décision judiciaire exécutoire, la foi républicaine qui lui est due et, par conséquent, de prendre le parti de l'exécution et non pas l'inverse. Et s'il advient qu'il ait de justes raisons d'en retarder l'exécution, le parquet devrait prendre dans ce sens, un acte juridictionnel que toute personne à qui il préjudicierait devrait pouvoir attaquer. Le coup de téléphone pour suspendre l'exécution d'une décision de justice définitive s'apparente à l'arbitraire, pour dire le moins.

D- Effets des décisions des juridictions compétentes lorsqu'elles suppriment les mesures ordonnées

Les juridictions compétentes susmentionnées ne prennent pas toujours des décisions positives. Il arrive aussi qu'elles prennent des décisions négatives, telles que la nullité d'un acte ou de toute la procédure ou la mainlevée de la mesure pratiquée. Ces décisions ont la caractéristique de ne pas définitivement fermer la voie aux parties qui peuvent reprendre l'instance si les conditions d'une telle reprise sont réunies. Il importe, dès lors, que la motivation du juge sur ce point soit claire et précise, de nature à convaincre la partie à qui l'annulation fait préjudice de l'existence irréfutable de sa propre faute. De la sorte, elle pourra reprendre l'instance en connaissance de cause.

CHAPITRE II : LES REGLES SPECIFIQUES AUX MESURES CONSERVATOIRES

Les mesures conservatoires ont en partage certaines règles qui leur servent de dénominateur commun (Section 1). Parmi celles-ci une, mérite un traitement particulier en raison de ses répercussions sur la procédure : il s'agit de l'indisponibilité de la créance saisie (Section 2).

Section 1 : Les dénominateurs communs des mesures conservatoires

Les mesures conservatoires ont en partage certaines règles de fond (paragraphe 1) et de forme (paragraphe 2) qui conditionnent l'exercice de l'action en la matière.

Paragraphe 1 : Les règles de fond propres aux seules mesures conservatoires

La règle la plus remarquable à laquelle toutes les mesures conservatoires sont assujetties concerne la nature de la créance cause de la saisie, qui doit simplement apparaître fondée. En effet, de l'article 54 de l'AUVE qui dispose que« *Toute personne dont la créance paraît fondée en son principe peut, par requête, solliciter de la juridiction compétente du domicile ou du lieu où réside le débiteur, l'autorisation de pratiquer une mesure conservatoire sur tous les biens mobiliers corporels ou incorporels de son débiteur, sans commandement préalable, si elle justifie de circonstances de nature à en menacer le recouvrement* », il ressort que la créance justifiant une mesure conservatoire doit simplement paraître fondée en son principe (A) et être menacée dans son recouvrement (B).

A- L'apparence de fondement de la créance suffit

Il s'infère de l'article 54 précité que, pour que soit pratiquée une mesure conservatoire, il n'est nullement besoin que la créance soit certaine : une simple apparence de créance suffit. Mais à quelle réalité concrète renvoie cette expression ?

Pour la CCJA, l'appréciation du caractère apparent de la créance relève du pouvoir souverain du juge du fond[242]. Les juridictions du fond ne s'y dérobent pas[243]. Il se forge ainsi, peu à peu, une jurisprudence sur la notion de créance fondée en son principe, que la formule suivante d'un arrêt de la Cour d'appel de Dakar résume assez bien : « *Le semblant de créance exigé par l'article 54 n'est pas un*

---

[242]CCJA, arrêt n°087/2013 du 20 nov. 2013, juridata n° j087-11/2013 ; n° 108/2014 du 4 nov. 2014, Rec. n° 22, pp. 200-204.

[243]CA Port-Gentil, arrêt n° 60 du 28 avril 1999, ohadata j-02-151 ; CA Abidjan, arrêt n° 338 du 20 mars 2001, ohadata j-02-82 ; Tpi Libreville, ord. du 17 juin 2002, ohadata j-04-139 ; CA Niamey, arrêt n°141 du 28 nov. 2002, ohadata j-03-258 ; Tpi Cotonou, ord. du 20 fev. 2003, ohadata j-05-302 ; CA Littoral, arrêt n°033 du 15 fev. 2010 RDAO n°1, pp. 73-74 ; arrêt n°098 du 19 juil. 2010, RDAO n° 1, pp. 76-78.

principe certain de créance, mais doit néanmoins résulter d'indices sérieux »[244]. Une chose est sûre : la créance fondée en son principe est tout à l'opposé de la créance certaine, liquide, exigible, quoi que celle-ci puisse servir de fondement à la saisie conservatoire. Le juge qui, pour autoriser une saisie conservatoire, exige la fourniture de la preuve d'une créance certaine, fait une fausse application de l'article 54 de l'AUVE et expose sa décision à la censure. Tout repose, en fait, sur le flair du juge qui doit, sans se laisser entraîner par les allégations fantaisistes, rechercher des indices de créance dans chacune des prétentions. Ainsi, la contestation de la créance par le saisi n'empêche pas celle-ci d'être fondée en son principe. De même, une créance conditionnelle peut servir de fondement à une saisie conservatoire s'il apparaît au juge que la condition va se réaliser ; tout comme la créance éventuelle, s'il lui apparaît que l'éventualité va se consolider.

Dans la pratique, la haute juridiction se réserve le droit d'exercer en la matière, un contrôle sur l'appréciation des juges et de donner par conséquent des orientations de nature à éviter qu'ils ne prennent en compte des allégations fantaisistes ou des indices trop légers[245].

B- La menace de recouvrement de la créance

Cette condition, exigée avec la première de manière cumulative, suggère la crainte d'un défaut de paiement ou d'une insolvabilité imminents du débiteur. Ici aussi, la souveraineté du pouvoir d'appréciation du juge est affirmée par la CCJA[246], qui ne se prive pas, en pratique, de vérifier que l'autorisation de la mesure conservatoire a pour fondement, des craintes sérieuses sur la situation objective du débiteur ou sur les conséquences tirées de l'attitude subjective de ce dernier, génératrices de péril quant au recouvrement de la créance[247]. Dans cette optique elle a, dans un arrêt n° 022/2012 du 15 mars 2012[248], décidé que la durée de l'existence de la créance n'est pas une circonstance de nature à en menacer le recouvrement justifiant l'obtention d'une autorisation de pratiquer saisie conservatoire des créances d'un débiteur, en l'absence d'une

[244]CA. Dakar, arrêt n° 299 du 25 mai 2001, « code vert » éd. juriscope 2002, p. 723.
[245]CCJA, arrêt n° 108/2014 ibid.
[246]CCJA, arrêt n° 014 du 29 mars 2007, juridata j014-03/2007 ; arrêt n° 037 du 8 dec. 2011, juridata n° j-037-11/2013 ; n° 087 du 20 nov. 2013, juridata n° 087-11/2013.
[247]CCJA, arrêt n°006 du 21 mars 2002 juridata n° j-06-03/2002.
[248]CCJA, arrêt n°22 du 15 mars 2012, juridata n°j-022-03/2012.

corrélation entre cette durée et le risque d'insolvabilité ou des manœuvres entreprises de mauvaise foi par ledit débiteur de nature à priver d'efficacité toutes mesures de recouvrement ultérieures.

Paragraphe 2 : Les règles de forme propres aux mesures conservatoires

Elles concernent la compétence du juge du contentieux de l'exécution (A), la proactivité attendue du créancier (B), l'inexigibilité du commandement (C) et l'office du juge (D).

A- La compétence du juge du contentieux de l'exécution dans les mesures conservatoires

On évoquera leurs compétences ratione loci (1) et ratione materiae (2).

1- La compétence ratione loci

La compétence territoriale du juge du contentieux de l'exécution des mesures conservatoires dépend de la contestation, selon qu'il s'agit de la mainlevée de la mesure conservatoire (a) ou non (b).

a) La contestation tend à la mainlevée de la saisie

En matière mobilière, lorsque la contestation tend à la mainlevée de la mesure conservatoire, la demande est portée devant le juge du contentieux de l'exécution qui a autorisé la mesure ; si celle-ci entre dans la catégorie de celles qui peuvent être prises sans autorisation préalable, la demande est portée devant le juge du contentieux de l'exécution du domicile ou du lieu où demeure le débiteur[249].

En matière immobilière la juridiction territorialement compétente est, soit le président du tribunal de grande instance qui a autorisé la mesure[250], soit ce tribunal lui-même pendant le cours de l'instance en validité de l'hypothèque provisoire[251].

[249]Art. 63 al. 1 de l'AUVE : « *La demande de mainlevée est portée devant la juridiction compétente qui a autorisé la mesure. Si celle-ci a été prise sans autorisation préalable, la demande est portée devant la juridiction du domicile ou du lieu où demeure le débiteur.* »
[250]Art. 141 de l'AUS : « *Mainlevée ou réduction de l'hypothèque peut être obtenue du président de la juridiction compétente qui l'a autorisée, statuant en matière d'urgence [...]* »
[251]Art. 142 al. 1 de L'AUS : « *La juridiction saisie peut, en tout état de cause, avant même d'avoir statué sur le fond, ordonner une mainlevée totale ou partielle de l'hypothèque [...]* »

b) Les contestations autres que les mainlevées

Les contestations autres que celles se rapportant à la mainlevée sont généralement liées à l'exécution de la mesure, spécialement à la régularité de la procédure. Elles sont portées, en matière d'exécution forcée comme en matière de mesures conservatoires, devant le juge du lieu où sont situés les biens saisis[252].

2- La compétence ratione materiae

Gendarme de la régularité des mesures conservatoires, la juridiction compétente doit s'assurer que les conditions de leur mise en œuvre ont été remplies et veiller à ce que cette mise en œuvre se déroule suivant les règles prescrites. Le contentieux des mesures conservatoires comprend : le contentieux de la mainlevée (a) et celui autre que la mainlevée (b).

a) Le contentieux de la mainlevée

Il y a lieu, ici, de distinguer selon la nature mobilière*(i)* ou immobilière *(ii)* de l'action.

i) Le contentieux de la mainlevée en matière mobilière

En matière mobilière, la mainlevée d'une mesure conservatoire ordonnée est sollicitée lorsque ladite mesure a été pratiquée sans respect des conditions posées par les articles 54, 55, 59, 60 et 61 de l'AUVE. Au regard de ces textes, le contentieux de la mainlevée gravitera généralement autour des questions suivantes, énumérées de manière non exhaustive :

- l'apparence de fondement de la créance ;
- l'existence ou non des circonstances de nature à justifier la menace de recouvrement de la créance ;
- la justification par le créancier non titulaire d'un titre exécutoire, de l'autorisation du juge ;
- l'existence ou non dans la décision portant cette autorisation, du montant des sommes pour la garantie desquelles la mesure conservatoire a été autorisée et de la nature des biens sur lesquels la saisie a porté;

---

[252]Art. 63 al. 2 de l'AUVE : « *Les autres contestations, notamment celles relatives à l'exécution de la mesure, sont portées devant la juridiction compétente du lieu où sont situés les biens saisis.* »

- le paiement ou le défaut de paiement de la lettre de change, du billet à ordre ou du chèque ;
- l'acceptation par le tiré de la lettre de change impayée ;
- le non-paiement par le locataire, après commandement, des loyers dus en vertu d'un contrat de bail écrit ;
- la caducité ou non de l'autorisation du juge.

ii) Le contentieux de la mainlevée en matière immobilière

En matière immobilière, la mainlevée des mesures conservatoires peut être accordée au débiteur qui justifie de motifs sérieux ou légitimes ou qui prouve la péremption d'instance, le désistement d'instance ou d'action[253]. Elle doit être demandée dans le mois de la notification de l'action en validité ou de l'instance au fond, auprès de la juridiction qui l'a autorisée, statuant à bref délai[254].

La mainlevée ordonnée se matérialise par le retrait de l'autorisation précédemment donnée ou, lorsque l'autorisation n'était pas nécessaire, par l'arrêt des effets de la mesure.

b) Le contentieux autre que celui de la main levée

Ici aussi, les matières mobilières *(i)* et immobilières *(ii)* se partagent ce contentieux.

i) En matière mobilière

La terminologie « contentieux autre que celui de la mainlevée » regroupe l'ensemble des contestations liées à l'exécution proprement dite, c'est-à-dire, au déroulement de la mesure conservatoire. Il s'agira, notamment, des contestations fondées sur la propriété, l'insaisissabilité ou l'inaliénabilité des biens saisis, sur la distraction des biens saisis, sur l'octroi des délais de grâce, sur le non-respect d'un délai ou d'une formalité exigée par l'AUVE dont la violation

---

[253]Art. 219 de l'AUS : « *La juridiction saisie peut, en tout état de cause, avant même d'avoir statué sur le fond, ordonner une main levée totale ou partielle de l'hypothèque si le débiteur justifie de motifs sérieux.*
Dans le cas de péremption d'instance, de désistement d'instance ou d'action la mainlevée non consentie de l'inscription provisoire, est donnée par la juridiction qui a autorisé ladite inscription et la radiation est faite sur le dépôt de sa décision passée en force de chose jugée ».

[254]Art. 218 de l'AUS : « *Mainlevée ou réduction de l'hypothèque peut être obtenue de la juridiction compétente qui l'a autorisée, statuant à bref délai [...] dans le mois de la notification de l'assignation en validité ou de l'instance au fond* ».

entrainerait l'annulation des actes irrégulièrement établis ou de toute la procédure.

ii) En matière immobilière

En cette matière, le contentieux autre que celui de la mainlevée réunit l'ensemble des vices ayant pu affecter la procédure qui a conduit à la délivrance de l'ordonnance d'hypothèque provisoire telle que prévue aux articles 213 al.1, 2&3 et 216 de l'AUS qui disposent :

Article 213 al.1, 2 & 3 : « *Pour sûreté de sa créance, en dehors des cas prévus par les articles 210 à 212 du présent acte uniforme, le créancier peut être autorisé à prendre inscription provisoire d'hypothèque sur les immeubles de son débiteur en vertu d'une décision de la juridiction compétente du domicile du débiteur ou du ressort dans lequel sont situés les immeubles à saisir.*

La décision rendue indique la somme pour laquelle la saisie est autorisée.

Elle fixe au créancier un délai dans lequel il doit, à peine de caducité de l'autorisation, former devant la juridiction compétente l'action en validité d'hypothèque conservatoire ou la demande au fond, même présentée sous forme de requête à fin d'injonction de payer. Elle fixe, en outre, le délai pendant lequel le créancier ne peut saisir la juridiction du fond ».

Article 216 : « *Le créancier est autorisé à prendre une inscription provisoire d'hypothèque sur présentation de la décision contenant :*

1°) la désignation du créancier, son élection de domicile, le nom du débiteur ;

2°) la date de la décision ;

3°) la cause et le montant de la créance garantie en principal, intérêts et frais ;

4°) la désignation, par le numéro du titre foncier, de chacun des immeubles sur lesquels l'inscription a été ordonnée ; à défaut de titre foncier, sous réserve de l'application de l'article 192 du présent acte uniforme, la désignation des immeubles non immatriculés est faite conformément aux dispositions des législations nationales spécialement prévues à cet effet.

Les dispositions du présent article n'excluent pas les formalités de publicité prévues par la législation foncière ».

Les infractions aux dispositions qui précèdent entraînent la rétractation de la décision ayant autorisé l'hypothèque provisoire, par la juridiction qui l'a rendue.

Ainsi, le contentieux autre que celui de la mainlevée en matière immobilière gravitera autour des questions relatives, entre autres :

- à la nature immobilière des biens visés ;
- à la non-désignation par le numéro du titre foncier, de chacun des immeubles sur lesquels l'inscription a été ordonnée ;
- à la compétence de la juridiction saisie ;
- à la question de la propriété du débiteur de l'immeuble sur lequel s'applique la mesure ordonnée ;
- à la question de la situation de l'immeuble visé (est-il situé dans le ressort territorial de la juridiction compétente ?) ;
- à l'indication, par la décision ayant autorisé la mesure conservatoire, de la somme pour laquelle elle a été autorisée ;
- à l'indication ou non au créancier, du délai dans lequel il devait exercer l'action en validité ou la demande au fond ;
- à la fixation ou non, par la décision ayant autorisé la mesure, du délai pendant lequel le créancier ne pouvait saisir la juridiction au fond ;

B- La proactivité attendue du créancier

Parce qu'il ne dispose pas d'un titre exécutoire, le candidat à la mesure conservatoire est mis sous vigilance judiciaire, pour ainsi dire. En effet, outre qu'il doit, en principe, obtenir l'autorisation du juge comme le prescrit l'article 54 précité, il doit aussi, s'il veut voir prospérer son action, donner à la mesure conservatoire pratiquée sans titre exécutoire, une suite judiciaire. L'article 61 de l'AUVE dispose en effet que : « *Si ce n'est dans le cas où la saisie conservatoire a été pratiquée avec un titre exécutoire, le créancier doit, dans le mois qui suit la saisie, à peine de caducité, introduire une procédure ou accomplir les formalités nécessaires à l'obtention d'un titre exécutoire.* » Juste avant, l'article 60 prévient que : « *L'autorisation de la juridiction compétente est caduque, si la saisie conservatoire n'a pas été pratiquée dans un délai de trois mois à compter de la décision autorisant la saisie* ».

Ces dispositions soulignent assez le caractère provisoire de la mesure conservatoire : simple passage transitoire vers l'exécution forcée, l'ordonnance autorisant une saisie conservatoire est caduque, à défaut de formalités tendant à obtenir un titre dans le mois qui suit ladite saisie. La jurisprudence y veille rigoureusement[255].

C- L'inexigibilité du commandement

L'exigence du commandement n'est pas de rigueur dans le droit des mesures conservatoires. L'article 54 de l'AUVE indique clairement que la mesure conservatoire se pratique sans commandement préalable. Si le commandement est une condition nécessaire de l'exécution forcée, il n'est guère exigé pour les mesures conservatoires dont l'effet de surprise constitue l'atout majeur.

Certains créanciers cependant, préfèrent, par précaution, accomplir cette formalité. Se pose alors la question de savoir si la nullité pour vice de forme ou de fond d'un tel commandement peut être invoquée et, dans l'affirmative, celle de l'étendue de cette sanction. S'agissant d'un acte adventice, son annulation ne serait d'aucun intérêt pour le demandeur, à moins que celui-ci veuille le faire dans le seul intérêt de la loi.

D- L'office du juge

L'office du juge dont il est question ici n'est pas celui qu'il exerce comme juge du contentieux de l'exécution saisi d'une contestation en lien avec une mesure conservatoire déjà pratiquée, mais celui qu'il exerce comme juge des requêtes, saisi à titre gracieux par un créancier pour autoriser une mesure conservatoire à l'encontre d'un débiteur. Selon l'article 54 de l'AUVE, cette autorisation est une condition de mise en œuvre de toute mesure provisoire. Tel est le principe (1), qui admet des exceptions (2).

1-L'autorisation du juge : le principe

Le pouvoir légal reconnu au créancier dépourvu de titre exécutoire de neutraliser, ne serait-ce que momentanément, les éléments patrimoniaux de son débiteur ne saurait être débridé, un tel pouvoir risquant à tout moment de dégénérer en abus. D'où la nécessaire intervention du juge pour vérifier l'existence de l'apparence de fondement de la créance et de la menace qui pèse sur son recouvrement. Il s'agit évidemment d'une appréciation souveraine sur

[255] CCJA, arrêt n° 001/2012 du 02 février 2012, juridata n° j-001-02/2012 ; arrêt n° 039/2012 du 03 mai 2012, juridata n° j-039-05/2012.

laquelle la Haute Juridiction se réserve le droit d'exercer son contrôle. Dans un arrêt n° 019/REF du 25 janvier 2010[256], la Cour d'appel du Littoral, dans une espèce où une saisie conservatoire avait été pratiquée sur la base d'un jugement qui n'avait pas encore force exécutoire faute d'avoir été signifié au débiteur, avait confirmé la mainlevée ordonnée par le premier juge, estimant qu'en l'absence de signification, la saisie avait été pratiquée sinon sans titre, du moins sans l'autorisation du juge. Il ressort en creux de cette décision qu'un titre non encore exécutoire peut servir de fondement à une saisie conservatoire, à condition d'obtenir l'autorisation du juge, lequel devra, bien entendu, évaluer les chances qu'a ce titre, de devenir exécutoire.

Cette position qui reconnaît au juge le pouvoir d'autoriser la mesure conservatoire d'un titre juridictionnel non encore exécutoire ne peut qu'être approuvée, dans la mesure où certains débiteurs multiplient les recours dilatoires dans le but, non de contester véritablement la dette, mais de fatiguer le créancier.

Le juge en question est bien le juge du contentieux de l'exécution, contrairement à une pratique observée ici et là, consistant à faire autoriser la mesure conservatoire par le président du tribunal, ès qualité de juge des requêtes, en violation de l'article 49 de l'AUVE qui confie au juge du contentieux de l'exécution la connaissance de « *toute demande relative à une saisie conservatoire.* »

Si, au vu des documents produits, la demande paraît fondée au juge, il rend une ordonnance – souvent préconçue au pied de la requête[257]– autorisant la mesure conservatoire sollicitée.

Il s'observe une nette inclination des juges à solutionner favorablement les requêtes dont les saisissent les créanciers sans titre, sachant que les décisions gracieuses qu'ils auront rendues donneront lieu à de futures procédures contentieuses que ne manqueront pas de déclencher les débiteurs visés. Un contrôle *a minima* des allégations du créancier est nécessaire.

Le rejet de la requête par le juge pose le double problème de sa forme et de ses suites éventuelles. Doit-il se faire sous la forme d'une ordonnance présidentielle motivée ? Ou alors par simple mention

[256]Inédit.

[257]Il est loisible au juge de s'en affranchir et de concevoir sa propre ordonnance quand il n'avalise pas complètement les propositions du requérant (ex : diminution de la somme pour laquelle la mesure conservatoire est prise).

''rejet'' inscrite au stylo rouge ou vert sur la requête, comme c'est l'habitude chez nombre de présidents de tribunaux ? Outre qu'elle viole les dispositions de l'article 7 de la loi camerounaise n° 2006/015 du 29 décembre 2006 portant organisation judiciaire qui prescrivent la motivation de toute décision judiciaire en fait et en droit, à peine de nullité, cette deuxième option trahit une certaine paresse intellectuelle des juges qui la pratiquent et prive le requérant d'une voie de recours contre un acte juridictionnel lui faisant grief[258].

2- Les exceptions au principe

Le principe énoncé à l'article 54 de l'AUVE selon lequel la mesure conservatoire doit être autorisée par le juge admet des dérogations à l'article 55 suivant, aux termes duquel : « *Une autorisation préalable de la juridiction compétente n'est pas nécessaire lorsque le créancier se prévaut d'un titre exécutoire. Il en est de même en cas de défaut de paiement, dûment établi, d'une lettre de change acceptée, d'un billet à ordre, d'un chèque, ou d'un loyer impayé après commandement, dès lors que celui-ci est dû en vertu d'un contrat de bail d'immeuble écrit* ».

Ainsi, il est loisible au porteur d'un titre exécutoire à qui la voie de l'exécution forcée est pourtant ouverte, de pratiquer une mesure conservatoire. Il le fera, soit pour profiter de l'effet de surprise qu'offre la non-exigence du commandement, soit simplement pour intimider le débiteur dont il n'entend pas encore recouvrer la dette.

De même, dans l'hypothèse de la lettre de change acceptée, du billet à ordre et du chèque où le principe de la créance ne suscite pas de doute, il n'est guère utile de s'adresser au juge pour qu'il procède à des vérifications superflues sur la réalité de l'engagement contenu dans le titre.

Quant à l'hypothèse du loyer non acquitté après commandement, elle est la traduction concrète du souci du législateur OHADA de sécuriser les investissements dans un environnement où les locataires récalcitrants savent tirer profit des lenteurs judiciaires pour accumuler des loyers impayés, au préjudice des bailleurs et donc, de l'économie tout entière qui fonctionne généralement en chaîne.

---

[258]Aucun texte ne lui ferme cette voie : lorsque l'AUVE entend priver une partie d'un recours, il le dit expressément.

Section 2 : L'indisponibilité de la créance saisie, point focal des mesures conservatoires

L'indisponibilité de la créance saisie est le point focal des mesures conservatoires car, l'effet recherché par le créancier est surtout d'imposer une contrainte sur son débiteur dans l'espoir que par ce biais, celui-ci paiera sa dette. Son impact sur l'ensemble des mesures conservatoires rejaillit aussi bien sur le débiteur que sur le créancier.

Sur le débiteur, l'indisponibilité du bien objet de la mesure conservatoire a pour conséquence, l'inaliénabilité dudit bien. Ainsi privé de la plus importante prérogative du droit de propriété qu'est *l'abusus*, le débiteur est mis sous une pression maximale qui l'amène souvent à payer son créancier. Si elle s'exerce sur une créance de sommes d'argent, la pression sur le débiteur est encore plus efficace, l'argent étant désigné « *nerf de la guerre* ». On sait, en effet, à quel point l'argent facilite les échanges et renforce la crédibilité ; en priver quelqu'un de cette façon revient à le paralyser et à le couvrir d'une indignité mortifère, surtout s'il est commerçant ou tout autre opérateur économique.

Du côté du créancier, l'indisponibilité suscite chez lui, l'espoir d'un paiement futur qui est une quasi-certitude lorsque la mesure conservatoire porte sur une créance ayant pour objet une somme d'argent dans la mesure où elle confère un droit de préférence au créancier saisissant[259]. Celui-ci peut alors se lancer sereinement à la recherche du titre exécutoire qui lui manque pour le complet recouvrement de sa créance.

L'indisponibilité est donc, autant une mesure de précaution contre l'insolvabilité du débiteur, qu'une garantie efficace de paiement du créancier.

---

[259]Art. 57 de l'AUVE : « *Lorsque la saisie porte sur une créance ayant pour objet une somme d'argent, l'acte de saisie la rend indisponible à concurrence du montant autorisé par la juridiction compétente ou, lorsque cette autorisation n'est pas nécessaire, à concurrence du montant pour lequel la saisie est pratiquée. La saisie vaut de plein droit consignation des sommes devenues indisponibles et confère au saisissant un droit de gage.* »

CHAPITRE III : LE REGIME JURIDIQUE PROPRE A CHAQUE MESURE CONSERVATOIRE

A l'appellation « mesures conservatoires », l'AUVE préfère celle, qui va être adoptée pour la suite, de « saisies conservatoires », comme pour mieux souligner leur caractère contraignant. La classification peut s'opérer en fonction de leurs finalités respectives. Il y a ainsi les saisies conservatoires à fin de vente, qui sont le prélude à la saisie vente, les saisies conservatoires à fin d'attribution, qui sont le prélude à la saisie attribution de créances et les mesures conservatoires à fin de délivrance ou de restitution, qui sont l'antichambre de la saisie appréhension.

Il n'empêche que la grande division meubles/immeubles demeure, impliquant, comme dans toutes les voies d'exécution, le diptyque : saisies conservatoires mobilières (Section 1) et saisies conservatoires immobilières (Section 2).

Section 1 : Les saisies conservatoires mobilières

Les saisies conservatoires mobilières portent, comme leur nom l'indique, sur les biens meubles du débiteur, corporels (sous-section 1) ou incorporels (sous-section 2).

Sous-section 1 : Les saisies conservatoires sur meubles corporels

Deux, sont à fin de vente (paragraphe 1), tandis que la troisième est à fin de délivrance ou de restitution (paragraphe 2).

Paragraphe 1 : Les saisies conservatoires sur meubles corporels à fin de vente

Sont concernés, la saisie conservatoire des biens meubles corporels (A) et la saisie foraine (B).

A- La saisie conservatoire des biens meubles corporels

Elle vise, comme déjà dit, les biens meubles corporels du débiteur et constitue le prélude à la saisie vente. Deux étapes la ponctuent : la saisie proprement dite (1) et la conversion (2).

1- La saisie proprement dite

Les opérations qui la jalonnent s'effectuent assez différemment, selon que la saisie est pratiquée entre les mains du débiteur (*a*) ou entre les mains du tiers (*b*).

a) La saisie conservatoire des biens meubles corporels entre les mains du débiteur

En lieu et place du commandement préalable, non exigé ici, l'huissier commence par la présentation au débiteur, de l'ordonnance autorisant la saisie[260]ou si une telle autorisation n'est pas requise, du titre en vertu duquel il entend pratiquer la saisie. Il doit aussi et en même temps, rappeler au débiteur qu'il est tenu de lui indiquer les biens qui auraient fait l'objet d'une saisie antérieure et de lui en communiquer le procès-verbal le cas échéant. Après quoi, il dresse un procès-verbal appelé acte de saisie qui doit contenir les mentions suivantes, prescrites à peine de nullité par l'article 64 de l'AUVE : La

---

[260]Cette ordonnance doit, à peine de nullité, préciser le montant des sommes pour la garantie desquelles la saisie conservatoire est autorisée, et préciser la nature des biens sur lesquels elle devra porter (art.59 de l'AUVE).

mention de l'autorisation de la juridiction compétente ou du titre en vertu duquel la saisie est pratiquée (ces documents doivent être annexés à l'acte en original ou en copies certifiées conformes) ; les noms, prénoms et domicile du saisi et du saisissant ou, s'il s'agit de personnes morales, leur forme, dénomination et siège social ; élection de domicile dans le ressort territorial juridictionnel où s'effectue la saisie si le créancier n'y demeure pas (il pourra être fait à ce domicile élu, toute signification ou offre) ; la désignation détaillée des biens saisis ; si le débiteur est présent, sa déclaration au sujet d'une éventuelle saisie antérieure sur les mêmes biens ; la mention, en caractères très apparents, que les biens saisis sont indisponibles, qu'ils sont placés sous la garde du débiteur– ou d'un tiers désigné d'accord parties ou, à défaut, par la juridiction statuant en matière d'urgence– qu'ils ne peuvent être ni aliénés ni déplacés, sauf en cas d'extrême nécessité, à charge d'en informer le créancier et de lui indiquer le nouvel emplacement, sous peine de sanctions pénales ; la mention que le débiteur est tenu de faire connaître la saisie en cours à tout créancier qui procèderait à une nouvelle saisie sur les mêmes biens ; la mention, en caractères très apparents, du droit qui appartient au débiteur si les conditions de validité de la saisie ne sont pas réunies, d'en demander la mainlevée à la juridiction compétente du lieu de son domicile ; la désignation de la juridiction devant laquelle seront portées les autres contestations, notamment celles relatives à l'exécution de la saisie ; l'indication, le cas échéant, des noms, prénoms et qualités des personnes qui ont assisté aux opérations de saisie, lesquelles doivent apposer leurs signatures sur l'original et les copies (en cas de refus, il est en est fait mention dans le procès-verbal) ; la reproduction des dispositions pénales sanctionnant le détournement d'objets saisis ; la reproduction des articles 62 et 63 de l'AUVE relatifs aux modalités de jugement des contestations[261].

Il peut être fait application de l'article 45 de l'AUVE qui autorise l'huissier de justice à photographier les biens qu'il saisit en vue de leur vérification le moment venu.

Les mentions et indications qui précèdent sont quasiment identiques à celles requises pour la saisie-vente. D'ailleurs, la suite de la procédure (établissement du procès-verbal de carence si aucun bien n'est susceptible d'être saisi ou n'a aucune valeur marchande ;

[261]Art.64 de l'AUVE.

traitement spécial des meubles particuliers que sont les automobiles et les sommes d'argent ; difficulté d'entrée sur les lieux ; possibilité de remise d'un ou plusieurs objets à un séquestre, etc.) se déroule exactement comme en matière de saisie-vente.

Si le débiteur est présent aux opérations de saisie, l'huissier de justice lui rappelle verbalement, après avoir réitéré sans résultat la demande de paiement, l'indisponibilité des biens saisis et les conséquences qui en découlent, ainsi que son droit et les modalités de contestation.

Une copie du procès-verbal portant les mêmes signatures que l'original lui est immédiatement remise ; cette remise vaut signification.

Lorsque le débiteur n'a pas assisté aux opérations de saisie, une copie du procès-verbal lui est signifiée lui impartissant un délai de huit jours pour qu'il porte à la connaissance de l'huissier toute information relative à l'existence d'une éventuelle saisie antérieure, et qu'il lui en communique le procès-verbal.

L'acte de saisie est la clé de voûte de la saisie conservatoire des meubles corporels car, c'est lui qui produit l'cffct d'indisponibilité escompté et met dos au mur le débiteur qui ne va pas manquer de le scruter à la loupe pour essayer d'en obtenir la nullité. D'où, le nécessaire soin que l'huissier de justice doit apporter à son ćtablissemcnt.

b) La saisie conservatoire des biens meubles corporels entre les mains d'un tiers

Le principe de la saisie des biens du débiteur détenu par un tiers est, comme déjà relevé, consacré par l'AUVE. On n'y reviendra donc pas, pas plus que sur la notion de détention précaire par un tiers, qui ne diffère en rien de ce qu'elle est en matière de saisie-vente.

Les opérations, toujours conduites par l'huissier de justice, commencent par la présentation au tiers par ce dernier, de l'autorisation du juge ou, si celle-ci n'est pas requise, du titre en vertu duquel il entend pratiquer la saisie[262]. L'huissier invite ensuite le tiers

[262]L'autorisation préalable du juge sera toujours requise, même si les conditions de l'article 55 de l'AUVE sont réunies, lorsque les biens sont détenus par un tiers, dans les locaux d'habitation de ce dernier, cf. art. 67 al. 2 de l'AUVE.

à déclarer les biens qu'il détient pour le compte du débiteur et ceux, éventuellement, qui auraient fait l'objet d'une saisie antérieure.

En cas de refus de déclaration ou de déclaration inexacte ou mensongère, le tiers peut être condamné au paiement des causes de la saisie, sauf son recours contre le débiteur. Il peut aussi être condamné à des dommages-intérêts[263].

Si le tiers déclare ne détenir aucun bien appartenant au débiteur ou s'il refuse de répondre, il en est dressé acte. Celui-ci lui est remis ou signifié, avec l'indication des sanctions pénales et civiles encourues.

Si le tiers déclare détenir des biens pour le compte du débiteur, il est procédé comme dans la saisie-vente. Sera ainsi dressé, un procès-verbal d'inventaire contenant notamment, à peine de nullité, la désignation détaillée des biens saisis, l'indication de l'indisponibilité desdits biens et ses conséquences, la désignation de la juridiction à saisir en cas de contestation. Il y est, en outre, porté la mention que le tiers peut refuser la garde des biens[264] et qu'il peut faire valoir ses droits sur les biens saisis par devant l'huissier instrumentaire.

Celui-ci, après l'inventaire, établit un procès-verbal de saisie devant contenir, *mutatis mutandis*, les mêmes mentions et indications que celles décrites plus haut à propos de la saisie conservatoire des biens meubles corporels entre les mains du débiteur.

Cet acte de saisie doit être signifié – on dit encore dénoncé – au débiteur dans un délai de huit jours au plus tard, et doit contenir à peine de nullité : une copie de l'autorisation de la juridiction compétente, ou du titre, selon le cas, en vertu duquel la saisie a été pratiquée ; la mention, en caractères très apparents, du droit qui appartient au débiteur, si les conditions de validité de la saisie ne sont pas réunies, d'en demander la mainlevée ; la reproduction des articles 62 et 63 de l'AUVE relatifs aux modalités des contestations éventuelles.

Une fois les biens du débiteur rendus indisponibles par l'acte de saisie, la saisie conservatoire a atteint son but : le créancier a sécurisé

[263]Art. 107 de l'AUVE : « *L'huissier ou l'agent d'exécution invite le tiers à déclarer lesbiens qu'il détient pour le compte du débiteur et, parmi ces derniers, ceux qui auraient fait l'objet d'une saisie antérieure. En cas de refus de déclaration ou de déclaration inexacte ou mensongère, le tiers peut être condamné au paiement des causes de la saisie, sauf son recours contre le débiteur. Il peut aussi être condamné à des dommages-intérêts.* »

[264]Auquel cas, il est procédé à la nomination d'un gardien et à l'enlèvement des biens.

son gage et peut désormais se lancer à la recherche du titre exécutoire qui lui fait défaut.

S'il n'y parvient pas, la saisie est rétroactivement anéantie et le débiteur peut obtenir la condamnation du créancier saisissant au paiement des dommages-intérêts pour saisie abusive et vexatoire, suivant la procédure de droit commun[265].

S'il y parvient, la procédure peut néanmoins tourner court si l'indisponibilité de la créance saisie a pu persuader le débiteur de payer son dû. Dans le cas contraire, il faut passer à l'étape supérieure, celle de la conversion en saisie vente

2- La conversion

Si le créancier parvient à obtenir le titre exécutoire qui lui manquait, il ne lui reste qu'à convertir la saisie conservatoire pratiquée, en saisie vente, qu'elle ait été opérée entre les mains du débiteur ou entre celles d'un tiers.

Il arrive que le créancier déjà en possession d'un titre exécutoire, au lieu de procéder directement à la saisie-vente, préfère la voie de la saisie conservatoire qui le dispense de la formalité du commandement préalable. Dans ce cas, peut-il procéder à la conversion immédiatement après la signification de l'acte de saisie ? La question divise les praticiens. D'aucuns estiment que cette façon de faire prive le débiteur de la possibilité de contester l'acte de saisie comme la loi le lui permet. D'autres rétorquent, non sans raison, que l'article 69 de l'AUVE ouvrant la voie de la conversion au créancier dès que celui-ci est en possession d'un titre exécutoire, rien ne l'empêche de procéder immédiatement à la conversion.

Dans tous les cas, l'opération commence, concrètement, par la signification au débiteur, d'un acte dit de conversion. En substituant à l'ancienne action en validité, source de lenteur, la conversion qui s'opère par simple acte d'huissier, le législateur communautaire concrétise les objectifs de rapidité et de simplicité que s'est assignée l'OHADA.

L'acte de conversion doit contenir, à peine de nullité : les noms, prénoms et domiciles du saisi et du saisissant, ou s'il s'agit de

[265]La loi du 19 avril 2007 instituant le juge du contentieux de l'exécution au Cameroun, qui attribue à ce dernier la connaissance de tout ce qui a trait à l'exécution forcée des décisions de justice, ne lui offre-t-elle pas cette possibilité ?

personnes morales, leur forme, dénomination et siège social ; la référence au procès-verbal de saisie conservatoire ; la copie du titre exécutoire (sauf si celui-ci a déjà été communiqué lors de la signification du procès-verbal de saisie, auquel cas, il est seulement mentionné) ; le décompte distinct des sommes à payer en principal, frais et intérêts échus, ainsi que l'indication du taux des intérêts ; commandement d'avoir à payer cette somme dans un délai de huit (08) jours, faute de quoi il sera procédé à la vente des biens saisis[266].

Si la saisie a été effectuée entre les mains d'un tiers, une copie de l'acte de conversion est dénoncée à ce dernier.

A l'expiration du délai de huit jours à compter de la date de l'acte de conversion, l'huissier de justice procède à la vérification des biens saisis[267]. Il en est dressé procès-verbal dans lequel il est donné connaissance au débiteur, qu'il dispose d'un délai d'un mois pour vendre à l'amiable les biens saisis, dans les conditions prescrites pour la saisie-vente.

A défaut de vente amiable dans le délai prévu, il est procédé à la vente forcée des biens saisis suivant la procédure prévue pour la saisie-vente.

B- La saisie foraine

Etymologiquement, l'adjectif forain signifie, qui a rapport aux foires, aux marchés. L'AUVE l'utilise pour désigner la saisie conservatoire des biens meubles corporels dont le débiteur n'a pas de domicile fixe ou dont le domicile ou l'établissement se trouve dans un pays étranger. La mission que s'est assignée l'OHADA, d'élaborer et d'adopter des règles adaptées à la situation des économies des pays concernés, transparaît ici. En effet, l'institution de la saisie foraine traduit le souci d'adaptation de la saisie, d'une part, à la libre circulation des biens consacrée par d'autres textes communautaires, d'autre part, au phénomène généralisé de vente ambulante, corollaire de l'économie informelle dont la caractéristique principale est la non-fixité des commerçants concernés. Son efficacité reste à évaluer.

Quoi qu'il en soit, la procédure à suivre est celle prescrite pour la saisie conservatoire des biens meubles corporels ci-dessus examinée, à deux nuances près : *primo*, la juridiction compétente pour autoriser et

[266]Art. 69 de l'AUVE.
[267]Opération encore appelée récolement.

trancher les litiges, est celle du domicile du créancier ; *secundo*, le saisissant est gardien des biens saisis, s'ils sont entre ses mains, sinon, il sera établi un gardien[268].

Paragraphe 2 : La saisie conservatoire sur meubles corporels à fin de délivrance ou de restitution

Il s'agit de la saisie-revendication. Celle-ci permet, on l'a dit, à celui qui est fondé à requérir la délivrance ou la restitution d'un meuble corporel, de rendre celui-ci indisponible en attendant sa remise à celui qui le réclame. Son but est d'éviter la disparition du meuble jusqu'à ce qu'il ait été statué sur le droit réclamé par le saisissant. Elle est la manifestation du droit de suite dont dispose tout propriétaire sur son bien.

Parce qu'elle est le prélude à la saisie-appréhension, la saisie-revendication en épouse les caractéristiques.

La saisie-appréhension, on le sait, permet de donner immédiatement et directement satisfaction au créancier sans passer par le truchement d'une vente. Elle vise à faire obtenir ou recouvrer au créancier, non le montant d'une somme d'argent, mais la possession ou la détention d'un bien meuble corporel qui doit lui être livré, remis ou restitué. Elle permet ainsi, au plan pratique, l'exercice du droit de suite en matière mobilière.

Trois étapes la ponctuent : la mise en indisponibilité du bien (A), la mise en œuvre de la remise au créancier (B) et la remise effective (C).

A-La mise en indisponibilité du bien

Elle requiert trois conditions, l'une relative à la nature du bien visé (1), l'autre, à la qualité du revendiquant (2), la troisième à l'office du juge (3).

1- Condition relative à la nature de l'objet visé

Le domaine d'application de la saisie-revendication est bien délimité par l'article 227 alinéa 1 de l'AUVE[269] : il s'agit des biens

[268]Art. 73 de l'AUVE : « *Lorsque le débiteur n'a pas de domicile fixe ou lorsque son domicile ou son établissement se trouve dans un pays étranger, la juridiction compétente pour autoriser et trancher les litiges relatifs à la saisie de ses biens est celle du domicile du créancier. Le saisissant est gardien des biens, s'ils sont entre ses mains ; sinon il sera établi un gardien. La procédure applicable est celle prescrite pour les saisies conservatoires.* »

[269]Art. 227 al. 1 de l'AUVE : « *Toute personne apparemment fondée à requérir la délivrance ou la restitution d'un bien meuble corporel peut, en attendant sa remise, le rendre indisponible au moyen d'une saisie-revendication.* »

meubles corporels, ce qui exclut les immeubles et les meubles incorporels.

2- Condition relative à la qualité du revendiquant

Celui qui entend user de la saisie-revendication doit se prévaloir d'un droit à la délivrance ou à la restitution du bien concerné par exemple, le droit de propriétaire ou celui du créancier-gagiste. Il appartient à celui qui sollicite la mesure de saisie-revendication d'établir le caractère apparent du droit qu'il invoque, dont les éléments de preuve seront appréciés souverainement par le juge.

3- L'office du juge

Comme toute mesure conservatoire, la saisie-revendication ne peut être engagée qu'avec l'autorisation du juge compétent, à moins que le créancier ne soit déjà porteur d'un titre exécutoire ou simplement d'une décision de justice qui n'a pas encore force exécutoire[270]. La saisie-revendication doit donc être autorisée par le juge du contentieux de l'exécution du domicile ou du lieu où réside la personne tenue de délivrer ou de restituer le bien[271].

Le juge se limite, évidemment, à une apparence de fondement du droit invoqué, s'agissant d'une mesure conservatoire.

B- La mise en œuvre de la remise du bien au créancier

La saisie-revendication tend nécessairement à la remise du bien au créancier qui l'a pratiquée. Le formalisme qui prépare cette remise du bien au créancier s'effectue différemment selon que le bien se trouve entre les mains du débiteur (1) ou entre celles d'un tiers (2).

1- La mise en œuvre entre les mains du débiteur de la remise du bien au créancier

Sur présentation de l'autorisation de la juridiction compétente ou de l'un des titres permettant la saisie sans cette autorisation, et après avoir rappelé au débiteur qu'il est tenu de lui indiquer si ce bien fait

---

[270]Art. 227 al. 2 de l'AUVE : « *Exception faite du cas où le créancier se prévaut d'un titre exécutoire ou d'une décision de justice qui n'a pas encore force exécutoire, une autorisation préalable délivrée sur requête par la juridiction compétente est nécessaire.* »

[271] Il a déjà été dit que c'est, non pas le juge des requêtes classique, mais le juge du contentieux de l'exécution qui autorise les mesures conservatoires, en vertu de l'article 49 de l'AUVE

l'objet d'une saisie antérieure et, le cas échéant, de lui en communiquer le procès-verbal, l'huissier de justice requis par le créancier dresse un acte de saisie qui doit contenir, à peine de nullité : les noms, prénoms et domiciles des créanciers et débiteurs ou, s'il s'agit de personnes morales, leurs forme, dénomination et siège social ; la mention de l'autorisation de la juridiction compétente, qui est annexée à l'acte, ou celle du titre en vertu duquel la saisie est pratiquée ; la désignation détaillée du bien saisi ; si le débiteur est présent, sa déclaration au sujet d'une éventuelle saisie antérieure sur le même bien ; la mention, en caractères très apparents, que le bien saisi est placé sous sa garde et qu'il ne peut ni l'aliéner, ni le déplacer (sauf désignation d'un séquestre), sous peine de sanctions pénales, et qu'il est tenu de faire connaître la saisie-revendication à tout créancier qui procèderait à une saisie sur le même bien ; la mention, en caractères très apparents, de son droit de contester la validité de la saisie et d'en demander la mainlevée à la juridiction du domicile ou du lieu où il demeure ; la désignation de la juridiction devant laquelle seront portées les contestations relatives à l'exécution de la saisie, le cas échéant ; l'indication des noms, prénoms ct qualités des personnes qui ont assisté aux opérations de saisie, lesquelles doivent apposer leurs signatures sur l'original et les copies (en cas de refus, il en est fait mention dans l'acte) ; l'élection de domicile dans le ressort territorial juridictionnel où s'effectue la saisie si le créancier n'y demeure pas (il peut être fait à ce domicile élu, toute signification ou offre) ; la reproduction des textes pénaux relatifs au détournement d'objets saisis ; la reproduction des articles 60, 61, 227, et 228 de l'AUVE relatifs aux causes de caducité de toute saisie conservatoire et de validité de la saisie-revendication.

L'huissier peut photographier les biens saisis et conserver les photographies en vue de leur vérification ultérieure.

L'acte de saisie ainsi dressé est remis au débiteur par l'huissier qui lui rappelle verbalement l'indisponibilité du bien et ses conséquences, ainsi que son droit de contester la saisie et les modalités de la contestation.

Lorsque le débiteur n'a pas assisté aux opérations de saisie, une copie de l'acte lui est signifiée lui impartissant un délai de huit jours pour qu'il porte à la connaissance de l'huissier toute information relative à l'existence d'une éventuelle saisie antérieure et qu'il lui en communique le procès-verbal, le cas échéant.

La signification de l'acte de saisie au débiteur est le point de départ d'éventuelles contestations, gérées comme dans toute saisie conservatoire.

2- La mise en œuvre entre les mains d'un tiers détenteur de la remise du bien au créancier

Si la saisie a été pratiquée entre les mains d'un tiers, l'acte de saisie dressé tel que décrit ci-dessus lui est signifié par l'huissier, qui lui rappelle verbalement que le bien saisi est placé sous sa garde, et qu'il ne peut ni l'aliéner ni le déplacer.

Dans un délai de huit jours au plus tard, l'acte doit être signifié au débiteur de la remise[272] dans les formes et conditions déjà exéminées.

Si le détenteur se prévaut d'un droit propre sur le bien saisi, il en informe l'huissier par tout moyen laissant trace écrite. Dans le délai d'un mois, il appartient au saisissant de porter la contestation devant la juridiction du domicile ou du lieu où réside le détenteur, instance pendant laquelle le bien demeure indisponible. À défaut de contestation dans le délai d'un mois, l'indisponibilité cesse.

A tout moment, le juge du contentieux de l'exécution peut autoriser, sur requête, les parties entendues ou dûment appelées, la remise du bien à un séquestre qu'il désigne.

C- La remise effective du bien au créancier

Comme déjà relevé, la saisie-revendication n'est pas une simple menace comme le sont les autres saisies conservatoires. Elle doit nécessairement aboutir à la remise du bien au créancier qui la mérite. Une fois en possession d'un titre exécutoire prescrivant la délivrance ou la restitution du bien saisi, le créancier ayant pratiqué la saisie-revendication la transforme en saisie-appréhension, suivant en cela la procédure prévue pour cette saisie.

Sous-section 2 : Les saisies conservatoires sur biens meubles incorporels.

Le principe de la saisie conservatoire sur les biens meubles incorporels est consacré par l'article 54 de l'AUVE[273]. Parmi la

[272]Art. 232 al. 2 de l'AUVE : « *Si la saisie a été pratiquée entre les mains d'un tiers, détenteur du bien, l'acte est également signifié dans un délai de huit jours, au plus tard, à celui qui est tenu de le délivrer ou de le restituer.* »

variété des droits incorporels qui existent, l'acte uniforme ne réglemente que la saisie conservatoire de deux, l'une à fin d'attribution : la saisie conservatoire des créances de sommes d'argent (paragraphe1) et l'autre, à fin de vente : la saisie conservatoire des droits d'associés et des valeurs mobilières (paragraphe 2).

Paragraphe 1 : La saisie conservatoire des créances

La saisie conservatoire des créances est, à l'observation empirique, la saisie la plus pratiquée. Trois séries de facteurs expliquent cette attractivité. D'abord, elle est une stratégie efficace d'intimidation des débiteurs, très sensibles à tout ce qui les priverait de l'usage et du contrôle de leur argent. Ensuite, parce qu'en tant qu'« antichambre » de la saisie-attribution de créances, elle laisse miroiter au créancier, un paiement imminent que suggère son effet attributif immédiat. Enfin, la place de choix qu'occupent désormais les institutions financières dans les voies d'exécution n'est pas son moindre atout. En effet, la saisie conservatoire des créances connaît un grand succès dans les milieux d'affaires, en raison de la financiarisation de l'économie qui a transformé les institutions financières en plaques tournantes des saisies attributions, d'autant plus attrayantes que les dettes et les créances s'y nouent et s'y dénouent par simples jeux d'écritures. Les établissements de crédit sont ainsi devenus des tiers saisis par excellence qui garantissent aux créanciers, simplicité et efficacité dans le recouvrement de leurs créances tout en épargnant aux débiteurs le déshonneur qui accompagne les tumultueuses saisies des biens corporels. Ainsi s'explique l'attractivité de cette mesure conservatoire qui épouse les spécificités de la saisie-attribution de créances dont elle est le prologue.

Ici aussi, trois étapes la ponctuent : la mise en indisponibilité de la créance saisie (A), la mise en œuvre de son attribution (B) et l'attribution effective au créancier (C)

A- La mise en indisponibilité de la créance saisie

Elle s'opère par la présentation au tiers par l'huissier instrumentaire, de l'autorisation du juge ou du titre en vertu duquel la

[273] Art. 54 de l'AUVE : « *Toute personne dont la créance paraît fondée en son principe peut [...] solliciter [...] l'autorisation de pratiquer une mesure conservatoire sur [...] les biens incorporels de son débiteur [...]* »

loi permet cette mesure sans ladite autorisation , et par la signification au même tiers d'un acte de saisie comportant les mentions obligatoires déjà examinées à propos de la saisie attribution des créances et qu'il convient de rappeler : l'énonciation des noms, prénoms et domiciles du débiteur et du créancier saisissant ou, s'il s'agit de personnes morales, leurs dénomination, forme et siège social ; l'élection de domicile dans le ressort territorial juridictionnel où doit être pratiquée la saisie (il peut être fait à ce domicile élu, toute signification ou offre) ; l'indication de l'autorisation de la juridiction ou du titre en vertu duquel la saisie est pratiquée ; le décompte des sommes pour lesquelles la saisie est pratiquée ; la défense faite au tiers de disposer des sommes réclamées, dans la limite de ce qu'il doit au débiteur ; la reproduction des dispositions du deuxième alinéa de l'article 36 de l'AUVE (qui rappelle l'effet immédiat de l'acte de saisie, à savoir, l'indisponibilité des sommes saisies) ; la reproduction de l'article 156 de l'AUVE (il s'agit du rappel des obligations qui incombent au tiers saisi, qui sont les mêmes que celles énoncées plus haut à propos de la saisie-attribution des créances, et du rappel des sanctions encourues par ce dernier lorsque, sans motif légitime, il n'aura pas fourni les renseignements prévus, à la différence notable qu'ici, l'éventuelle condamnation de ce tiers au paiement des causes de la saisie et aux dommages-intérêts est subordonnée à la conversion de la saisie conservatoire des créances en saisie-attribution des créances[274]).

Les formalités qui précèdent placent la créance saisie en situation d'indisponibilité, en conséquence de quoi le débiteur ne peut plus mobiliser sa créance envers le tiers à concurrence de la somme réclamée. L'article 57 de l'AUVE énonce en effet que : « *Lorsque la saisie porte sur une créance ayant pour objet une somme d'argent, l'acte de saisie la rend indisponible à concurrence du montant autorisé par la juridiction compétente ou, lorsque cette autorisation n'est pas nécessaire, à concurrence du montant pour lequel la saisie a été pratiquée. La saisie vaut de plein droit consignation des sommes devenues indisponibles et confère au saisissant un droit de gage* ».

[274]Art. 81 de l'AUVE : « *Le tiers saisi qui, sans motif légitime, ne fournit pas les renseignements prévus, s'expose à devoir payer les sommes pour lesquelles la saisie a été pratiquée si celle-ci est convertie en saisie-attribution, sauf son recours contre le débiteur. Il peut aussi être condamné à des dommages-intérêts en cas de négligence fautive ou de déclaration inexacte ou mensongère. A défaut de contestation des déclarations du tiers avant l'acte de conversion, celles-ci sont réputées exactes pour les seuls besoins de la saisie.* »

L'indisponibilité se traduit par le cantonnement des sommes saisies au montant autorisé par le juge ou, lorsque cette autorisation n'est pas nécessaire, au montant pour lequel elle est pratiquée. Ce cantonnement est automatique dans la mesure où non seulement il s'opère par le tiers saisi sans que le débiteur ait besoin de formuler une demande dans ce sens, mais aussi il ne frappe que les sommes à recouvrer, le surplus, s'il y en a, devant être mis à la disposition du débiteur saisi.

De plus, contrairement à la saisie conservatoire des biens meubles corporels qui ne confère sur les biens saisis aucun privilège au créancier premier-saisissant, lequel est susceptible de subir la concurrence d'autres saisissants, la saisie conservatoire de créances confère une double protection au créancier premier-saisissant. D'abord, celui-ci profite de l'effet attributif immédiat de la créance saisie, déjà examinée[275], inhérent à la saisie-attribution de créances. Ensuite, comme dans celle-ci, l'AUVE affecte à la créance saisie, un véritable privilège spécial au profit du créancier premier-saisissant. L'article 40 de l'acte uniforme dispose en effet que « *Le dépôt ou la consignation de sommes, effets ou valeurs, ordonné par voie de justice à titre de garantie ou à titre conservatoire, confère le droit de préférence du créancier gagiste* ».

La consignation a d'abord une dimension matérielle d'affectation spéciale, de façon à permettre le fonctionnement normal du compte du débiteur : les sommes rendues indisponibles sont simplement mises à l'abri. Elle est, en outre, un mécanisme juridique précis qui confère au premier-saisissant sur la somme saisie, affectation spéciale et privilège c'est-à-dire, le droit de se payer par privilège et préférence aux autres créanciers.

Cette prime au premier-saisissant n'est pas seulement une spécificité de la saisie conservatoire de créances, elle en est aussi l'atout majeur.

B- La mise en œuvre de l'attribution de la créance saisie au créancier

Elle découlera parfois de l'accord entre le créancier et le débiteur (1), mais très souvent, de la dénonciation de la saisie au débiteur (2).

---

[275]Cf. supra, pp. 98.

1- L'accord probable entre le créancier et le débiteur

Le créancier et le débiteur peuvent convenir de ce que les sommes saisies sortent des mains du tiers saisi pour être consignées dans celles d'un séquestre. Un tel transfert peut, à défaut d'accord amiable, être demandé par tout intéressé, au juge du contentieux de l'exécution du domicile ou du lieu où réside le débiteur[276].

2- La dénonciation de la saisie au débiteur

Après la signification de l'acte de saisie au tiers saisi, le débiteur doit en être informé : c'est la dénonciation de la saisie. Celle-ci doit avoir lieu dans un délai de huit (08) jours à compter de la signification de l'acte au tiers saisi, à peine de caducité[277].

L'acte de dénonciation doit contenir, à peine de nullité : une copie de l'autorisation de la juridiction ou du titre en vertu duquel la saisie a été pratiquée ; une copie du procès-verbal de saisie ; la mention, en caractères très apparents, du droit qui appartient au débiteur, si les conditions de validité de la saisie ne sont pas réunies, d'en demander la mainlevée à la juridiction du lieu de son domicile ; la désignation de la juridiction devant laquelle seront portées les autres contestations, notamment celles relatives à l'exécution de la saisie ; la reproduction des dispositions des articles 62 et 63 de l'AUVE (relatifs aux délai et modalités des contestations).

La dénonciation non contestée – ou dont la contestation a été rejetée par une décision définitive de la juridiction compétente – marque la fin de la phase de la mise en œuvre de l'attribution de la créance saisie au créancier.

C- Attribution effective de la créance saisie au créancier

Elle s'opère au moyen du mécanisme de conversion matérialisé par l'acte de conversion prévu par l'article 82 de l'AUVE selon lequel, une fois muni d'un titre exécutoire, condition *sine qua non* de la poursuite de la procédure, le créancier doit signifier au tiers saisi un acte de saisie contenant, à peine de nullité : les noms, prénoms et

---

[276]Art. 78 de l'AUVE : « *À défaut d'accord amiable, tout intéressé peut demander, par requête, que les sommes saisies soient consignées entre les mains d'un séquestre désigné par la juridiction du domicile ou du lieu où demeure le débiteur. La remise des fonds au séquestre arrête le cours des intérêts dus par le tiers saisi.* »

[277]Art. 79 al. 1 de l'AUVE : « *Dans un délai de huit jours, à peine de caducité, la saisie conservatoire est portée à la connaissance du débiteur [...]* »

domiciles du saisi et du saisissant ou, s'il s'agit de personnes morales, leur forme, dénomination et siège social ; la référence au procès-verbal de saisie conservatoire ; la copie du titre exécutoire, sauf si celui-ci a déjà été communiqué lors de la signification du procès-verbal de saisie, auquel cas, il est seulement mentionné ; le décompte des sommes réclamées en principal, frais et intérêts, ainsi que l'indication du taux des intérêts ; une demande de paiement de ces sommes, à concurrence de celles dont le tiers s'est reconnu ou a été déclaré débiteur.

L'acte informe le tiers que, dans cette limite, la demande entraîne attribution immédiate de la créance saisie au profit du créancier.

L'on s'est demandé si le débiteur n'ayant pas contesté l'acte de saisie peut le faire à l'occasion de l'acte de conversion. La réponse affirmative serait une solution au problème posé par les porteurs de titres exécutoires ayant choisi la voie de la saisie conservatoire des créances et qui passent à la conversion immédiatement après la signification de l'acte de saisie.

La copie de l'acte de conversion doit être ensuite signifiée au débiteur. A compter de cette signification, le débiteur dispose d'un délai de quinze (15) jours pour contester l'acte de conversion devant la juridiction de son domicile ou du lieu où il demeure.

Comme dans toutes les mesures conservatoires, les contestations de la conversion consisteront en des demandes, soit de mainlevée pour non-respect des conditions prescrites par les articles 54, 55, 60 et 61 de l'AUVE, soit d'annulation d'un ou des actes de procédure ou de toute la procédure pour vice de forme. L'action en contestation n'appartient pas au tiers saisi mais au débiteur saisi[278]. Mais, si le tiers saisi manifeste de la résistance, sa condamnation personnelle en application de l'article 168 de l'AUVE n'est possible que si la saisie est valable, c'est-à-dire si elle n'est pas affectée de causes d'inefficacité (nullité, caducité).

En l'absence de contestation ou en cas d'échec de celle-ci devant la juridiction compétente, l'acte de conversion transforme la saisie conservatoire de créances en saisie-attribution de créances. Virtuel dès la signification de l'acte de saisie, l'effet attributif immédiat se matérialise véritablement, ouvrant au paiement, une voie sans encombre.

[278]CCJA, arrêt n° 13/2010 du 18 fév. 2010, juridata n° j013-02/2010.

Le tiers saisi effectue le paiement au créancier ou à son mandataire sur présentation, soit d'un certificat du greffe attestant l'absence de contestation, soit de la décision exécutoire de la juridiction compétente rejetant la contestation.

Le paiement peut d'ailleurs intervenir avant même l'expiration du délai de quinze jours prévu pour élever la contestation, si le débiteur déclare par écrit, ne pas contester l'acte de conversion.

En tout état de cause, le reste se déroule comme en matière de saisie-attribution.

Paragraphe 2 : La saisie conservatoire des droits d'associés et des valeurs mobilières

Sa première spécificité, on l'a dit, réside dans le fait qu'elle est le prélude à la saisie du même nom dont elle épouse le régime. L'autre, qui mérite une escale, réside dans la dématérialisation des valeurs mobilières (A) qui, néanmoins, n'influence pas profondément la procédure consacrée à cette mesure conservatoire (B).

A- La dématérialisation des valeurs mobilières

Une loi camerounaise n° 2014/007 du 23 avril 2014[279] impose la dématérialisation de toutes les valeurs mobilières émises dans ce pays. La dématérialisation des valeurs mobilières est une opération de substitution des certificats physiques des titres par leur inscription en compte – sous forme électronique – aux noms de leurs propriétaires à qui sont délivrées des attestations portant les caractéristiques et le nombre de titres qu'ils détiennent. Dès leur inscription en compte, les valeurs mobilières et leurs caractéristiques sont centralisées auprès du dépositaire central, organisme étatique qui en assure la conservation, l'administration et la circulation. Ce rôle est dévolu à la Caisse Autonome d'Amortissement du Cameroun (CAA).

Avec cette loi, l'hésitation n'est plus permise sur la nature incorporelle des valeurs mobilières.

L'on observera aussi que l'entrée en scène du dépositaire central des valeurs mobilières dématérialisées renforce les droits des créanciers, désormais assurés d'avoir affaire à un tiers saisi d'une grande fiabilité lors du déroulement de la procédure.

---

[279]Loi n° 2004/007 du 23 avril 2004 fixant les modalités de dématérialisation des valeurs mobilières au Cameroun.

Reste à déplorer l'ignorance dans laquelle baignent les personnes pour lesquelles ce saut qualitatif a été effectué.

B- Les opérations de saisie conservatoire des droits d'associés et des valeurs mobilières

Trois grandes étapes jalonnent ces opérations : la mise en indisponibilité des droits et valeurs saisis (1) la préparation de la vente (2) et la vente (3).

1- La mise en indisponibilité des droits et valeurs saisis

La saisie conservatoire des droits d'associés et des valeurs mobilières s'opère sur le mode des saisies conservatoires des biens meubles corporels détenus par un tiers. Elle s'ouvre par la signification d'un acte de saisie, soit à la société ou à la personne morale émettrice, soit au mandataire chargé de conserver ou de gérer les titres[280].

L'acte de saisie, qui doit être précédé de la présentation au tiers par l'huissier instrumentaire, de l'autorisation du juge ou du titre en vertu duquel la loi permet de pratiquer cette mesure sans ladite autorisation, doit contenir, à peine de nullité : les noms, prénoms et domiciles du débiteur et du saisissant ou, s'il s'agit de personnes morales, leurs forme, dénomination et siège social ; élection de domicile dans le ressort territorial juridictionnel où s'effectue la saisie, si le créancier n'y demeure pas (il peut être fait à ce domicile élu, toute signification ou offre) ; l'autorisation, le cas échéant, de la juridiction compétente, de pratiquer la saisie conservatoire ; le décompte des sommes réclamées en principal, frais et intérêts échus, ainsi que l'indication du taux des intérêts ; l'indication que la saisie rend indisponibles, les droits pécuniaires attachés à l'intégralité des parts ou valeurs mobilières dont le débiteur est titulaire ; la sommation de faire connaître, dans un délai de huit jours, l'existence d'éventuelles saisies et d'avoir à communiquer au saisissant, copie des statuts.

L'acte de saisie rend évidemment indisponibles les droits pécuniaires du débiteur, attachés aux titres saisis.

[280]Art. 236 de l'AUVE : « *La saisie est effectuée soit auprès de la société ou de la personne morale émettrice, soit auprès du mandataire chargé de conserver ou de gérer les titres.* »

Le débiteur peut en obtenir la mainlevée en consignant une somme suffisante pour désintéresser le créancier. Cette somme est spécialement affectée au profit du créancier saisissant[281].

2- La préparation de la vente

Elle s'opère par la dénonciation de la saisie au débiteur (a) et la conversion (b).

a) La dénonciation de la saisie au débiteur

Dans un délai de huit jours, à peine de caducité, la saisie est dénoncée au débiteur par un acte à lui signifié qui contient, à peine de nullité : copie de l'autorisation de la juridiction ou du titre en vertu duquel la saisie est pratiqué ; copie du procès-verbal de saisie ; la mention, en caractères très apparents, du droit qui appartient au débiteur, si les conditions de validité de la saisie ne lui semblent pas réunies, de contester celle-ci dans le délai d'un mois qui suit la signification de l'acte avec la date à laquelle expire ce délai, à peine d'irrecevabilité ; la désignation de la juridiction compétente qui est celle du domicile du débiteur ; élection de domicile dans le ressort territorial juridictionnel où s'effectue la saisie si le créancier n'y demeure pas (il peut être fait à ce domicile élu, toute signification ou offre) ; en caractères très apparents, l'indication que le débiteur dispose d'un délai d'un mois pour procéder à la vente amiable des valeurs saisies dans les conditions de la saisie vente dont les textes de référence doivent être reproduits.

b) La conversion

Comme dans toute saisie conservatoire, la conversion de la saisie conservatoire des droits d'associés et des valeurs mobilières en saisie-vente est subordonnée à l'obtention ou à la possession par le créancier d'un titre exécutoire constatant l'existence de sa créance. Muni de ce titre, le créancier doit signifier au débiteur un acte dit de conversion (en saisie-vente) devant contenir, à peine de nullité : les noms, prénoms et domiciles du saisi et du saisissant ou, s'il s'agit de

---

[281]Art. 87&239 de l'AUVE :

Art. 87 : « *Les dispositions de l'article 239 ci-dessous sont applicables.* »

Art. 239 : « *L'acte de saisie rend indisponibles les droits pécuniaires du débiteur. Celui-ci peut en obtenir la mainlevée en consignant une somme suffisante pour désintéresser le créancier. Cette somme est spécialement affectée au profit du créancier saisissant.* »

personnes morales, leurs forme, dénomination et siège social ; a référence au procès-verbal de saisie conservatoire ; la copie du titre exécutoire, sauf si celui-ci a déjà été communiqué lors de la signification du procès-verbal de saisie (auquel cas, il est seulement mentionné) ; le décompte distinct des sommes à payer en principal, frais et intérêts échus, ainsi que l'indication du taux des intérêts ; un commandement d'avoir à payer cette somme, faute de quoi il sera procédé à la vente des biens saisis ; l'indication, en caractères très apparents, que le débiteur dispose d'un délai d'un mois pour procéder à la vente amiable des valeurs saisies ; la reproduction des articles 115 à 119 de l'AUVE relatifs aux modalités de la vente amiable.
Une copie de cet acte de conversion est signifiée au tiers saisi.
Les contestations sont élevées et jugées comme dans toutes les saisies conservatoires.

2- La vente

En l'absence de contestations ou lorsque celles-ci ont été rejetées par une décision exécutoire de la juridiction compétente, le créancier fait injonction au débiteur de procéder à la vente amiable des valeurs saisies dans un délai d'un mois, à défaut de quoi, il fait procèder à la vente forcée, suivant les règles de la saisie-vente.

Section 2 : Une saisie conservatoire immobilière : l'hypothèque judiciaire provisoire

Parmi les mesures conservatoires reconnues par le droit positif, il y en a une qui, bien que ne figurant pas dans l'Acte Uniforme portant organisation des Procédures Simplifiées de Recouvrement et des Voies d'Exécution[282], attire l'attention par sa proche parenté avec la saisie conservatoire : l'hypothèque judiciaire provisoire.

Les saisies conservatoires qui viennent d'être examinées visent les biens meubles avec pour but de les rendre indisponibles aux dépens du débiteur jusqu'à ce que le créancier obtienne le titre exécutoire lui permettant de les vendre ou de se les attribuer, selon le cas. L'hypothèque judiciaire provisoire (ou hypothèque conservatoire) vise le même objectif, à ceci près qu'elle porte sur les biens immeubles du débiteur qui sont dans le commerce. Elle a pour issue la saisie immobilière, de sorte que les règles qui la régissent auraient bien pu

[282] Il en est traité dans celui portant organisation des sûretés.

figurer dans l'Acte Uniforme portant organisation des procédures simplifiées de recouvrement et des voies d'exécution. Sa particularité, qui détermine la procédure qui l'encadre (paragraphe 2), tient à sa nature (paragraphe 1).

Paragraphe 1 : Nature de l'hypothèque judiciaire provisoire

Droit réel accessoire grevant un immeuble et constitué au profit d'un créancier en garantie du paiement de sa créance, l'hypothèque, qui autorise le créancier non payé à l'échéance à faire saisir et vendre l'immeuble en quelque main qu'il se trouve (droit de suite) et à se payer sur le prix avant les créanciers chirographaires (droit de préférence), est souvent conventionnelle, parfois légale, quelque fois judiciaire. La première résulte d'un contrat, tandis que la deuxième est conférée sans le consentement du débiteur par la loi[283]. Quant à la troisième, elle est destinée, à travers un mécanisme judiciaire, à garantir une créance non assortie de titre exécutoire et mise en péril.

Comme toute mesure conservatoire, l'hypothèque judiciaire provisoire constitue un moyen de pression pour le créancier à l'encontre de son débiteur, d'autant plus précieux qu'elle ouvre au premier la possibilité d'atteindre l'immeuble du second sans l'existence préalable d'une convention d'hypothèque et alors qu'il ne possède qu'une créance simplement fondée en son principe. Sa nature hybride (elle fait le grand écart entre le droit des sûretés et celui de l'exécution) ne l'éloigne pas pour autant de la procédure qui encadre les autres mesures conservatoires, dans la mesure où son but est de placer l'immeuble du débiteur sous main de justice afin que celui-ci n'en dispose pas ou ne le fasse pas disparaître, jusqu'à ce que le créancier obtienne un titre exécutoire.

Paragraphe 2 : La procédure d'hypothèque judiciaire provisoire

Deux phases ponctuent la procédure d'hypothèque judiciaire provisoire : avant (A) et après (B) l'obtention du titre exécutoire par le créancier.

A- La procédure avant l'obtention du titre exécutoire

Comme dans toute mesure conservatoire, la procédure commence par l'autorisation du juge. En effet, aux termes de l'article 213 alinéa 1

283 Exemple : l'hypothèque de la masse des créanciers, dans le cadre des procédures collectives d'apurement du passif.

de l'AUS : « *Pour sûreté de sa créance [...] le créancier peut être autorisé à prendre inscription provisoire d'hypothèque sur les immeubles de son débiteur, en vertu d'une décision de la juridiction compétente du domicile du débiteur ou du ressort dans lequel sont situés les immeubles à saisir* ».

La combinaison des articles 49 et 248 de l'AUVE et 3 de la loi du 19 avril 2007 autorise à désigner le président du tribunal de grande instance comme la juridiction compétente pour autoriser la mesure. Il statue par ordonnance, s'agissant d'une juridiction présidentielle. L'autorisation du juge est obligatoire et n'admet pas d'exception, comme c'est le cas pour les mesures conservatoires mobilières.

A la compétence de principe du juge du domicile ou du lieu où réside le débiteur, l'article 248 susvisé[284] ajoute celle du juge du ressort dans lequel est situé l'immeuble à saisir.

Si la juridiction compétente autorise le créancier à prendre l'inscription provisoire d'hypothèque sollicitée, sa décision doit contenir, outre sa date, la désignation du créancier et du débiteur, l'indication de la somme pour laquelle l'hypothèque est autorisée, ce qui suppose une vérification de l'apparence de son fondement. Elle doit ensuite désigner, de manière complète (numéro du titre foncier, situation, contenance etc.), le ou les immeubles sur lesquels l'inscription est ordonnée[285].

La même décision fixe au créancier un délai dans lequel il doit, à peine de caducité de l'autorisation, former devant la juridiction compétente, l'action en validité d'hypothèque conservatoire[286]ou la demande au fond. C'est le pendant en matière immobilière, des articles 60 et 61 de l'AUVE qui, en matière mobilière, obligent le créancier bénéficiaire d'une autorisation de pratiquer une mesure conservatoire, à introduire rapidement une procédure tendant à l'obtention du titre exécutoire. Enfin, la décision fixe au créancier le

[284]Art. 248 al. 1 de l'AUVE : « *La juridiction devant laquelle la vente est poursuivie est celle ayant plénitude de juridiction dans le ressort territorial où se trouvent les immeubles* ».

[285]Art. 213 al. 2 & 3 de l'AUVE : « *La décision rendue indique la somme pour laquelle l'hypothèque est autorisée.*
Elle fixe au créancier un délai dans lequel il doit, à peine de caducité de l'autorisation, former devant la juridiction compétente l'action en validité d'hypothèque conservatoire ou la demande au fond, même formée sous forme de requête à fin d'injonction de payer. Elle fixe, en outre, le délai pendant lequel le créancier ne peut saisir la juridiction du fond ».

[286]L'action en validité, propre à la saisie-arrêt, a disparu dans les saisies mobilières depuis l'entrée en vigueur de l'AUVE. Elle survit curieusement ici.

délai pendant lequel il ne peut saisir la juridiction du fond. Elle peut aussi l'obliger à justifier, préalablement, de sa solvabilité suffisante ou, à défaut, à donner caution[287].

La nature immobilière de l'objet auquel s'applique l'hypothèque judiciaire provisoire explique, peut-être, le maintien ici du vestige historique qu'est l'instance en validité. Mais, le législateur communautaire laisse au créancier, le choix entre cette instance et toute autre voie de recherche du titre, tout en suggérant celle de l'injonction de payer[288].

Muni de la décision ordonnant l'hypothèque conservatoire, le créancier la fait signifier au conservateur de la propriété foncière. Dans la quinzaine de cette formalité, le débiteur doit recevoir du créancier, en même temps que la signification de la même décision, l'assignation en validité ou celle de l'instance au fond[289].

Outre l'appel non suspensif dont elle est susceptible dans les forme et délai de droit commun des voies d'exécution[290], la décision du juge est susceptible de contestation de quatre autres façons. D'abord, le président qui a autorisé l'hypothèque peut rétracter sa décision s'il appert que le créancier n'a respecté ni le délai à lui imparti pour intenter l'action en validité d'hypothèque ou au fond, ni celui pendant lequel il ne pouvait saisir la juridiction du fond[291]. Ensuite, le même président peut être saisi par le débiteur, dans le mois de la notification de l'assignation en validité ou de l'instance au fond, en mainlevée ou en réduction de l'hypothèque, contre consignation des sommes

[287]Art. 214 de l'AUS : « *La décision peut obliger le créancier à justifier, préalablement, de sa solvabilité suffisante ou, à défaut, à donner caution par acte déposé au greffe ou entre les mains d'un séquestre avec ou sans obligation d'observer les règles concernant la réception des cautions.* »

[288]Art. 213 al.3 de l'AUS : « *Elle (la décision) fixe au créancier un délai dans lequel il doit, à peine de caducité de l'autorisation, former devant la juridiction compétente l'action en validité d'hypothèque conservatoire ou la demande au fond, même présentée sous forme de requête à fin d'injonction de payer. Elle fixe, en outre, le délai pendant lequel le créancier ne peut saisir la juridiction du fond.* »

[289]Art. 217 al.1 de l'AUS : « *Le créancier doit notifier la décision ordonnant l'hypothèque judiciaire en délivrant l'assignation en vue de l'instance en validité ou de l'instance au fond. Il doit également notifier l'inscription dans la quinzaine de cette formalité.* »

[290]Art. 215 de l'AUS: « *[...] sa décision (du juge) est exécutoire sur minute, nonobstant opposition ou appel.* »

[291]Art. 2013 al. 4 de l'AUS : « *Si le créancier enfreint les dispositions de l'alinéa précédent, la décision peut être rétractée par la juridiction qui a autorisé l'hypothèque* ».

réclamées entre les mains d'un séquestre[292]. En outre, le tribunal saisi au fond ou en validité doit donner mainlevée de l'hypothèque ordonnée, en cas de péremption d'instance, de désistement d'instance ou d'action[293]. Enfin, la même juridiction saisie au fond peut, avant même d'avoir vidé sa saisine, ordonner une main levée totale ou partielle de l'hypothèque si le débiteur justifie de motifs sérieux et légitimes[294].

Le Conservateur de la propriété foncière procède à l'inscription provisoire de l'hypothèque, sur présentation d'un certificat du greffe attestant que le juge n'a ordonné ni la mainlevée, ni la réduction de l'hypothèque précédemment autorisée.

Contrairement à la saisie conservatoire des biens meubles corporels, l'immeuble grevé d'hypothèque provisoire demeure aliénable. Seulement, cette aliénation opère consignation de la somme qui revient au créancier, jusqu'à ce qu'intervienne la décision au fond.

B- L'issue de l'inscription provisoire d'hypothèque

L'issue de l'inscription provisoire d'hypothèque dépend de celle de l'instance en validité ou de l'instance au fond.

Si la créance dont se prévaut le créancier n'est pas reconnue, l'hypothèque provisoire est évidemment anéantie. L'inscription provisoire devient rétroactivement sans effet et sa radiation peut être demandée par toute personne intéressée, aux frais de l'inscrivant, à la juridiction qui a autorisé ladite inscription[295].

---

[292]Art. 218 al.1 de l'AUS : « *Mainlevée ou réduction de l'hypothèque peut être obtenue de la juridiction compétente qui l'a autorisée, statuant à bref délai, contre consignation, entre les mains d'un séquestre par lui désigné, des sommes en principal, intérêts et frais, avec affectation spéciale à la créance. La mainlevée ou la réduction de l'hypothèque doit être demandée dans le mois de la notification de l'assignation en validité ou de l'instance au fond* ».

[293]Art.219 al.2 de l'AUS : « *Dans le cas de péremption d'instance, de désistement d'instance ou d'action, la mainlevée non consentie de l'inscription provisoire est donnée par la juridiction qui a autorisé ladite inscription et la radiation est faite sur dépôt de sa décision passée en force de chose jugée* ».

[294]Art.219 al.1de l'AUS: « *La juridiction saisie peut, en tout état de cause, avant même d'avoir statué sur le fond, ordonner une main levée totale ou partielle de l'hypothèque si le débiteur justifie de motifs sérieux et légitimes* ».

[295]Art. 221 al.3 de l'AUS : « *[...] Si la créance n'est pas reconnue par décision passée en force de chose jugée, la première inscription devient rétroactivement sans effet et sa radiation peut être demandée par toute personne intéressée, aux frais de l'inscrivant, à la juridiction qui a autorisé ladite inscription.* »

Si, en revanche, la créance est reconnue, la saisie provisoire est consolidée. La décision statuant au fond octroie une hypothèque définitive. Dans les six mois suivant le jour où cette décision a acquis l'autorité de la chose jugée, l'inscription d'hypothèque définitive doit être effectuée à la conservation de la propriété foncière. Elle donne à l'inscription provisoire, rang à la date de la formalité initiale[296].

Ainsi devenue définitive, l'hypothèque peut se réaliser suivant les règles de la saisie immobilière.

[296]Art.221 al.1&2 de l'AUS : « *Si la créance est reconnue, la décision statuant sur le fond maintient en totalité ou en partie l'hypothèque déjà inscrite ou octroie une hypothèque définitive.*
Dans les six mois suivant le jour où cette décision a acquis l'autorité de la chose jugée, l'inscription de l'hypothèque qui en résulte est requise conformément à la législation de l'État partie où est situé le bien grevé. Ce qui a été maintenu prend rang à la date de l'inscription provisoire ; l'hypothèque prend rang à la date de l'inscription définitive. »

CONCLUSION

Comme l'ensemble des Actes Uniformes OHADA, celui portant organisation des procédures simplifiées de recouvrement et des voies d'exécution qui régit l'exécution forcée et les mesures provisoires affiche une présentation méthodique et didactique. Le texte, clair et précis pour les sachants, explicite et explicatif pour les autres, fait acquérir et enrichit de notions et concepts qui, autrement, paraîtraient abscons et déroutants. Cette fluidité conceptuelle et rédactionnelle dont la structuration semble correspondre à des séquences pédagogiques, investit le lecteur-apprenant des connaissances suffisantes sur la pratique des voies d'exécution en général, tout en l'incitant à la réflexion sur les différentes problématiques soulevées.

Quelle que soit toute autre appréciation que l'on puisse faire de cette monographie des voies d'exécution présentée sous le prisme du droit OHADA, nombre de constantes résisteront au doute le plus cartésien :

D'abord, le fait que les voies d'exécution entrent incontestablement dans le champ d'application de ce droit nouveau que le Traité OHADA ambitionne d'harmoniser dans certains pays d'Afrique francophone notamment. Pour ce faire, ce Traité a élaboré et adopté des règles communes aux pays concernés et mis en œuvre des procédures judiciaires appropriées, conduites, non seulement par les juridictions nationales existantes, mais aussi par celles qu'il a lui-même créées, spécialement la Cour Commune de Justice et d'Arbitrage (CCJA) et le juge du contentieux de l'exécution. Ces deux juridictions de création récente, rencontrent des problèmes, somme toute normaux, d'adaptation plus ou moins difficile à l'environnement qui les accueille. Ces problèmes, cristallisés davantage autour du juge du contentieux de l'exécution, se sont trouvés accentués depuis l'entrée en vigueur au Cameroun, de la loi n°2007/001 du 19 avril 2007 instituant le juge du contentieux de l'exécution qui consacre, non seulement l'autonomie fonctionnelle de cette juridiction, mais aussi la dévolution de sa compétence aux Présidents des juridictions autres que celui du tribunal de première instance à qui cette compétence était traditionnellement dévolue, ceci contre l'avis de la CCJA, juridiction supérieure chargée par le Traité OHADA, de l'interprétation et de l'application commune dudit Traité, des Actes Uniformes et des règlements pris pour leur application. Cette divergence de vues, normale dans la vie des groupes humains, n'est pas sans issue, tant il est vrai, comme l'a dit le sage, qu'il n'y a pas de problème insoluble, il n'y a que des questions mal posées. Le juge du contentieux de l'exécution a, dans la forme issue de la loi camerounaise de 2007, une place utile que devraient réajuster quelques modifications législatives respectueuses des principes directeurs du droit processuel, dont on ne saurait reprocher à la CCJA d'exiger l'application, tel étant son rôle.

Ensuite, le fait que l'Acte Uniforme portant Organisation des Procédures Simplifiées de Recouvrement et des Voies d'Exécution est une réforme législative d'ampleur qui a trouvé un prolongement utile dans la jurisprudence OHADA, grâce au remarquable modelage que lui font subir les juridictions du fond des États-Parties et la CCJA. Les objectifs de simplicité, de rapidité et d'efficacité poursuivis par le Traité OHADA sont tributaires, non seulement de la bonne application de ce droit, mais aussi de l'organisation de la justice dans les Etats Parties.

De ce point de vue, l'organisation et le fonctionnement de la justice camerounaise comblent des attentes, en termes, notamment de maillage du territoire et des efforts de réduction des erreurs judiciaires par le biais de la formation et du recyclage acceptables du personnel judiciaire.

Reste persistante hélas, l'image d'Épinal d'une justice toujours lente, coûteuse et à la solution parfois aléatoire. En effet, le constat est que la perspective de la saisine du juge apeure les justiciables qui appréhendent l'exercice comme une épreuve cauchemardesque en raison du temps et de l'énergie à déployer, mais aussi de l'incertitude de l'issue, sans parler du coût, pour lequel la justice subit tant de récriminations, alors que la cause principale est ailleurs, dans la fiscalité. Une réflexion approfondie pourrait être menée sur le sujet, au nom du principe de l'accès équitable à la justice. Etant donné que le créancier arrive exsangue à la phase d'exécution, il apparaît injuste de l'obérer à cette phase de la procédure, de frais supplémentaires et exorbitants. Car, Il n'en faut pas plus pour décourager tout le monde, l'investisseur encore plus qui, à raison, comprendrait difficilement la mise à sa charge, jusqu'à l'exécution de sa décision, des surcoûts d'une créance certaine dont la justice devrait plutôt l'aider à accélérer le recouvrement sans bourse délier. L'on se demande d'ailleurs si ce que l'État gagne en droits fiscaux en cette matière vaut ce qu'il perd en découragement des justiciables en général, des opérateurs économiques en particulier. L'enjeu n'est plus alors simplement procédural, il est aussi économique voire politique.

Enfin, le fait que les pays signataires du Traité OHADA ont, dans le but de faciliter l'activité des entreprises et d'encourager les investissements dans leur espace, élaboré des documents de planification intégrale de leur développement, dits de stratégie de croissance et d'emploi (DSCE)[297], qui prescrivent la contribution à l'effort de redressement économique, de tous les secteurs de l'activité administrative, y compris la justice. Au Cameroun, celle-ci est sommée de contribuer significativement à l'assainissement de l'environnement des Affaires, notamment par une répression vigoureuse de la corruption et des détournements des biens publics et par la distribution d'une justice commerciale qui rassure les opérateurs économiques.

Encore faut-il que ce paradigme nouveau s'accompagne d'un véritable « *aggiornamento* » de l'environnement judiciaire, tant il est vrai que l'institution judiciaire devrait d'abord extraire la poutre qui obstrue ses yeux avant de s'acharner à ôter la paille qui voile les yeux d'autrui.

[297]Passé en deuxième phase d'exécution depuis 2021 et sous la dénomination actuelle de Stratégie Nationale de Développement à l'horizon 2030 (SND 30).

BIBLIOGRAPHIE

Montesquieu, *De l'esprit des lois*, Genève, Barrillot & fils, 1748.

Jean Vincent, **Jacques Prévault,** *Voies d'exécution et procédures de distribution,*Paris, Dalloz, 15ème éd, 1984.

Georges Wiederkehr, Préface à l'ouvrage de **Roland Tendler**, *Les voies d'exécution,* Paris, Ellipse, 1998.

Jean Vincent et **Serge Guinchard**, *Procédure civile*, précis Dalloz, 22e éd.

Yves Cannac, *Le juste pouvoir*, Pluriel, 1983.

France, *Opinions sociales*, tome 2, 1902.

R. Barraine, *Procédure civile et voies d'exécution*, L.G.D.J, 1962.

Perrot et **Théry**, cités par **SergeGuinchard&TonyMoussa**,*Droit et pratique des voies d'exécution*, Dalloz-Action, 2013-2014.

J. Miguet, *Saisie-attribution*, j. cl. pr. civ. fasc. 2250, n° 82.

R. Guillien, **J. Vincent**, **S. Guinchard** (Dir) et alii, *Lexique des termes juridiques*, Paris, Dalloz, 2009.

Y. Cannac, *Le juste pouvoir*, Pluriel, 1983.

France, *Opinions sociales*, tome 2, 1902.

P. Catala et **F. Terré**, *Procédure civile et voies d'exécution*, Themis PUF, 1976.

Eyiké-Vieux, *L'application du droit Ohada par les juridictions camerounaises. Le cas des juridictions de Douala*, Yaoundé, Presses Universitaires d'Afrique, 2017.

François Terré, Philippe Simler, *Droit civil. Les biens*, Paris, Dalloz, 1992.

TABLE DES MATIERES

Structures éditoriales du groupe L'Harmattan

L'Harmattan Italie
Via degli Artisti, 15
10124 Torino
harmattan.italia@gmail.com

L'Harmattan Hongrie
Kossuth l. u. 14-16.
1053 Budapest
harmattan@harmattan.hu

L'Harmattan Sénégal
10 VDN en face Mermoz
BP 45034 Dakar-Fann
senharmattan@gmail.com

L'Harmattan Cameroun
TSINGA/FECAFOOT
BP 11486 Yaoundé
inkoukam@gmail.com

L'Harmattan Burkina Faso
Achille Somé – tengnule@hotmail.fr

L'Harmattan Guinée
Almamya, rue KA 028 OKB Agency
BP 3470 Conakry
harmattanguinee@yahoo.fr

L'Harmattan RDC
185, avenue Nyangwe
Commune de Lingwala – Kinshasa
matangilamusadila@yahoo.fr

L'Harmattan Congo
219, avenue Nelson Mandela
BP 2874 Brazzaville
harmattan.congo@yahoo.fr

L'Harmattan Mali
ACI 2000 - Immeuble Mgr Jean Marie Cisse
Bureau 10
BP 145 Bamako-Mali
mali@harmattan.fr

L'Harmattan Togo
Djidjole – Lomé
Maison Amela
face EPP BATOME
ddamela@aol.com

L'Harmattan Côte d'Ivoire
Résidence Karl – Cité des Arts
Abidjan-Cocody
03 BP 1588 Abidjan
espace_harmattan.ci@hotmail.fr

Nos librairies en France

Librairie internationale
16, rue des Écoles
75005 Paris
librairie.internationale@harmattan.fr
01 40 46 79 11
www.librairieharmattan.com

Librairie des savoirs
21, rue des Écoles
75005 Paris
librairie.sh@harmattan.fr
01 46 34 13 71
www.librairieharmattansh.com

Librairie Le Lucernaire
53, rue Notre-Dame-des-Champs
75006 Paris
librairie@lucernaire.fr
01 42 22 67 13

www.ingramcontent.com/pod-product-compliance
Lightning Source LLC
LaVergne TN
LVHW011015061026
849535LV00006B/1890